高等工程教育人力资本投资收益研究

Research on the Return to
Higher Engineering Education in China

范静波　王孙禺　著

社会科学文献出版社
SOCIAL SCIENCES ACADEMIC PRESS (CHINA)

目　录

第一章　引言 … 1
　第一节　问题背景 … 1
　第二节　国内外研究现状 … 4
　第三节　研究问题及研究意义 … 26

第二章　基本概念与理论基础 … 31
　第一节　基本概念界定 … 31
　第二节　理论基础 … 35

第三章　模型与方法 … 44
　第一节　数据概况 … 44
　第二节　收益率估算模型 … 46

第四章　中国工程教育投资收益 … 52
　第一节　相关样本数据处理与描述 … 52
　第二节　中国平均及分阶段教育收益率 … 76
　第三节　中国工程教育收益率 … 88
　第四节　本章小结 … 111

第五章　工程教育投资收益水平国际比较 … 116
　第一节　相关样本数据处理与描述 … 116

第二节　美国工程教育收益率 …………………………………… 126
　　第三节　中美工程教育收益比较 ………………………………… 136
　　第四节　本章小结 ………………………………………………… 142

第六章　中国工程教育收益对其需求状况的影响 ……………… 145
　　第一节　工程教育需求状况 ……………………………………… 145
　　第二节　工程教育收益对工程教育需求的影响 ………………… 151
　　第三节　相关分析总结 …………………………………………… 174
　　第四节　本章小结 ………………………………………………… 175

第七章　中国工程教育非经济收益研究 ………………………… 178
　　第一节　样本描述与变量选择 …………………………………… 178
　　第二节　因子分析 ………………………………………………… 181
　　第三节　工程教育非经济总收益 ………………………………… 185
　　第四节　工程教育非经济分类收益 ……………………………… 186
　　第五节　本章小结 ………………………………………………… 197

第八章　中国工程教育投资收益水平提高途径探讨 …………… 199
　　第一节　中国工程教育收益水平不具优势的成因分析 ………… 200
　　第二节　提高中国工程教育收益水平的政策建议 ……………… 204
　　第三节　本章小结 ………………………………………………… 215

参考文献 …………………………………………………………… 217

附　　录 …………………………………………………………… 230

第一章
引 言

第一节 问题背景

一 日益激烈的国际竞争

随着世界多极化、经济全球化进程的加快，时代对我国的经济发展提出了越来越高的要求，国家之间的激烈竞争也越来越依赖于知识和技术，工程教育成为决定一国能否在竞争中占据战略优势地位的关键因素之一。《国际科技竞争力研究报告》（2010）对各国的技术创新分析显示，1996~2006年，世界专利产出总量呈上升态势，其中发达国家占据了专利数量的绝对优势，我国的技术研发虽然已经进入了快速成长期，但与发达国家相比还有较大的差距；同时，发达国家正在通过提高研究开发的难度来抢占全球技术研究开发的先机与技术制高点。就科技研发人员而言，我国科技研发人员所占总人口的比重远远低于发达国家。因此从国际竞争环境来看，加大科研创新力度、提高专利技术水平、培养优秀工程科技人才是我国未来发展的迫切需要。

目前，我国企业在全球产业链中仍处于较低端的位置，以加工制造为主，缺乏技术创新，尤其是缺乏原创性技术。国家和企业的持续发展不能长久依靠技术含量低的加工贸易与低廉的劳动力成本来支撑，调整产业结构、转变经济增长方式已成为我国经济发展的必需。技术变革与经济增长方式的转变需要受教育水平高、研发能力强的工程科技人才进行互动配合，这也就使得高等工程教育成为这一过程中的关键因素。

二 国家发展战略布局

现在我国正处在改革发展的关键阶段，党的十七大报告明确指出："提高自主创新能力，建设创新型国家。这是国家发展战略的核心，是提高综合国力的关键。"走新型工业化道路、实现我国工业现代化的快速跃升，具有重大历史意义。

发展教育是我国全面建设小康社会、建设创新型国家的需要。加快我国从教育大国向教育强国、人力资源大国向人力资源强国迈进是时代发展对我们提出的要求，是中华民族伟大复兴、人类文明进步的根本保证。高等教育强国与经济强国的建设互为交织、双向互动。经济强国为高等教育强国提供了必要的物质基础，高等教育强国又反过来为经济强国提供了推动力（邬大光等，2010）。《国家中长期教育改革和发展规划纲要（2010~2020年）》提出了"高举中国特色社会主义伟大旗帜，以邓小平理论和'三个代表'重要思想为指导，深入贯彻落实科学发展观，实施科教兴国战略和人才强国战略，优先发展教育，完善中国特色社会主义现代教育体系，办好人民满意的教育，建设人力资源强国"的指导思想与"优先发展、育人为本、改革创新、促进公平、提高质量"的工作方针。到2020年，我们的教育发展目标是基本实现教育现代化，基本形成学习型社会，进入人力资源强国行列。《国家中长期人才发展规划纲要（2010~2020年）》中也把"人才"提到了我国经济社会发展第一资源的重要位置，并强调了工程科技人才的培养。将"突出培养造就创新型科技人才"等作为我国人才队伍建设的主要任务，其中包括专业技术人才队伍与高技能人才队伍的培养。

高等教育强国战略的实施是落实人才强国战略的需要，也是我国当前教育、经济与社会发展阶段的必然要求。在我国高等教育结构中，工程教育是所占比例最高的一部分，工科的招生数占到了历年高等教育招生总数的30%以上。高等工程教育强国战略的实施是高等教育强国目标实现的关键环节。

国家推出的长江学者奖励计划、卓越工程师计划等都对我国的工程教育人力资本提升起到了重要的作用。为了加强高等学校高层次人才队伍建设，吸引和培养造就一批具有国际影响的学科领军人才，教育部从2011年起推出了新一期的长江学者奖励计划。自1998年长江学者奖励计划开始实施以来，在长江学者中工科精英占有相当的比例。长江学者奖励计划对提升单位科研竞争力和促进国际交流合作发挥了很大作用，长江学者奖励计划增强了所在学科的科研实力，对青年教师的培养起到了明显的助推作用。

三 中国工程教育专业人才供需矛盾

要促进国民经济的发展，并在国际竞争中争得主动，很大程度上要依靠工程教育所培养的各级各类的工程技术人才（余寿文等，2004）。西方发达国家普遍面临着工程科技人才短缺的境况。目前在我国的毕业生就业市场上，相对于其他学科来说，工科毕业生的需求较为旺盛。根据《2011年中国大学生就业报告》，2008届、2009届与2010届本科毕业生毕业半年后就业率最高的专业门类均为工学，各年本科毕业生半年后就业率分别达到了90.4%、90.2%与93.3%；其次为管理学，分别为89.3%、89.2%与92.3%；最低的为法学，分别为79.5%、82.3%与86.7%。在2008届、2009届与2010届各学科门类毕业生本科就业的专业对口率中，专业对口率最高的均为医学，分别达到了90%、88%与88%；其次为工学，分别为77%、73%与75%；专业对口率较低的专业为历史学与法学，均在50%左右（麦可思研究院，2011）。

工程师供需矛盾是当前西方发达国家普遍面临的问题，工程教育生源问题很早就引起了西方学者的关注。当前我国的工程教育生源状况也存在隐忧。1993～2008年，我国普通高等院校本科生招生总数由

386458人提高到2970601人，其中工学招生数由168312人提高到943738人，但是工学招生数占总招生数的比重呈现出明显的下降趋势，由1993年的43.55%下降到2008年的31.77%。1993~2008年，我国研究生招生总数也由42145人提高到446422人，其中工学招生数由19458人提高到155484人，工学招生数占总招生数的比重也呈现出明显的下降趋势，由1993年的46.17%下降到2008年的34.83%。再看工学研究生招生的录考比，在北京大学2009年各学科门类硕士研究生招生的录考比中，工学的录取率最高，为35.94%，而该校当年平均的录取率为13.22%。在上海交通大学2009年各学科门类硕士研究生招生的录考比中，工学的录取率为28.14%，高于该校当年平均录取率（23.04%）5.1个百分点。通过历年硕士研究生招生国家线可以从一定程度上看出工程教育生源的质量，2000年以后工学硕士研究生招生国家线的总分线与单科线同其他学科相比一直处于较为靠后的位置。工程教育生源状况体现出人们对工程教育的选择倾向，而教育收益对教育选择的影响也一直是学者们感兴趣的主题之一。

日益激烈的国际竞争背景彰显了发展工程教育的重要性，国家发展的战略布局为工程教育发展提出了更高要求。在我国工程教育专业人才供需矛盾日益突出等诸多背景交织下，对我国高等工程教育的收益率进行深入和系统的分析，无疑具有重要理论价值和实践意义。

第二节　国内外研究现状

20世纪60年代初，人力资本理论的诞生为教育经济学的形成和发展奠定了坚实的理论基础，在随后的50年中，这一介于教育与经济学之间的交叉学科得到了蓬勃的发展。对于教育收益问题的研究一直在教育经济学研究领域占据着主流地位，且相关的理论与实证研究硕果累累。

国内学者对教育收益问题的研究开始于20世纪80年代中期，实证分析则始于20世纪90年代，经过了20多年的发展，教育收益研究在我国已逐渐走向成熟。借助中国知网数据平台，将"篇名"中同时含有"教育"和"收益"两词的研究成果进行粗略检索，检索结果显示：截止到2011年，相关研究文献一共232篇，其中最早的一篇文献是在1984年。1996年后，国内对教育收益问题的研究逐渐升温，尤其是2000年以后，教育收益问题的研究进入了快速发展阶段。从图1-1可以直观地看出，教育收益问题研究在我国的发展进程。另外，在2011年还检索出文献32篇，数量超过了2006~2010年的年平均数量。

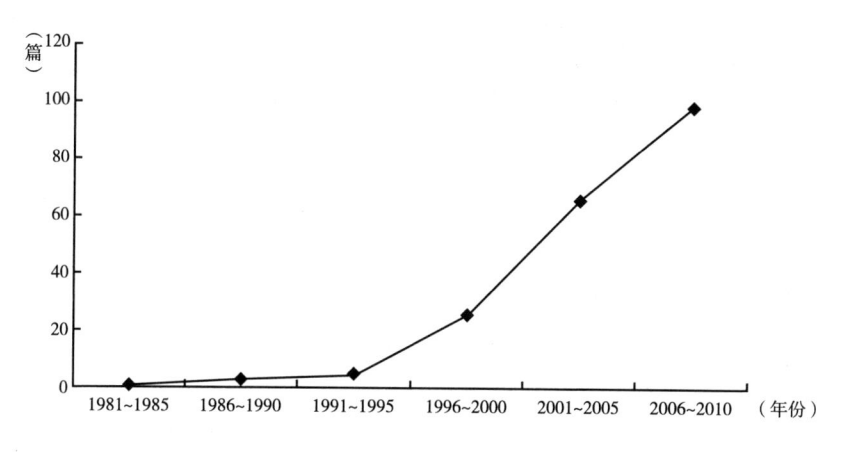

图1-1 国内教育收益问题研究的文献数量情况

一 国外相关研究

（一）教育收益率的估算方法

教育收益问题的相关研究通常采用实证方法，且以定量分析为主。衡量教育收益的主要方式是估算教育收益率，其中对个人收益率的估算方法主要有内部收益率法与明瑟方法两种。

1. 内部收益率法/传统方法（Internal Rate of Return Method）（卡诺依，2000）

用传统方法估算的教育收益率称为"内部收益率法"。这一收益率通过使长期成本和收益的贴现值等于零并解出其内在贴现率 r 得到：

$$0 = \sum \frac{C_i}{(1+r)^i} + \sum \frac{E_i}{(1+r)^i} \qquad (1-1)$$

在这里，成本 C 为负值，收益 E 为正值。

教育的具体成本与收益结构如图 1-2 所示。C_1 为个人机会成本，C_2 为个人及家庭负担的直接成本，C_3 代表公共成本；"$C_1 + C_2$"即为教育的个人成本，"$C_1 + C_2 + C_3$"即为教育的社会成本。"$E_2 - E_1$"为教育收益，其中不含所得税的"$E_2 - E_1$"为个人教育收益，含所得税的"$E_2 - E_1$"为社会教育收益。

将逐年的成本和收益代入上述方程中可以估算出成本与收益相等时所对应的贴现率 r，即教育的内部收益率，其中教育的个人成本与个人教育收益用来估算个人教育收益率，教育的社会成本与社会教育收益可以用来估算社会教育收益率。

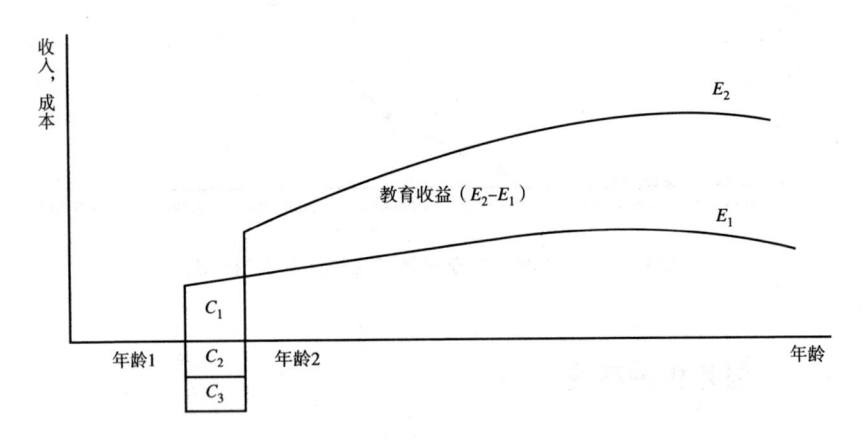

图 1-2 教育成本与收益结构

2. 明瑟方法（Mincer-type Method）

明瑟方法是使用回归分析将个人收入数据（Y）、学校教育年限（S）和劳动力市场经历（E）置入一个半对数形式的明瑟人力资本函数中，对个人教育收益率的估算即是对下面回归方程中学校教育年限回归系数 b 的估计：

$$\ln Y = a + bS + cE + dE^2 \qquad (1-2)（卡诺依, 2000）$$

式（1-2）被称为经典明瑟方程，其估算出的教育收益率为平均教育收益率。如果想得到特定学校教育水平的边际收益率可以通过将 S 替换为一系列含各级学校教育虚拟变量的方式进行。

$$\ln Y = a + \sum_{k=1}^{n} b_k S_k + cE + dE^2 + \varepsilon \quad (1-3)$$

k 为各相应的教育阶段，S_k（$k=1,\cdots,n$）分别代表完成各受教育阶段所需的受教育总年限，b_k（$k=1,\cdots,n$）为 S_k 的系数，则第 k 个教育阶段的教育收益率为：

$$\beta_k = \frac{b_k S_k - b_{k-1} S_{k-1}}{S_k - S_{k-1}} (k=1,\cdots,n) \quad (1-4)$$

由于内部收益率的估算对数据要求较高，并且其中教育的个人成本数据不易获得，因此明瑟方法得到了更广泛的应用。明瑟收益率与内部收益率的含义并不相同，明瑟收益率并不是真正意义上的投入产出比率，而是指教育的边际收益率，即受教育年限每增加 1 年为受教育者所带来的个人收入提高的比例。本研究中的教育收益率估算进行的均是"明瑟收益率"估算。

（二）教育与经济增长

教育作为最主要的人力资本投资方式对经济增长具有重要的促进作用，教育是经济能保持持续增长的源泉。经济分析能够很清楚地解释为什么历史上很少有国家可以一直保持人均收入的持续增长，如果人均收入的增长是来自于人均土地和实物资本的增长，那么追加的资本和土地带来的回报的逐步递减最终会消除进一步的增长。因此，让人们感到困惑的并不是经济不增长，而是为什么美国、日本和许多欧洲国家在过去 100 多年的时间里能一直保持着人均收入的持续增长。这是因为科学技术的发展和传播提高了劳动力及其他要素的生产力，保持人均收入持续增长的国家都加大了在教育和培训上的投入（贝克尔，2007）。2003 年初，经济合作与发展组织发展报告指出人力资本投资对 OECD 国家的经济增长非常重要［OECD（ed.），2003］。托格·米登多夫（Middendorf，

2005）采用同质性较强的 29 个 OECD 国家 1965~2000 年的面板数据，运用固定效应模型衡量了人力资本对经济增长的影响，模型运算结果验证了人力资本对经济增长的积极促进作用，在其他条件一定的情况下，平均受教育年限每提高 1 年，GDP 增长率能提高 0.5 个百分点。

除教育数量外，教育质量也会影响经济增长。奥兰尼亚和澳柯玛肯德（Qlaniyan and Okemakinde，2008）运用人力资本模型验证了教育投资和经济增长与发展之间的相关性，并且还研究发现如果教育想对经济增长与发展发挥真正的促进作用，必须是高质量、符合经济技术发展需求的教育。跨国界可比较数据的出现为人力资本对经济增长贡献水平的国家间比较创造了条件。罗伯特·J. 巴罗（Barro，1998）采用 1960~1995 年的国际数据从教育数量与质量两个角度分别分析了大约 100 个国家中教育对经济增长的贡献，其中对教育数量与质量的衡量分别用劳动力受教育程度与学生成绩作为指标。将国家制度、人力资本初始存量、国家人口特征变量加以控制后，研究发现，一个国家人均 GDP 的增长速度与人均 GDP 的起点水平呈反相关。经济增长与男性初等教育相关性不强，但是初等教育是中等教育的基础，初等教育以此间接影响经济增长；女性初等教育通过降低生育率间接刺激经济增长；教育质量与经济增长表现出很强的正相关性，如果将教育质量变量进行控制，中等受教育程度以上成年男性的平均受教育程度与后续经济增长仍然呈正相关。

教育能促进经济增长，同时经济发展好的国家通常又拥有较高的教育发展水平。那教育与经济增长之间究竟孰因孰果呢？究竟是教育促进了经济增长还是经济增长带动了教育的发展呢？"最强有力的支持是教育促进了经济增长，而不是反之"（Psacharopoulos and Woodhall，1985）。萨卡波罗洛斯和塔拉克（Psacharopoulos and Talak，1992）分析到"迄今为止的研究中已经表明教育的生产力功能确实对收入多少具有重要作用"。

在各阶段教育中，高等教育在经济增长中发挥的作用愈发显著。随着科技、信息技术的快速发展，经济全球化时代的来临，社会也对教育提出了更高的要求。蒂莫西·席勒（Schiller，2008）研究发现，高等教育对当地的经济增长具有重要的促进作用。他通过对美国不同地区的高等教育水平与经济发展水平进行比较发现，受过高等教育的人群所占的比例与当地的工资总收入和经济增长密切相关，这也正是各州政府努力保留和吸引高校毕业生的一个原因；研究还发现，就业机会是高校毕业生流动的关键因素，席勒提出了相应的政策建议，即政府应减少为提高当地受高等教育人群比例而对高等教育部门进行的过度关注，应将更多精力放在毕业生就业率的提高方面。

（三）教育对个人收益的促进

教育能带来高的经济回报，除对社会的回报外，还包括对个人的回报。教育对劳动者在劳动力市场上的成功具有正向的促进作用，受教育多的劳动力能给资本带来更多的收益（海克曼，2003）。不同受教育程度人员的年龄—收入曲线与教育收益率都能量化地反映出教育对收入的积极作用。

明瑟开创了对个人的终生收入进行实证研究的先河，明瑟模型的提出为教育收益的量化分析奠定了基础，至今仍是教育收益率估算的主流方法，而通过将不同的变量引入明瑟方程并对模型进行扩展还可以使劳动力市场上许多有关人力资本的问题得到解释。继明瑟之后，又有许多学者对教育收益问题做出了系统的研究，其中所罗门·W. 波拉切克（Solomon W. Polachek）、詹姆斯·赫克曼（James Heckman）等学者均有突出贡献。

所罗门·W. 波拉切克是纽约州立大学宾汉顿分校的教授，他对人力资本和教育收益问题的关注始于20世纪70年代，此后一直致力于该领域的研究，至今已经发表了大量的相关学术研究成果，其中既有对人力资本理论的研究，又有对工资收入背后因素挖掘等方面的实证研究。波拉切克关注的焦点主要包括明瑟收益功能及其应用、教育收益的异质性、人力资本模型对个人终生收入的解释、男女收入差距的原因、工资增长的预测、人力资本投资等。克尼斯纳、帕蒂拉和波拉切克

（Kniesner, Padilla and Polachek, 1978）研究了经济周期波动对教育收益的影响，发现相对于年轻黑人而言，年轻白人的教育收益率与失业率直接相关；波拉切克等（Henderson, Polachek and Wang, 2001）运用1972~1988年的面板数据（Panel Data）分析了男女间收入差距的变动趋势，20世纪80年代与20世纪70年代相比，男女之间的收入差距缩减了1/8，剔除女性参与劳动力市场程度提高的因素外，男女收入增速之间的差距仍然得到了缩减，说明教育能够缩小收入差距。亨德森、波拉切克和王（Henderson, Polachek and Wang, 2011）对教育收益的异质性进行了实证检验，发现总体而言黑人的教育收益率高于白人，本土居民的教育收益率高于外来移民，年轻人的教育收益率高于中老年人。

詹姆斯·赫克曼是芝加哥大学著名的经济学教授，他对人力资本和教育收益问题的研究也始于20世纪70年代。赫克曼研究关注的焦点主要是样本选择偏差与明瑟方程等，关注明瑟收益功能背后的经济问题、明瑟收益功能的持久适用性及其相关政策的运用等。如詹姆斯·赫克曼等（Heckman, Lochner and Todd, 2003）对明瑟方程从诞生以来的发展与应用历程做了梳理，探讨了明瑟方程的理论基础，并对明瑟收益功能模型与现实数据的匹配程度进行了检验，对明瑟方程做出了详细和深入的阐释。

由于各个国家之间的经济、社会发展程度与教育发展水平的差异，教育在各个国家会带来不同的收益率。萨卡波罗洛斯等（Psacharopoulos and Talak, 1992）估算了全球不同国家教育的内部收益率与明瑟收益率，估算结果显示撒哈拉以南的非洲地区、亚洲、欧洲、中东和北非、拉丁美洲与加勒比地区，OECD各国的平均受教育年限分别为5.9年、8.4年、8.5年、7.9年与10.9年，个人教育收益率分别为13.4%、9.6%、8.2%、12.4%与6.8%。可以看出发达国家的教育收益率相对较低，发展中国家的教育收益率相对较高。

经济周期也会对教育收益率产生影响。为研究经济繁荣时期教育收益率的变化，麦吉尼斯等（McGuinness, McGinnity and O'Connell, 2009）

对 1994~2001 年爱尔兰的教育收益率及其变动趋势进行了分析。在 20 世纪 90 年代的后半期，爱尔兰的经济与就业经历了繁荣发展的阶段，一般认为经济的快速增长会带来教育收益率的提高与收入差距的拉大，但作者研究发现，在这一过程中男性的教育收益率保持稳定，且收入差距得以缩小，部分原因应该是市场对低技术劳动力需求的快速增长使得工资滞留在了低水平；女性拥有的大学学历在这一过程中则遭受了贬值，女性高技术人员的收入降低了。

教育具有异质性，不同层次与类型的教育收益率之间存在差异。吴典明（Dean-Ming Wu，1999）绘制了台湾地区的年龄—收入曲线，这些曲线清楚地反映了收入和教育之间的强相关关系。吴典明对台湾地区教育收益率的估算结果显示，台湾地区的平均教育收益率为 6.2%，其中初等教育、中等教育、高等教育的收益率分别为 2.88%、4.85%、10.05%。同时，吴典明还研究发现，台湾地区的个人与家庭对教育，尤其是高等教育有着很强的需求，因此他认为台湾地区建立高度发展的高等教育体系已经成为必然，只有这样才能真正实现教育对经济发展的大幅驱动。萨凯拉里欧（Sakellariou，2003）采用 1998 年中期劳动力市场调查数据对新加坡的正规教育与技术/职业教育的收益率进行了比较研究，结果发现技术/职业教育的收益率高于正规教育的收益率，第二级（Secondary）与第三级（Post-secondary）正规教育的收益率分别为 9.4% 和 11.3%，技术/职业教育的收益率分别为 10.3% 和 12.7%。

高等教育能为受教育者带来可观的经济收益与非经济收益。佩尔纳（Perna，2005）运用 1992 年英国全国教育纵向研究调查数据（National Education longitudinal Study）分析了大学教育的经济与非经济收益，发现大学教育能为个人带来可观的经济收益，接受过大学教育的受访者的平均收入为 30570 美元，大幅高于没有接受过大学教育的人群（其平均收入为 25237 美元）；将性别、种族/民族、社会经济地位与考试分数进行控制后，获得学士学历人群的平均收入比仅完成高中教育人群的平均收入高出 19%；对教育非经济收益的研究显示，大学教育能为受教育者带来显著的非经济收益，如获得学士学位的人与仅完成高中教育的人相比抽烟率更低，欣赏戏剧与音乐的频率更高，在社会活动中拥有更高的公民参与率（如参与定期投票、城市或社区组织的活动等）（Song, Orazem and Wohlgemuth, 2008）。研究人员还分析了美国的高等教育的回报，他们通过科学家和工程师统计数据系统采集样本，其样本包括1963~1986年获得学士学位的67565个个体。研究人员运用最小二乘法对研究生教育收益进行了估算，得到了积极的估算结果，即本科、硕士、博士的教育收益率分别为5%、7.3%和12.8%。博阿里尼等（Boarini and Strauss, 2007）对21个OECD国家1991~2005年的高等教育内部收益率进行了估算，结果显示21个OECD国家的平均高等教育内部收益率均在8%以上，大幅高于金融投资的收益率。2001年21个OECD国家的平均高等教育内部收益率为8.5%，但其互相间的高等教育内部收益率存在差异，相对而言，美国、澳大利亚、卢森堡、瑞士、英国、葡萄牙、爱尔兰的内部收益率较高，加拿大、法国、波兰、丹麦的内部收益率居于中等位置，意大利、西班牙、荷兰、德国、奥地利、匈牙利、比利时、希腊、芬兰的内部收益率较低。

除受教育程度与工作经验外，个人收入还受到其他因素的影响，这已被许多研究者所关注，如詹姆斯等（James, Alsalam and Conaty et al., 1989）研究发现，工作单位特征会对毕业生的工资收入有重要的影响。

（四）分学科高等教育收益

随着信息化技术与经济的发展，高等教育在社会中发挥的作用愈发重要，通常能为受教育者带来可观的经济收益。许多研究已经证实就读专业对高等教育收益有重要的影响，不同专业的教育收益率之间存在显著的差异。通常来看，各国高等教育各专业中，工学具有最高或较高的教育收益率。

布莱克等（Black, Sanders and Taylor, 2003）运用1993年美国高校毕业生全国调查（NSCG, National Survey of College Graduates）数据，分析了不同专业毕业生之间的收入差距，分析结果显示除了工学毕业生的收入明显高于经济学外,其他专业毕业生的收入都明显低于经济学。研究还发现电气工程专业毕业的本科生攻读研究生学位时多倾向于选择本专业,还有少部分选择 MBA。在经济学、会计、工商管理、电气工程、历史、政治科学 6 个专业中,电气工程专业毕业生的工作匹配度最高,超过 53% 的毕业生获得了工程师或计算机科学岗位。詹姆斯等(James, Alsalam and Conaty, 1989)也对不同专业的教育收益率进行了研究,他们发现人文科学毕业生的收入比参照组低 10%,自然科学与社会科学毕业生的收入比参照组高 3% ~ 8%。在各专业中工学与商科(business)毕业生获得的收入最高,因此詹姆斯等认为"当你认为把你的孩子送到哈佛大学就读是一项很好的个人投资时,把他送到当地的高校就读工学专业并学习大量数学知识或许是一项更佳的选择"。伯恩等(Bourne and Dass, 2003)对加勒比海地区发展中国家理工科高等教育个人内部收益率的实证分析表明,工科类专业的个人教育收益率均处于各类专业的高位,达到 20% 左右。在所有专业内部收益率中排名前几位的为电气与计算机工程、土木工程、数学与计算机科学、化学与工艺工程、机械工程,可见除"数学与计算机科学"专业的内部收益率高于部分工学专业外,其他专业均低于工学专业。瓦伦伯格(Wahrenburg, 2007)从高等教育作为投资选择的角度,对德国各专业、受教育程度、性别等方面的内部收益率进行了估算,采用的样本为 2004 年德国劳动力市场调查数据中的 17180 名高校毕业生。通过该研究发现,不同学科之间的教育收益率存在很大的差异,艺术、农学、部分语言专业、文化科学不具有投资吸引力;不同性别人群在不同专业类别教育收益中具有不同的优势,在工学、法学、经济学、社会科学专业领域,男性比女性拥有更高的教育收益率,在语言学、文化科学、艺术学专业领域,女性则更具优势。

贝尔(Bell, 2010)对美国研究生的工资收入进行了多维度比较分析,结果发现,研究生期间就读理学、工学、技术、数学专业的毕业生比其他专业毕业生的年薪更高。如 2003 年 STEM 专业毕业生的平均年薪为 67542 美元，非 STEM 专业毕业生的平均年薪为 59333 美元，统计分析显示二者收入之间的差距是显著的。托马斯（Thomas，2000）分析了影响大学毕业生初始工资的三个因素：专业、学习成绩、学校质量，研究结果显示就读专业对毕业生初始工资具有重要的影响，例如医疗与工学相关专业毕业生的工资最高，教育与人文学科相关专业的工资最低。

有关不同专业教育收益问题研究的更早期的还有奥德里奇（Aldrich，1969）、海姆森（Hymson，1972）、朗姆伯格（Rumberger，1984）等。

（五）教育的非经济收益

许多学者已经对教育的非经济收益问题做出了研究。人力资本理论假定个人在考虑高等教育收益时，既会考虑经济收益也会考虑非经济收益。教育的非经济收益虽然难以量化衡量，但是它也会对教育投资与教育选择产生重要影响，投资者在进行教育投资时会将它与经济收益一起进行考虑。

教育与个人的身体健康程度存在显著的关系。受教育程度高的人身体健康状况也较佳，这已经被许多学者的研究所证实，其中包括桑德（Sander，1997，1998）、哈托（Hartog，1998）等。受教育程度高的人更注重身体健康检查与日常身体保健，也多从事于对身体危害程度较小的职业，吸烟的比例较低。更好的营养、按时进行身体检查、污染少的居住环境、定时锻炼等都对一个人的健康与寿命具有重要的影响。有学者研究发现，受教育程度高的父母，其孩子的受教育程度一般也较高。相较于父亲而言，子女的健康程度与母亲的受教育程度之间更有直接的关系，子女与母亲在一起的时间更多（Leigh，1998）。儿童摄取营养的高低也会影响最终的身高、体重等，受教育程度高的父母，其子女死亡率较低。索恩（Sohn，2011）通过对印度尼西亚的教育非经济收益研究发现，教育对个人人生目标的实现非常重要，即对幸福非常重要。

(六) 工程师收入

1. 国外工程师收入

西方发达国家中的各类工程师通常都拥有较好的就业前景与较高的收入水平,在西方各国中又以美国工程师的收入水平最佳。

2005年"设计师与设计工程师调查"结果显示,美国圣地亚哥设计工程师的平均工资为80625美元(Shaughnessy,2005)。根据2008年《电子工程时报》(*EE Times*)的"全球年度薪酬与民意调查",对包括美国在内的5个国家的调查数据显示,美国工程师获得的收入比其他4个国家高出40%;美国67%的工程师对他们的职业及雇主表示满意,而在欧洲这个数字是56.8%;2008年度美国工程师的平均收入上涨了4%,达到了108800美元,欧洲工程师的平均收入为61000美元,日本工程师的平均收入为65400美元。[①]

在经济不景气,其他职业雇员的收入状况不佳时,工程师的收入水平依然坚挺。根据NSPE"2003年度收入与薪水调查"数据显示,相对于2002年1月,2003年1月美国全体工程师的平均收入仅降低了1%,为81120美元;注册工程师(licensed engineers or registered engineers)的平均工资上升了1%,为84000美元。2008年爆发的金融危机带来了经济的持续低迷,虽然美国大学毕业生的总体起薪表现出轻微的下降,但是多数工学专业毕业生的收入却呈现出小幅上涨。全美大学—雇主协会(NACE,National Association of Colleges and Employers)2009年调查报告显示:2009年美国拥有学士学历的毕业生平均起薪为48515美元,比2008年春季的49624美元降低了2.2%;工学各专业总体表现良好,2009年起薪为58438美元,比2008年提高了2.3%,而其中化学工程专业的增幅最大,为2.8%,起薪达到了65403美元。[②]

随着社会对工程师需求量的提高,工程师的工资也继续攀升。美国

---

① Survey Find Engineers-Salaries & Satisfaction on The Rise. Report on Salary Surveys. August 2008.
② Starting Salaries Increase For Engineering Grads. ASHRAE Journal, May 2009:7.

土木工程师协会（The American Society of Civil Engineers，ASCE）、美国国家专业工程师学会（National Society of Professional Engineers，NSPE）和美国机械工程师学会（American Society of Mechanical Engineers，ASME），2009年6月联合发布的收入调查显示：虽然经济形势不稳定，但是美国工程师的收入从2005年以来一直保持着乐观的势头。根据"2009年收入调查：工程师收入标准调查"，2008年4月1日至2009年4月1日，美国工程师的平均基本工资为87500美元，比2008年的调查数据高9.4%，比2004年的调查数据高24.5%；2009年的平均年收入为92245美元，比2008年的调查数据高8.5%，比2004年的调查数据高24.7%。[①] 根据美国2010年"全国高校与雇主协会报告"，在大学本科各专业中，毕业生收入最高的4个专业均为工学专业；根据"设备工程师薪酬调查报告"，2010年工程师的收入进一步上升，这得益于当年福利奖金的提高与社会对熟练工程师需求量的显著增加；根据2010年《电子工程时报》"全球年度薪酬与民意调查"，半数工程师的工资都得到了增长，且半数以上工程师都获得了福利奖金；"Automation. com & Intech 2010调查报告"显示，49.1%的工程师对他们的工作表示"还算满意"，24.1%的工程师对他们的工作表示"满意"。[②]

学科背景会对工程师的收入产生影响。经过研究发现，具有多学科教育背景（broad-based education）的工程师通常能获得更高的收入。在美国，受访者中拥有MBA学位或多学科学位的工程师平均收入比仅拥有工学硕士学位的工程师的收入高，拥有工学外学科学士学位的工程师的收入比仅拥有工学学士学位的工程师收入高。[③]

2. 中国工程师收入

相比西方各国，我国工程师的收入水平相对较低。目前我国能将工程师收入与其他职业收入直接进行比较的调查数据还很少，国外对我国

[①] Engineers Salaries Continue to Rise Despite Recession. Civil Engineering，August 2009：28-29.

[②] Demand and salaries on the rise for engineers，Four surveys Find. Report On Salary Surveys.

[③] http://www.allbusiness.com/labor-employment/compensation-benefits-wages-salaries/16609011-1.html.

工程师收入调查的数据也不多。2009年《电子工程时报》进行的"全球年度薪酬与民意调查"显示，全球整个业界的工薪补偿参差不齐，而其中中国和印度的工程师薪酬相对较低，大部分受访者认为自己的基本工资与同等资历其他人无法相比。

（七）文凭效应影响教育收益

在决定个人收入方面，文凭效应究竟发挥了多大的作用？文凭效应在不同国家、不同教育层次、不同教育类型之间发挥的作用是否相同？一些学者对其进行了实证研究。

西利斯（Silles，2008）运用考试分数检验了英国文凭证书对教育收益的影响，检验结果显示拥有文凭证书且受过相应年限教育的，其教育收益是非常可观的，但是单个的文凭证书对教育收益并不存在影响，即文凭效应在英国并不会增加教育收益。耶格等（Jaeger and Marianne，1996）运用1991年和1992年人口现状调查的样本数据，研究了文凭效应对美国教育收益的影响。该研究发现，所有高中及以上教育程度文凭均存在"羊皮效应"（Sheepskin Effects），学士学历与研究生学历人员在劳动力市场上至少能获得受教育年限本身带来的收益。"羊皮效应"在不同种族与性别之间的作用程度并不存在明显不同，但在不同的学位之间"羊皮效应"的效果显著不同，尤其是职业学位与学士学位之间差异更大，这表明在不同类型的教育之间教育获得的信号强度不同。可见"羊皮效应"确实对教育收益具有影响，且可能在不同的情况下发挥作用的程度也不同。

（八）教育收益影响教育选择

伴随着20世纪60年代人力资本理论的诞生，经济因素也被纳入高等教育需求的影响因素中。根据人力资本理论，教育回报率会影响人们接受教育的动机（贝克尔，2007），劳动者为在劳动力市场上获得更多的个人收入，会对教育与培训予以投入，以此提高个人生产力水平。这在各个国家均是如此，学者们已经为此做了许多证实研究。

阿瑞斯塔德（Aarrestad，1972）运用1966年挪威的工资收入数据验证了个人教育选择与教育收益的关系，实证研究结果表明个人的教育选择会受到教育经济回报的影响，教育选择成为个人的一种投资行为。威尔逊（Wilson, Wolfe and Haveman, 2005）研究了教育收益水平的高低对年轻人教育选择的影响，研究对象为高中毕业生与高中期间辍学人群，研究过程中控制了家庭与社区等背景因素，研究发现高中毕业后的预期收入会影响年轻人是否就读高中的选择。1950年美国25岁以上人群的平均受教育年限为9.3年，2000年这个数字增加到12.7年；1960年，16~24岁人群高中阶段辍学率为27%，2001年这个数字仅为10.7%，说明美国的高中教育规模在20世纪后半叶得到了增长。作者通过制定模型挖掘了高等教育规模增长背后的原因，分析发现年轻人在进行教育选择时确实受到经济因素的驱动：随着高中教育收益水平的提高，年轻人对接受高中教育的热情度增加。在此基础上作者提出了政府通过增加收入或降低教育成本的方式来增加高中毕业生的教育回报以此来降低高中辍学率的建议。

为寻找尼日利亚初等教育与中等教育（primary and secondary education）招生状况下降、高等教育（post-secondary school）招生状况提高的原因，阿尔玛拉郎（Aromolaran, 2006）对尼日利亚各级教育的内部收益率进行了研究。研究发现不论男性女性，初等教育与中等教育的收益率均较低，分别为2%~3%与4%；高等教育的收益率则较高，达到了15%。这就说明教育收益确实是影响招生状况的重要原因。金登等（Kingdon and Theopold, 2008）运用印度全国抽样调查组织的第50次（1993~1994）和第55次（1999~2000）住户统计调查数据，验证了教育需求是否受教育在劳动力市场获得收益的显著影响。研究发现了经济收益与教育选择之间存在很强的关联关系，成人在劳动力市场上的收益会影响年轻人的教育选择。在印度，对女性与非贫困男性来讲，教育需求与教育收益具有正向的相关关系，但是对贫困男性而言，二者之间的相关关系不显著。对女性而言，尽管教育成本会对贫困女性接受教育产生障碍，但是未来教育经济收益与教育选择之间仍存在强关联性。对贫困男性而言，高教育收益率带来的受教育机会成本的增加会使得他们退出教育而选择就业。据此，作者也提出了相应的措施来刺激教育需求，如为了提高贫困男性的受教育程度，政府应该采取经济补贴的措施来降低他们的受教育机会成本。

就初等、中等、高等教育阶段而言，人们更易将高等教育作为一项投资，投资前将对高等教育从风险—收益的角度进行分析。玛塔·圣马丁（Marta Sanmartin，2001）研究了西班牙的教育—收入关系，研究发现在西班牙个人对教育层次的选择并不是随机的，而是与教育收益水平显著相关，在初等教育与中等教育阶段，教育与收入的线性关系不明显，只有从高等教育阶段开始，教育与收入的线性关系才显著呈现，从高等教育阶段开始，西班牙的教育收益率为 6.7%。博阿滕等（Boateng，2002）认为，人们对第三级教育的需求源于追寻任职于正规部门所需的必备知识，因为在正规部门任职的收入要高，工作更稳定。亚历克斯·凡德尔莫维（Alex van der Merwe，2010）运用定性分析方法研究了个人的高等教育选择是否显著地受高等教育预期收益的影响，这是一个新颖的分析思路。作者通过对南非德班科技大学的案例研究证实了人力资本理论的观点，即个人确实将高等教育当作一项投资，会进行风险—收益分析，预期教育收益率的高低是个人进行高等教育选择过程中考虑的重要因素。由于教育的异质性使得不同专业的教育会带来不同的教育收益，因此教育收益的差异会影响学生的就业选择与高校的生源状况。戴德蒙研究发现，近年来由于商科毕业生收入的快速提高、教育等传统专业毕业生的收入相对较低，男性与女性高中生进行高等教育专业选择时的倾向发生了很大的变化，女性的专业选择倾向逐渐脱离了教育等传统领域而转向了商科类专业。如在 1965~1980 年，获得教育学学位的男性所占男性总体学生数量的比例从 10% 降低到 6.5%，下降了 3.5 个百分点；获得教育学学位的女性所占女性总体学生数量的比例从 42.5% 降低到 19.1%，下降了 23.4 个百分点。同时获得商科类专业学位的男性和女性所占相应性别总体学生数量的比例均有所上升，女性上升更为明显，即男性的比例从19.6%上升到26.2%，上升了6.6个百分点；女性的比例从2.4%上升到13.8%，上升了11.4个百分点。

二 国内相关研究

目前能搜索到的国内最早关于教育收益问题的文献，是王加峰（1984）有关教育投资从理论与概念上的剖析。王加峰指出，教育投资是一种"软性投资"，教育的作用是隐蔽的、滞后的，它的经济效益容易被其他因素所掩盖；教育投资尤其是高等教育投资作为一种经济活动必须要讲求经济效果，需要进行必要的考核。黄湘中将英国学者莫林·伍德霍尔的《教育计划中的成本—收益分析》一文进行了翻译，这篇文献以印度为例，对教育收益目的、教育成本与收益的衡量方式、教育社会收益率与个人收益率的计算方法进行了介绍。

1990年后，国内对教育收益问题的研究逐渐升温，学者们在理论研究的基础上开展了实证研究。朱国宏（1992）将韩宗礼的估算数据和1984年北京市抽样调查数据等进行技术处理后，对我国初等、中等与高等教育收益率进行了估算，结果显示我国初等、中等与高等教育的内部收益率分别为15.1%、9.02%与6.71%，收益率随受教育程度的提高而下降。李实等（1994）利用中国社会科学院经济研究所1988年城镇住户调查数据，对我国城镇的教育投资个人收益率进行了估算，涉及样本17891个，对如此大量样本进行研究在我国教育收益研究历史上是首次。他们的估算结果显示：我国城镇总体、男性和女性的个人教育收益率分别是3.8%、2.50%和3.70%，女性的教育收益率高于男性。

1995年以后，我国的教育收益研究进入了快速发展阶段，越来越多的经济学、管理学与教育学领域的学者积极参与到教育收益问题的研究中来，相关研究成果层出不穷。研究者们关于教育收益问题的研究对象逐渐丰富，教育收益率的变动趋势、教育收益的影响因素研究等都得到了广泛的重视,研究视角也逐渐多元化。

(一) 研究对象逐渐丰富

经过20多年的发展,国内关于教育收益问题的研究对象也越来越丰富,不仅涉及不同性别、不同教育水平、不同地域、不同时段的教育收益,更是扩大到了不同的社会群体等方面。

陈晓宇等(1999,2003),李实等(2003)对我国20世纪90年代不同教育层次的个人收益率进行了详细的估算,并且通过比较分析发现我国20世纪90年代的教育收益率是逐渐上升的,且与国际平均水平之间的差距在逐渐缩小。

刘泽云等(2009)的研究特别关注了东、中、西部的地区差异,把教育投资收益的空间差异纳入了分析范围,发现不同类型的教育投资对职工工资的影响方式在西部地区和中部地区之间存在差异。

李继峰(2005)重点分析了贫困家庭的高等教育投资。他认为,难以承受高等教育收费的贫困家庭一心为子女进行高等教育投资的动力是对未来收益的期盼,但是贫困家庭的投资想获得高收益的可能性却不大,他同时还提出了高等教育发展的决策应充分估计贫困家庭的投资成本和个人收益的风险的建议。

孙百才(2009)重点关注了不同民族间的教育收益问题。他运用明瑟方程估算了汉、藏、回的教育收益率,并对其进行了比较。其结果显示汉、藏、回的总体收益率分别为3.6%、3.6%、6.4%;少数民族拥有相对较高的教育收益率,其中藏族与汉族的教育收益率大致相同,回族的教育收益率则远高于汉族;教育收益率在不同性别人群之间存在差异,在汉族与藏族内部,男性高于女性,回族内部则相反。

(二) 变动趋势分析受到重视

赖德胜(1998)对全国城市的教育收益率进行了估算,并将其估算结果与李实和李文彬估算的1988年的教育收益率结果进行比较。相对于1988年,1995年我国教育收益率有了较大幅度的提高,并且随着体制机制改革的深化，特别是统一劳动力市场的建立和完善，我国的教育收益率还将继续提高。

陈晓宇等（2003）对我国20世纪90年代城镇教育的教育收益率做了估算，并做了纵向的比较分析。其比较结果显示20世纪90年代我国各级教育收益率水平得到了显著提高，且与国际平均水平在逐步接近，此前我国教育收益率大大低于国际平均水平的状况已基本得到了扭转。在各级教育中，高等教育的收益率最高。通过对不同所有制单位和不同时期参加工作的劳动者的教育收益率进行比较分析发现，在竞争性的经济部门以及年轻的就业者中，教育具有更高的收益率。这很好地说明了随着劳动力市场化的改革进程，劳动力的收入在逐步回归于人力资本理论框架描述的通过教育和培训手段积累的人力资本的价值的现象。

李实等（2003）也对20世纪90年代我国城镇教育收益率的变动趋势做了实证研究，研究发现在1990~1999年，我国的教育收益率上升了近3倍，这是与中国城镇劳动力市场的改革和工资制度改革的进展分不开的，并且高学历职工尤其是学士学历以上的职工，其平均教育收益率显示出了较高的水平。

（三）影响因素研究受到关注

现实中个人收入不仅受到教育与工作经验的影响，还会受到其他因素的影响，如职业因素、家庭背景等，遗漏其中任何一个变量都将会使教育收益率的估算结果出现偏差（Gunes，2001）。劳动力市场具有分割属性，尤其在我国目前所处的经济转型及快速发展的特定阶段，表现得更为明显。我国当前的劳动力市场竞争不充分，城乡、区域、行业、部门等之间的就业政策与工资收入存在显著的差距。

针对现阶段我国劳动力市场发育不完善、竞争性不充分的状况，一些研究者采用将教育收益的影响因素，包括就业区域、就业地域、国家行政级别、行业等作为控制变量引入明瑟方程的方法来估算教育收益率。如娄世艳（2009）将职业、行业、性别、年龄、家庭背景等影响个人教育收益率的因素引入明瑟方程，分别用年收入、月收入和小时收入作为因变量估算出我国的个人教育收益率分别为 6.18%、6.07% 和 7.06%。这个结果更接近于真实的收益率，比纳入控制变量前的 15.14%、13.55% 和 16.56% 的计算结果分别降低了 8.96、7.48 和 9.50 个百分点。

除教育程度与工作经验外，个人收入还受到其他因素的影响。近年来，国内一些学者也开始关注个人教育收益率影响因素的分析和研究。陈晓宇等（1999）认为我国高等教育个人收益率相对于其他国家较低的原因是，收益的非货币化与劳动力非市场化。朱斌（2003）认为我国个人教育收益率低的原因有劳动力市场竞争不足、人力资本价值利用不充分等原因。王广慧等（2009）研究证实社会背景与家庭背景对个人教育收益率有着显著的影响，且家庭背景对个人教育收益率的影响随个人受教育程度的提高而增大。相对于父亲而言，母亲的教育背景对子女个人教育收益率的影响较大。刘泽云等（2009）通过实证研究发现，企业之间的差异是导致职工工资收入差异的首要原因。王孙禹等（2011）对影响我国教育收益率的因素进行了研究，2006 年我国总体、男性、女性的平均教育收益率分别为 5.5%、4.6%、4.8%，总体的小学、初中、高中、大学阶段的教育收益率分别为不显著、7.1%、6.7%、8.3%；研究发现文凭信号、职业因素、家庭背景三类因素对我国的教育收益率存在显著的影响，其中以职业因素的影响最为显著，其次是家庭背景，再次是文凭信号，且文凭信号仅对大学阶段的教育收益率影响显著，对高中及以下阶段的影响则不显著。

（四）研究视角逐渐多元化

学者们逐渐采用多元化的视角对教育收益问题进行研究，不仅从发现问题的角度出发通过估算教育收益率来分析经济社会中的现象，而且从教育收益产生影响的角度来分析收益率高低对教育需求的指示作用，从风险收益相结合的角度探求教育的风险收益关系。

魏新（1989）认为，以前国内存在的复杂劳动报酬和简单劳动报酬倒挂的这种"教育个人收益递减"现象，反映了劳动报酬制度的不合理状况。杨晓霞等（2009）认为，主要发生在低收入群体身上的"因教致贫"现象，其直接原因为教育成本的日益高涨与教育投资未能获得及时补偿等。

岳昌君等（2003）估算出了不同级别教育的预期内部收益率并对我国各级教育的需求进行了分析，研究发现劳动力的受教育程度越高，预期的总收益就越大，特别是大学本科教育的预期净收益显著高于其他级别教育的预期净收益。人们对本科教育的需求最为旺盛，其次是对高中教育的需求，而对初中教育的需求愿望则不强烈。

从教育的收益与风险相结合的分析角度出发，杨娟等（2008）利用2003年大学生抽样调查样本数据进行的实证研究结果显示，我国的高等教育中已经存在过度教育现象，被过度教育的本科生、硕士生和博士生分别占到了各阶段学生总数比例的21.1%、35.8%和42.0%。马晓强（2008）采用国家统计局城镇居民入户调查数据，对我国1991年、1995年和2000年的教育投资收益和风险做了实证研究，研究发现教育投资风险与收益存在正相关的关系，特别是高等教育表现出了明显的高收益与高风险的特征。

表1－1对国内部分教育收益率估算结果做出统计。虽然由于研究者使用的估算方法与样本数据等存在差异会引起教育收益率估算结果的不同，但是从表1－1的统计结果依然能看出我国教育收益率的变动趋势。20世纪80年代后，我国的教育收益率扭转了以前的脑体倒挂现象而总体呈现出了逐步增长的态势。20世纪80年代我国平均教育收益率的估算结果为3%左右，90年代数据的估算结果为1%～4%，2005年以后数据的估算结果超过了6%。在90年代后，高等教育阶段的教育收益率高于初等与中等教育阶段，且差距在逐渐拉大（海克曼，2003）。谈到从20世纪80年代晚期至90年代早期，我国的低个人回报率并不是真正的回报率，而是由于我国劳动力市场被扭曲，以

至于工资不能正确反映受教育的劳动力对经济所做出的真实边际贡献的结果。从表1-1中教育收益率，尤其是高等教育收益率的变动趋势可以看出，20世纪90年代后高学历的价值逐步在我国的劳动力市场上得到了体现，这个可喜的现象已经并将继续对知识与技能的投资产生激励作用。

表1-1 部分教育收益率估算结果统计

序号	研究者	数据年份	总体	男	女	小学	初中	高中	大专	大本	研究生
1	朱国宏(1992)	1984	—	—	—	15.10	9.02	6.71	—	—	—
2	李实等(1994)	1988	3.80	2.50	3.70	—	—	—	—	—	—
3	赖德胜(1998)	1995	5.73	5.14	5.99	—	—	—	—	—	—
4	陈晓宇等(1999)	1996	—	—	—	—	3.59	4.19	4.67	6.58	—
5	陈晓宇等(2003)	1991	—	—	—	—	1.60	2.72	3.78	—	—
		1995	—	—	—	—	3.62	3.87	5.33	7.23	—
		2000	—	—	—	—	4.86	6.53	9.97	13.10	—
6	李实等(2003)	1990	1.20	—	—	—	0.82	1.43	1.61	2.36	—
		1991	1.36	—	—	—	1.09	1.71	1.95	2.57	—
		1992	1.55	—	—	—	1.64	2.13	2.29	2.96	—
		1993	2.14	—	—	—	1.58	2.22	2.50	3.34	—
		1994	2.65	—	—	—	1.91	2.59	2.95	3.68	—
		1995	2.91	—	—	—	1.58	2.30	2.90	3.69	—
		1996	3.62	—	—	—	2.70	3.13	3.96	4.87	—
		1997	3.84	—	—	—	2.98	3.27	4.10	5.30	—
		1998	3.96	—	—	—	2.73	3.09	4.08	5.15	—
		1999	4.86	—	—	—	3.83	4.20	5.51	7.31	—
7	马小强等(2008)	1991	—	—	—	1.60	2.72	—	3.78	—	—
		1995	—	—	—	3.50	3.96	—	7.26	—	—
		2000	—	—	—	4.87	6.53	—	13.06	—	—
8	娄世艳(2009)	2005	6.18	—	—	6.67	4.47	3.86	11.25	13.75	5.37

说明：李实等（2003）估算结果中的"总体收益率"系作者对原文表5中"系数估计值"数据计算得出，不同教育水平的收益率引自娄世艳（2009）对原文表6数据的计算。

第三节 研究问题及研究意义

一 研究问题

人力资本对经济的驱动作用已通过许多学者的多方面研究予以证实。在国际竞争中，教育与人力资本水平的高低决定着一个国家的科技竞争力水平。2000年，联合国教科文组织与世界银行在《发展中国家的高等教育：危机与出路》一文中提出，没有更多更高质量的高等教育，发展中国家将会越来越难以从全球性知识经济中受益。教育收益会影响着人们的教育选择，影响高校的生源状况。工程教育在为现代化建设提供数量充足、质量上乘的工科人才方面扮演着举足轻重的角色，目前我国存在工科人才供应不足、工科毕业生市场需求旺盛、工程教育生源数量和质量相对下降等现象。提升工程教育人力资本收益水平、进一步为国家的技术变革与知识创新提供有效依托，应是当前工程教育改革的方向之一。

就当前研究现状来看，国内外关于教育收益问题的研究虽然已有大量的优秀成果出版，但是就分专业教育收益而言，国外学者早已开始对其进行关注，而我国这方面的文献则非常少，原因主要有难以获得适用的数据做支撑等。目前可以搜索到的有关分专业教育收益的文献主要为李锋亮等（2010）基于我国电力、铁路与石化行业对工程师教育收益率所做的研究。另外，就教育非经济收益而言，国外相关研究成果也比较多，但多是集中于非经济收益的某一个方面，如健康、生育率、工作满意度等；而国内这方面的相关研究成果仍比较少，尤其是运用定量方法的文献更是难以找到。因此，在当前背景下对我国工程教育收益水平进行系统、深入的分析非常必要。

本书将主要在人力资本理论框架下，对我国的高等工程教育人力资本投资收益进行研究。为表述方便，本书中将"教育人力资本投资收益"简称为"教育收益"。按受益主体不同教育收益可以划分为社会收益与个人收益，按是否可用货币衡量又可划分为经济收益与非经济收益。本书关注的是教育的个人收益部分，包括经济收益与非经济收益，且为简便起见，书中若无特别提到"非经济收益"一词，则"教育收益"均指的是"教育经济收益（个人）"。

本书的主要研究问题包括：

（1）我国的工程教育收益率是多少？

（2）我国工程教育经济收益水平的高低如何？具体包括国内与国际两个比较维度，共分为三个子问题：我国工程教育收益率与高等教育平均收益率相比孰高孰低？我国工程教育收益率在13个学科门类中居于什么位置？我国工程教育收益率与美国工程教育收益率之间有何差距？

（3）我国工程教育收益率是否对工学招生产生了影响？我国工程教育经济收益率是否与其招生状况相关？是否对学生的高等教育专业选择产生了影响？

（4）我国工程教育非经济收益率如何？我国工程教育非经济收益率在13个学科门类中居于什么位置？

（5）提升我国工程教育收益水平的政策建议有哪些？

二　研究意义

教育收益问题研究对国家的教育、经济与社会发展具有重要的现实意义。通过对教育收益问题的研究，能够审视我国教育对人力资本的促进程度、劳动力市场中人力资本价值得到实现的程度、劳动力市场收入分配的合理程度等，并为国家教育政策的制定提供依据，为生源的受教育选择提供参考，这个数字背后有许多经济及社会问题值得挖掘。在我国当前发展阶段，研究我国工程教育收益更是具有非常重要的理论意义与实践意义。

（一）理论意义

20世纪60年代初以来，国内外关于人力资本理论的研究已经硕果累累。在专用性人力资本理论研究领域，国外的相关研究成果颇丰，但在国内尚处于起步阶段，尤其对工程教育人力资本理论研究更是近乎空白。与其他专业专用性人力资本理论研究相比，工程教育人力资本理论在投资、生产、收益等方面都具有自己的独特性。因此，工程教育人力资本研究对深化专用性人力资本理论研究、丰富教育经济学理论知识等都具有重要的意义。

（二）实践意义

研究工程教育收益具有非常重要的实践意义，尤其是在我国当前的经济、教育发展阶段与所处的全球竞争背景下，对我国工程教育收益问题进行研究显得尤为必要。

人力资本，尤其是工程教育人力资本，是国家经济发展的重要动力。生产率的决定因素包括人均物质资本、人均人力资本、人均自然资源与技术知识（曼昆，2009）。人力资本通过两种途径推动经济增长：一是作为资本投入，在劳动力市场上，具有较高人力资本水平的劳动者由于具有较高生产率而能获得较高的收益；二是通过人力资本存量的提升而推动技术进步，人力资本水平高的生产者更有可能创造新技术，并且对新技术具有更强的学习能力。可以说，科技知识的发展与传播提高了劳动力和其他要素的生产力。随着科学家、技术人员、管理人员和其他人员的知识增长，系统地将科学知识运用于产品生产，这极大地提升了教育、技能培训和在职培训的价值（贝克尔，2007）。经济增长源于资本（实物与人力）积累和技术进步，而相比之下技术进步更为重要。罗伯特·索洛（Robert Solow）检验了1909~1949年美国的经济增长。这段时间里美国的GDP平均增长率为2.9%，而技术进步（technical progress）是其增长的主要动力。根据内生经济增长模型，技术进步率取决于储蓄，特别是致力于人力资本的储蓄（多恩布什、费希尔和斯塔兹，2002）。从图1-3也可以看出人力资本与经济增长的显著正向关系。

第二次世界大战以后，日本对美国的经济趋同[①]的过程中，技术进

[①] 一个经济追上另一个经济的过程称为趋同（多恩布什、费希尔和斯塔兹，2002）。

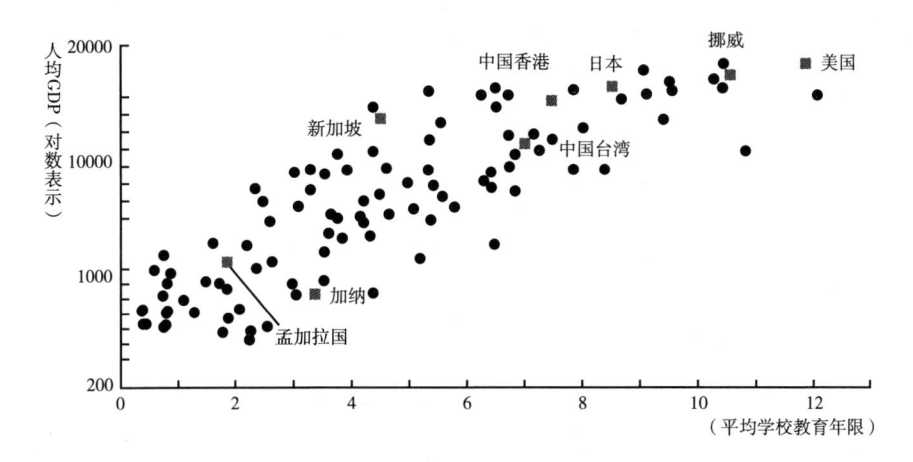

图 1-3 平均受教育年限与经济增长的关系

步也发挥了重大的作用。日本从西方引进的先进技术带来了 1950~1992 年人均 GDP 平均增长率高于美国 3.79 个百分点的奇迹。

我国科技竞争力提高的关键是教育竞争力的提高,尤其是以培养工程科技人才为主的工程教育水平的提高。相对于其他因素来说,科技竞争力对一国国际竞争力总排名的提升有更大影响,且教育竞争力排名与国际竞争力排名具有很强关联性。在教育竞争力排名获得提升的国家中,66% 的国家的国际竞争力总排名也同时提升。我国的科技竞争力从 2002 年的第 35 位上升到 2007 年的第 28 位,但仍落后于主要的 G8 国家,也落后于大多数欧盟成员国家。我国在健康、环境和教育方面明显落后于发达国家,甚至落后于部分发展中国家,这些因素一定程度上制约了我国国际竞争力总排名的进一步提升(潘教峰,2010)。

工程教育人力资本存量的提升对提高我国科技竞争力、推动经济增长都具有重要的作用,这也是我国由人口大国迈向人力资源强国的重要组成部分。工程教育收益水平的提高又是提升我国工程人力资本存量的关键及主要途径,通过对工程教育收益问题的研究能发现和解决工程教育人力资本开发所面临的一系列问题。波拉切克(Polachek,2007)曾指出个人教育收益研究的重要性,"理解个人教育收益具有非常重要的意义,它触及了人类福利背后最基本的层面"。搞清楚个人教育收益的决定因素有助于政策制定者采取措施来增加社会财富，缩小贫富差距，促进国家的经济繁荣。人力资本理论显示，单凭机遇与政令都不足以减轻贫困，但是再配以人力资本投资就能提高收入、缓解贫困，即使是低能力的劳动者也能从培训中获益。这些深刻的见解促使政府推出了增加财富的可行性措施。正像许多研究表明的那样，人力资本理论对经济增长具有重要的意义。作为占我国高等教育规模1/3强的工程教育，其个人教育收益的背后也隐藏着诸多问题值得我们去进一步探寻。

从当前我国工程教育人才现状来看，我国人力资源中工程科技人才所占的比例与其他国家相比存在很大差距。一方面，我国高校毕业生就业市场上表现出对工科人才的旺盛需求；另一方面，工程教育生源状况也存在数量和质量相对降低的隐忧。因此，研究我国工程教育收益对提高我国工程教育的收益水平，保障工程教育生源的数量与质量，提高我国工程教育人力资本存量，提升我国科技竞争力，促进我国经济的持续、快速发展等，都具有重大的现实意义。

第二章
基本概念与理论基础

第一节 基本概念界定

一 工程教育

工程教育（Engineering Education）是指教授工程专业相关知识与原则的活动，它既包括初始阶段对工程师的养成教育，也包括后续阶段对工程师能力的进一步提高与专业化教育。依照工程专业执照的要求，工程教育通常伴随着相应的考核与培训。工程教育是一种以技术科学为主要学科基础的培养工程技术人才的专门教育，以传授技术科学与工程知识和技能为特征。工程教育是一个动态范畴，其内涵和外延随着社会发展和科学技术的进步而不断发生变化（张维等，2003）。本书对工程教育的研究范围界定为正规院校教育中工学门类的高等工程教育，即正规高校中的工科教育。

二 人力资本

人力资本（Human Capital）指一个人所拥有的在一定经济环境下的生产力属性，表现为凝结于个体身上的生产知识、技能与健康素质等的存量及水平总和。人力资本与其他类型的资本一样，能够通过教育、培训等投资途径来提高质量与生产水平。个人收入分配在一定程度上取决于人力资本的分配和人力资本的回报（贝克尔，2007）。人力资本与实物资本一样，有成本，也存在折旧。"人力资本"这个术语有时暗含个体人性的丧失，与将人等价于机器的非人性社会联系起来。然而实际正好相反，"人力资本"这个概念认为，人力资本和物质资本至少在创造财富与繁荣经济方面发挥着同样重要的作用（海克曼，2003）。

根据适用范围的大小及可转换程度的高低，人力资本通常被分为通用性人力资本（General Human Capital）和专用性人力资本（Specific Human Capital）两类。专用性人力资本是指知识或能力具有特定专属性的人力资本，而通用性人力资本是指知识或能力具有普适性的人力资本。专用性人力资本主要包括企业专用性人力资本（Firm-Specific Human Capital）、地域专用性人力资本（Location-Specific Human Capital）、行业专用性人力资本（Industry-Specific Human Capital）、专业专用性人力资本（Major-Specific Human Capital）与职业专用性人力资本（Occupation-Specific Human Capital）等。专用性较强的人力资本往往需要更多的正规教育与培训投入，还需要更多的实践能力培养。工程教育相对于其他学科门类教育而言专用性较强，对职位与专业匹配度要求较高，且在市场上的可流动性较弱。

人力资本与物质资本一样，可以进行投资并能带来收益。舒尔茨（1990）将人力资本投资（Human Capital Investment）解释为：为增强技能、知识以及影响人类从事生产劳动的专门能力时所花费的资金，但由此也增加了人类努力（劳动）的价值生产率，并将产生正值收益率。人力资本投资有多种形式，包括学校教育、在职培训、医疗保健、移民等（贝克尔，2007）。其中教育和培训是人力资本最重要的，也是最主要的投资。人力资本收益（Return to Human Capital）是指人力资本投资为投资者带来的全部回报。根据是否可以用货币来进行衡量，人力资本收益可以分为经济收益与非经济收益；根据受益主体不同，人力资本收益可以分为社会收益与个人收益。

三 教育收益

教育收益（Return to Education）是指一个人或社会通过教育增加所获得的收益。教育收益是人力资本收益类型的一种，且是最主要的类型。按照受益主体不同，教育收益可分为个人收益与社会收益。个人收益是指受教育者及其家庭所获得的收益，社会收益还包括除受教育者和他的家庭外，其他社会成员所获得的教育的外部收益。[①] 个人收益与社会收益又均包括经济收益与非经济收益。个人经济收益是指个人因受教育水平的提高而获得的收入增加部分，个人非经济收益是指因接受教育所带来的个人及家庭社会地位的提高、生活氛围的改善、失业风险的降低、身体健康状况的提高、子女学习成绩的提升等。社会经济收益是指教育为整个社会带来的经济回报，社会非经济收益是指教育为整个社会所带来的社会凝聚力的增强、犯罪率的下降等难以用货币衡量的那部分收益（见表2-1）。

表2-1 教育收益类型

教育收益			
个人收益		社会收益	
经济收益	非经济收益	经济收益	非经济收益
个人收入的增加	个人及家庭社会地位的提高、健康状况的提高等	教育为整个社会带来的经济回报（个人经济收益外的部分）	社会凝聚力增强、犯罪率下降等

本书对教育收益的研究主要集中于个人收益中的经济收益与非经济收益部分，即个人因受教育水平的提高而获得的收入增加与非经济回报增加。为了表述方便，书中将教育的经济收益简称为"教育收益"，教育的非经济收益则直接用"教育非经济收益"来表述，即书中若无特

---

① 由于教育具有外部效应，因此能产生外部收益。外部收益是指教育所带来的除受教育者及其家庭外其他社会成员所获得的收益。

别指出"教育非经济收益",则"教育收益"均指的是教育的个人经济收益。

四　教育收益率

教育收益率（Rate of Return to Education）是衡量教育收益中经济收益部分的重要指标,"是对一个人或社会因增加其接受教育的数量而得到的未来净经济报酬的一种测量"。对个人收益的衡量为个人收益率（Private Rate of Return to Education）,对社会获得收益的衡量则为社会收益率（Social Rate of Return to Education）。个人收益率又主要分为内部收益率与明瑟收益率两种,内部收益率是通过使长期成本和收益的贴现值等于零并解出其内在贴现率 r 所得到,反映的是教育的个人实际投资收益率;明瑟收益率是运用明瑟方法估算得出,反映的并不是实际投资收益率,而是一项边际收益率,代表受教育年限每增加一年能为受教育者个人所带来的个人收入提高的比例。在实际研究中明瑟收益率的运用更为普遍。本书对教育收益率的估算均为教育的"个人收益率",且为"明瑟收益率"。

五　学科门类

学科门类是对具有一定关联学科的归类。[①] 2011年3月8日教育部发布了《关于印发〈学位授予和人才培养学科目录（2011年）〉的通知》,对我国的学科目录进行了新的修订,学科门类总数也由原来的12个增加为13个,即将"艺术学"从"文学"中分离出来独立成为第13个学科门类。新的学科门类具体包括:哲学（01）、经济学（02）、法学（03）、教育学（04）、文学（05）、历史学（06）、理学（07）、工

---

① 学科目录分为学科门类、一级学科（本科教育中称为"专业类"）和二级学科（本科专业目录中为"专业"）三级。学科门类和一级学科是国家进行学位授权审核与学科管理、学位授予单位开展学位授予与人才培养工作的基本依据,二级学科是学位授予单位实施人才培养的参考依据。参见《学位授予和人才培养学科目录设置与管理办法》（学位〔2009〕10号）。

学（08）、农学（09）、医学（10）、军事学（11）、管理学（12）、艺术学（13）。

第二节 理论基础

20世纪60年代初期西奥多·舒尔茨（Theodore W. Schults）人力资本理论（Human Capital Theory）的诞生奠定了教育经济学的发展基础，对于作为人力资本投资最主要形式的教育投资的收益问题的相关研究也进入了人们的视野。

人力资本理论为教育收益问题的研究提供了深厚的理论土壤，随着经济、社会的发展与研究的深入，筛选理论（Screening Theory）、专用性人力资本理论（Specific Human Capital Theory）与劳动力市场分割理论（Labor Market Segmentation Theory）等又被借鉴到了该问题的研究中来。这几个理论相互竞争，同时又相互配合，共同为教育收益问题的研究提供重要的理论支持。本书运用的理论主要有人力资本理论、筛选理论、专用性人力资本理论与劳动力市场分割理论，其中人力资本理论是本书最主要的理论基础。

一 人力资本理论

20世纪60年代初，西奥多·舒尔茨提出了人力资本理论，后来加里·贝克尔（Gary S. Becher）、米尔顿·弗里德曼（Milton Friedman）、雅各布·明瑟（Jacob Mincer）等都为该理论的深化与发展做出了突出贡献。

在传统经济学中，人们只注重物质资本的投入和产出，虽然一些古典经济学家如亚当·斯密（Adam Smith）曾经指出教育能增加工人的生产能力，并认为对人的投资与对物质的投资一样都能推动生产力的提高且带来收益。到了20世纪60年代初期，人力资本概念才开始受到真正的关注。当代意义上的"人力资本"一词的使用可以追溯到1958年明瑟发表的《人力资本投资与个人收入分配》一文（Mincer，1958），该文首次运用理论模型对人力资本投资与个人收入差异之间的关系进行剖析。1960年舒尔茨在美国经济学会年会上发表了题为"人力资本投资"的会长就职演说，他指出"教育不能仅被看作是一种消费，更应该被看作是生产投资"，并明确提出人力资本是促进经济增长的主要原因。这次演说也被看作是教育经济学产生的标志。1962年贝克尔出版了《人力资本》一书，该书探讨了人力资本形成理论，并对教育和培训的收益率做了分析。同年，明瑟发表了《在职培训：成本、收益及意义》一文，对在职培训与个人收入的影响进行了系统的论述。舒尔茨（Schultz，1967）分析，"人们通过对自身的投资来提高其作为生产者和消费者的能力，而学校教育则是对人力资本最大的投资"。从那时起，人力资本的概念开始主宰了教育经济学，并对劳动力市场及其收益、工资决定、就业分配以及许多其他领域产生了重要的影响（Woodhall，1987）。

当"人力资本"一词刚被提出来时，许多人不能接受，认为这个提法包含了非人性的因素，将人当作了机器或奴隶。此前人们只是将土地、建筑物、工厂、机器、货币等当作资本，而不包括人的知识与能力。实际上"人力资本"这个概念，强调的是人力资本能带来预期收益。人力资本投资是富有成效的，因为它能迅速提高工人的技能。人力资本也提高了社会资源的适应性和分配的有效性。大多数实证研究中出现的实证规则是：受教育越多和培训越多的人越能适应变化（海克曼，2003）。因此，教育对个人在劳动力市场上的成功具有正向的促进作用。非常明显，如果教育能提高个人收入，劳动者将不惜进行教育投资（Polachek，2007）。人力资本理论的提出也使得不同形式资本投资之间的比较成为可能。

人力资本理论认为人力资本与其他类型的资本一样，可以通过教育、培训、医疗等投资途径来提高质量与生产水平，其中教育是人力资本形成的最主要途径。舒尔茨在1979年的获奖演说中强调了提升人口质量对促进经济发展与提高穷人福利的重要性,并且明确提出教育是提升人口质量的主要途径。

在人力资本理论的背景下,教育不再被看作是消费品,而是被当成为提高个人能力与社会生产力水平而必做的一项投资。贝克尔对人力资本投资概念做了开创性的研究。他认为就像企业对物质资本进行投资能产生几个时期的收益流一样,通过教育与培训形式对人力资本进行投资也能使个人在一定时期内获得收益。教育是能提高人作为生产者和消费者能力的一项投资,通过教育所获得的个人能力与生产力的提高将在劳动力市场上得到体现。人力资本理论认为,学校教育通过提供知识、技能和分析问题的方法提高了人们的收入水平和生产力水平(贝克尔,2007)。贝克尔认为来自人力资本的收入比来自非人力资本的收入在分配上要公平一些。教育可以增加个人收入、减少收入分配不平等,教育水平的提高会使因受教育不同而产生的相对收入差距逐渐缩小。人力资本投资还会产生溢出效应,提高他人的知识与能力,产生社会收益。人力资本投资还能降低失业率。国家之间收入水平的不同,能反映出它们之间人力资本积累及其对经济增长促进程度的差异。

明瑟首先对人力资本收益进行了实证研究。明瑟方法的提出拓宽了人们的研究视野与思路,它不仅为我们提供了个人教育、在职培训等收益的估算方法,还为我们提供了分析收入差距、收入增长、工作迁移、职业选择、失业问题等经济、社会问题的途径。因此,人力资本理论的产生与发展,使原本许多其他理论难以解释的问题得以解决,如为什么个人收入增速随年龄增长而降低?为什么年轻人比年长的人更倾向于人力资本投资?为什么工作迁移主要存在于年轻人之间?为什么学习会导致更多的学习,能力越高的人越乐于进行人力资本投资?为什么失业率与社会生产力水平呈反向变动?波拉切克(Polachek,2007)曾提出:"领悟了人力资本理论就把握住了社会科学的最核心,因为人力资本理论对人类福利背后的最基本问题做出了解释;充分理解收入是如何决定的,有助于政府推出有效措施来增加财富、减少贫困,最终引领国家走上经济增长与繁荣的道路。"

本书主要是在人力资本理论的框架下进行的。教育能够通过提升人力资本存量与水平来推动经济增长并提高个人收入等。工程教育是提高工程科技人力资本的主要手段，能为受教育个人与社会带来回报。本书中各教育收益率估算模型也均是建立在传统明瑟方法基础之上的。人力资本收益会对人力资本投资产生影响，工程教育收益的水平会影响人们对工程教育的选择，进而影响到工程教育的生源状况。

二 筛选理论

教育作为一种投资能够为投资者带来收益，但是有关教育收益的形成原因、内在形成机制、教育在劳动力市场上的角色等问题还存在与人力资本理论不同的观点。"人们争辩教育并不是通过增加知识和能力来提高产出，而仅是充当了一个筛选装置，帮助雇佣者来识别谁拥有先天的优秀能力与个性特征，如时间观念、积极性等"（Woodhall，1987）。这一系列质疑，在劳动力市场上被称作"筛选理论"。

筛选理论产生于20世纪70年代初，它认为教育的主要作用是对具有不同能力的人进行筛选而不是提高人力资本，教育的筛选功能优于生产功能而存在。由于信息的不对称性，个人能力难以在短时间内得到充分体现，而文凭能发挥反映个人能力的信号作用，受教育程度高的人代表具有更高的生产能力，更易于得到雇主的聘用、理想的岗位与工资待遇，因此教育为雇主提供了筛选功能。高学历的人能获得高收入，是由于其自身具有的"高能力"，而不是教育过程所赋予的知识与技能，教育仅充当反映个人本身特质的信号功能，这就对传统的人力资本理论提出了挑战。

根据筛选理论，雇主依据学历来做出雇佣决策并确定雇员的工资水平。他们只是假定生产能力越高的人具有越高的受教育水平，雇主只能利用可以观测到的总产出信息来估计这个假定的正确性。因此，假如生产力水平更高的人选择接受更高的受教育程度的话，市场上的信息则是对称的。当教育收益高于教育成本时，人们才会进行教育投资。生产能力越高的人，教育的投资成本越低，对生产能力高的人而言，教育是有价值的，将来的工资收益是可观的；对生产能力低的人而言，教育的投资成本更高，将来的工资收益则不够可观。因此，教育是充当区分生产能力不同人群的有效工具，但是它不能实际提高人的生产能力（Groot and Hartog，1995）。筛选理论认为教育收益也不存在外部性，受益者只限于受教育者个人。人力资本理论的观点与分析都是建立在它自身的假设基础之上的，例如个人通过接受教育与培训获得知识，提高个人劳动生产率，进而能够获得经济收益与非经济收益。但教育对收入的影响究竟是什么样的呢？是教育提高了个人生产率还是教育直接反映在收入上了呢？筛选理论认为教育仅具有筛选功能，为雇主挑选出具有卓越能力与素质的个人，这些能力和素质包括工作能力、工作态度等。从表面看，筛选理论会削弱人力资本理论的观点，其实不然，教育可能确实存在信号功能，但不会贯穿个人的一生。通过萨卡波罗洛斯等（Psacharopoulos and Woodhall，1985）与格鲁特等（Groot and Hartog，1995）对教育与生产率关系的研究发现，教育的信号功能并不是贯穿于劳动者全部职业生涯中的。许多研究也已表明文凭并不能解释收入和教育之间的绝大多数正向因果关系。贝克尔（2007）指出："我的著作及以后的许多研究已表明，即使在扣除各种直接或间接的教育费用，排除受过较高教育的人的家庭背景及其个人能力的影响后，美国的中学和大学教育也极大地提高了人们的收入水平。"

无论教育是否存在强信号功能，筛选理论关注的是教育或其他形式的人力资本投资对劳动生产率产生影响的确切方式，并且提醒人们教育的作用远远不只是传授知识和技能（伍德霍尔，2000）。教育可以促进劳动生产率且反映人的"内在"能力，因而人力资本理论和筛选理论彼此是不排斥的（格罗特等，1995）。能力越高的人越乐意进行教育投资，因此能力越高的人掌握的技能就越多，掌握技能越多的人也就越有能力。技能和能力之间存在动态相长的关系（海克曼，2003）。

就我国而言，教育确实对人力资本提高具有重要的作用，实证研究显示控制了文凭信号等因素后，教育收益率估算结果依然显著且可观。同时文凭信号对接受大学教育程度人员的教育收益率存在显著的影响，对接受小学、初中、高中教育程度人员的教育收益率的影响则不显著，这说明教育在我国高端的劳动力市场上确实存在一定的筛选功能。[①]

三 专用性人力资本理论

对劳动分工的讨论起源于亚当·斯密的《国富论》。亚当·斯密强调了劳动分工在经济增长中的作用。劳动分工能提高工作的熟练程度，形成专业化，节约工作时间，从而提高劳动生产率。根据异质性假说与比较优势原理，不同的个体有不同的比较优势，每个个体都利用自己擅长的方面来选择工作，通过劳动分工进行优势互补。当代经济的强大生产力与复杂性都是专业化的结果。

1962年，贝克尔首次提出了企业专用性人力资本的概念，奠定了专用性人力资本研究的基础。地域专用性人力资本、行业专用性人力资本、职业专用性人力资本与专业专用性人力资本等是最主要的几种专用性人力资本类型，不同专用性人力资本投资和收益之间存在差异。与专用性人力资本相对应的是通用性人力资本，二者的一个重要区别就在于：通用性人力资本的适用范围和流动转换领域更大，而专用性人力资本的适用范围和流动转换领域则更小（孟大虎，2009）。

就正规学校教育而言，小学和中学阶段的教育，生产的都是通用性人力资本，在劳动市场上就业时没有特定的专业和行业要求；高等教育阶段通过专业教育生产的人力资本是专业专用性人力资本，每个毕业生都有特定的专业，在劳动力市场上受特定的就业方向限制，且不同专业

[①] 2006年我国的教育收益率估算结果显示，控制了文凭信号与职业因素后，我国总体平均教育收益率为5.5%，高等教育阶段的收益率为8.3%。同时我国高等教育阶段的文凭信号确实发挥着显著的筛选功能，且在男性身上体现得更为明显。总体、男性与女性中取得大学学历人员的个人收入分别比未取得大学学历人员的个人收入高40.21%、62.42%与14.8%（王孙禺等，2011）。

的人力资本投资与收益之间存在差异。

相较于其他专业而言,工程教育类专业生产的人力资本具有更强的专用性。在工科学生的培养过程中,专业实践能力尤为重要,许多专业知识需要"干中学";毕业生求职时雇佣双方均要求更高的专业匹配度;工程科技人才的培养在一定程度上是在毕业后的工作岗位上进行的,继续教育对工科毕业生而言更为重要,这也同时更强化了他们的专业专用性;工程教育内部各专业培养的不同类别工程师之间很难相互替代,其他专业的毕业生也很难跨入工程师行业。高等教育生产的专业专用性人力资本收益之间的差异能体现出各专业对人力资本促进程度、各专业教育质量、各专业教育收益在劳动力市场上的实现程度等方面的差异。同时,各专业生产的专用性人力资本收益的差异也将会影响人们的教育选择,进而影响生源质量。因此,对工程教育这类具有较强专业专用性的人力资本进行研究也就显得尤为重要。

四 劳动力市场分割理论

劳动力市场分割理论诞生于20世纪60年代初期,创始人主要为劳动经济学家皮奥里(Michael Joseph Piore)等。劳动力市场分割理论认为现实中的劳动力市场并不存在人力资本理论假设的统一的竞争性,而是存在社会与制度等因素造成的内部分割属性,这使得不同人群在就业部门、就业岗位与工资收入等方面存在显著的差异。受教育程度的高低在很大程度上影响着受教育者就业的劳动力市场类型,进而影响其工资收入。劳动力市场并不是完善的,在许多不同的子群体之间都存在明显的分割现象,如性别之间、行业之间、城乡之间、地域之间等。

1970年皮奥里提出了双重劳动力市场理论。双重劳动力市场理论将劳动力市场划分为一级劳动力市场(Primary Market)与二级劳动力市场(Secondary Market)。皮奥里认为在一级劳动力市场中,雇员能得到很好的工资报酬,且工作环境良好、工作稳定性强、社会地位高、工作分配与晋升的相关规则制度完备;在二级劳动力市场中,上述各种情况则大为不同。双重劳动力市场是劳动力市场分割的主要表现形式之一。

一级劳动力市场中的工作对雇员的技能要求更高，雇员的专业技能与职位所需之间匹配度高，而这些专业技能往往需要通过在职培训获得，且主要由雇主来承担培训成本。培训成本的长投资回收期促进了雇员任职时间的延长，同时为了降低训练有素的雇员的离职率、避免雇员辞职带来的巨大损失，一级劳动力市场的雇主往往会支付高于雇员边际生产率水平的工资。在一级劳动力市场中，工资通常由职位等级、工作绩效、企业传统等因素决定，外部市场中的竞争力量很难对其产生影响（Defreitas，1995）。二级劳动力市场中的工作往往对雇员技能要求较低，雇员适应工作岗位很快，因此雇员的流动成本低、离职率高，在这种情况下对雇员实施专门培训是不经济的。工作对雇员的激励程度也不高，雇佣关系较松散，工作稳定性差，也缺乏成熟的工作纪律。因此为防备有人离职带来的职位空缺，雇主往往雇佣过量的雇员或仅雇佣保证每天都能到位的人员。由于工作特点的原因，雇主没有与雇员建立稳定雇佣关系，临时和脆弱的雇佣关系也决定了较低的工资水平、较差的工作条件与较少的升迁机会。

双重劳动力市场理论中，教育在劳动力市场中的角色具有重要的内涵。教育产生的人力资本积累并不重要，因为在每一级分割的劳动力市场中工资与雇佣行为由其内部运行机制所决定。各级劳动力市场中的雇佣关系的差异造就了市场之间不同的工作纪律与行为特征，使得不同市场间劳动力的流动困难。一级劳动市场组织适合一定的人群，但也会限制其他人群的进入，例如女性、少数群体、二级劳动力市场中的雇员等；在职培训也使得劳动力向上级市场流动变得更为艰难。因此，劳动力市场理论对人力资本理论关于教育能降低收入不平等的假设提出了质疑（McNab，1987）。学者就双重劳动力市场理论提出了帮助低收入劳动者融合进入初级劳动力市场的政策建议。任何政策如果不能帮助建立初级劳动力市场类型的雇佣关系的话，都不会有效地降低收入的不平等。

　　随着劳动力市场的发展与对劳动力市场认识的深入，劳动力市场分割理论发展得越来越成熟，也更加契合劳动力市场现状。不同的就业市场上劳动者拥有不同的专业能力，地域、行业、职业、专业等因素都会对劳动力市场的划分产生作用。由于我国经济发展的历史原因，我国的劳动力市场分割程度更为严重，分割现象也更为复杂。城乡、地区、部门、行业等之间都存在显著的劳动力市场分割现象。本书在各教育收益率估算模型中将会引入职业因素变量，通过对各职业因素变量参数的估计，不仅能够看出它们对个人收入影响的大小，更能反映出我国各单位所有制性质之间、各单位主管部门级别之间等的劳动力市场分割程度，一定程度上是对我国的劳动力市场分割程度的实证检验。

第三章
模型与方法

第一节 数据概况

本章采用的数据主要有三类：第一类是中国综合社会调查数据（China General Social Survey，CGSS）；第二类是美国综合社会调查数据（General Social Survey，GSS）；第三类是官方统计数据等，包括《中国统计年鉴》数据、官方公布的历年研究生招生分数线数据、相关研究报告中的数据等。

一 CGSS 数据[①]

对我国工程教育收益率与高等教育平均收益率的估算采用中国综合社会调查（CGSS）数据库中 2003 年与 2008 年的数据。

CGSS 为中国人民大学社会学系与香港科技大学社会学部从 2003 年开始共同推进的中国内地综合社会调查项目。2003~2008 年为 CGSS 项目的第一期，样本数据遍布全国 28 个省、自治区和直辖市，共抽取了 125 个县/区，500 个街道/乡镇，约 1000 个居委会/村委会。在 2003 年

[①] 本书使用的数据，部分来自国家社科基金资助之"中国综合社会调查（CGSS）"项目。该调查项目由中国人民大学社会学系与香港科技大学社会学部执行，项目主持人为李路路教授、边燕杰教授。

的调查中只包括城市样本，从 2004 年起的历次调查则同时覆盖了农村与城市。

根据研究需要，CGSS 项目各年调查的侧重点会有所不同，调查的侧重模块也会轮换。2003 年调查数据具体包括住户成员、个人基本情况、户口变动、家庭情况、社会交往、教育经历、职业经历、获得目前这个工作的情况、评价与认同、行为与态度 10 个方面；2008 年调查数据具体包括个人基本情况、家庭基本情况、教育及工作、性格与态度、社会交往与求职、态度和看法、全球化 7 个方面。

CGSS 数据的抽样方法分为四阶段不等概率抽样。第一阶段以区（地级市、省会城市和直辖市的区）/县为初级抽样单位；第二阶段以街道/乡镇为二级抽样单位；第三阶段以居民委员会/村民委员会为三级抽样单位；第四阶段以家庭住户并在每户中确定 1 人为最终抽样单位。具体样本分配为，在每个抽选出的初级抽样单元（区/县）中抽出 4 个二级抽样单元（街道/乡镇），在每个抽选出的二级抽样单元中抽出 2 个三级抽样单元（居委会/村委会），最后在每个抽选出的三级抽样单元中抽出 10 个最终抽样单元。

二 GSS 数据

对美国工程教育收益率的估算采用与我国 CGSS 项目对应的美国综合社会调查数据（GSS）。GSS 数据的调查目的、抽样方法、调查程序、调查方法等均与我国的 CGSS 数据最为接近，因此采用 GSS 数据估算美国工程教育收益水平并与我国进行比较，较为匹配与科学。由于近年的 GSS 数据中只有 2006 年与 2008 年数据可以识别出受访者高等教育阶段的所学专业，满足研究需要，因此选用 2006 年与 2008 年数据来进行美国高等工程教育收益率的估算。

美国综合社会调查（GSS）始于 1972 年，实施者为 NORC。NORC 是芝加哥大学的一个社会科学研究中心，美国国家科学基金会（National Science Foundation）对其予以支持。GSS 项目的运作目标主要有两个：一是开展对美国社会结构与发展的基本科学研究，二是为社会科学家、学生、政策决策者与其他研究人员提供最新、重要与高质量的调查数据。该项目数据搜集方案的设计既为了跟踪监测美国内部的社会变化，同时又能将美国的社会现象与其他国家进行比较。

美国内部社会变化数据的搜集是 GSS 数据的一部分，从 1972 年开始，几乎每年 GSS 都对此部分内容开展调查。它是唯一的一项全概率、个人采访调查，旨在跟踪监测当前美国存在的社会特征与社会态度的变化。自 1972 年开始，GSS 一直跟踪监测至少几百个社会因素变量。同时，由于 GSS 涵盖了在它之前其他社会调查的主要问题，因此根据 GSS 数据并结合此前其他社会调查数据，对社会变化趋势的研究可以追溯到 70 年前。

从 1984 年开始，NORC 也开始进行国际社会调查（International Social Survey Program，ISSP），跨国家数据（cross-national data）搜集即是其中一部分。1984 年，美国、澳大利亚、英国、德国的社会科学机构共同开始了此项调查工作。后来越来越多的国家陆续加入此项调查中来，目前会员国已涵盖了阿根廷、奥地利、保加利亚、加拿大、中国、法国、日本、韩国等共计 47 个国家与地区。目前在学术界、政府与私营部门，GSS 数据都已经得到了广泛运用。

第二节　收益率估算模型

估算教育收益率时需要考虑影响个人收入的各种因素，这些因素大致可以分为个人因素与职业因素两类。个人因素主要包括个人的受教育程度、工作经验、专业、家庭背景、性别、种族等，职业因素主要包括就业区域、工作类型、单位级别、单位规模、单位行业、工作岗位类型等。本书在明瑟方程的基础上分别建立分阶段教育收益率、工程教育收益率估算模型来对我国的工程教育收益水平进行研究。

建立模型前首先做出研究假设如下：

——我国小学、初中、高中各教育阶段的规定教育年限分别为6年、3年、3年；

——在同一受教育阶段内每一年的教育收益率均相同；

——我国的退休年龄统一为60岁。

一 平均及分阶段收益率估算模型

（一）平均收益率估算模型

1. 平均收益率估算模型——不含职业因素控制变量（模型1.1）

运用明瑟方程对我国的平均教育收益率进行初步估算。明瑟方程假定个人收入只受到受教育年限与工作经验的影响，将个人收入、学校教育年限和劳动力市场经历置入一个半对数形式的明瑟人力资本函数中来估算学校教育年限系数的取值，即明瑟收益率。

$$\ln Y = a + bS + cE + dE^2 \qquad (3-1)$$

式3-1所描述的模型1.1中 Y 代表个人收入，S[①] 代表学校教育年限，E 代表工作年限，E^2 为工作年限平方，b 为明瑟收益率，代表受教育程度每提高一年受教育者所获得的个人收入提高的比例。由于个人收入一般随受教育年限的增加而提高，随工作年限的增加而先增后减（年龄—收入曲线为上凸形状），因此通常情况下系数 b、c、d 的取值分别为正值、正值与负值。

2. 平均收益率估算模型——引入职业因素控制变量（模型1.2）

现实中的教育收益除受学历与工作年限影响外还受到许多其他因素

---

① S 为受访者接受的精确的受教育年限。在CGSS2003年与CGSS2008年数据中均对受访者接受的受教育年限总数做了专项调查。在已有的教育收益相关实证研究中，有的是运用将受教育程度折合估计成受教育年限来代表 S；但是在现实情况中有些人并没有完成相应的受教育程度，如3年制的高中仅读了2年、4年制的大学本科仅读了1年等，简单地将其进行3年、4年的折合会引起估算结果的不准确。本书直接运用CGSS2003年与CGSS2008年数据中具体的受教育年限数字来代表 S，将会得到更为科学的估算结果。在对分阶段教育收益率与工程教育收益率估算时，S 的取值是同样的道理，可以通过将受访者的受教育年限总数与已完成受教育程度的规定年限数相减来得到该受访者在最高受教育阶段所接受的准确教育数量。

的影响，其中最主要的为职业因素。将职业因素作为控制变量引入教育收益率估算模型能使我们得到更为精确的教育收益率估算结果。因此将职业因素变量引入模型 1.1 得到扩展后的平均教育收益率估算模型 1.2：

$$\ln Y = a + bS + cE + dE^2 + \sum_{j=1}^{m-1}\sum_{i=1}^{n} e_{ij}D_{ij} + \varepsilon \qquad (3-2)$$

其中 D_{ij}（$i=1,\cdots,n$）为 n 个职业因素控制变量，控制变量的系数在一定程度上能反映出控制组与参照组之间的区别。通过将引入职业因素变量前后两个估算模型对数据拟合度（调整的 R^2）的差异也可以看出各职业因素变量对教育收益的影响程度。

在 CGSS 数据中采用的职业因素控制变量的个数为 7 个，分别是目前工作类型（D_1，全日工作、非全日工作、临时性工作、务农、无工作），政治面貌（D_2，共产党员、非共产党员），单位所有制性质（D_3，国有、集体所有、私有/民营、三资企业、其他/无工作/务农），主管部门级别［D_4，中央、省级、地市级、区县级、街/镇/乡、居委/村委、无单位（自雇等）/其他/务农/无工作］，技术职称［D_5，无职称、初级、中级、高级、无单位（自雇等）/其他/务农/无工作］，单位内管理级别［D_6，不从事管理工作、一般管理人员、中层管理人员、高层管理人员、无单位（自雇等）/其他/务农/无工作］，国家行政级别［D_7，无行政级别、副科级以下、副科级、科级、副处级、处级、副司局级、司局级及以上、无单位（自雇等）/其他/务农/无工作］。D_{ij} 即为 D_i 的取值，m 为 D_i 可能的取值种类个数。为了"避免控制变量陷阱"的出现，需要在 D_i 各取值中选出 1 个作为参照组，所以 j 的取值范围为 $1-(m-1)$。

（二）分阶段收益率估算模型

模型 1.1 与模型 1.2 只提供了平均教育收益率的估算方法，对特定教育阶段收益率的估算还需要通过替换一系列含不同教育阶段的虚拟变量的方式来进行。用 S_k（$k=1,\cdots,4$）分别代表最高受教育程度为小学、初中、高中、大学的样本的平均受教育总年限，b_k（$k=1,\cdots,4$）为S_k的系数。其中S_k（$k=1,\cdots,4$）均为哑变量，当该教育阶段出现时，将其取值直接确定为该受教育程度样本的平均受教育总年限，否则将其赋值为"0"。

1. 分阶段收益率估算模型——不含职业因素控制变量（模型2.1）

$$\ln Y = a + \sum_{k=1}^{4} b_k S_k + cE + dE^2 + \varepsilon \qquad (3-3)$$

用λ_k（$k=1,\cdots,4$）分别代表我国各教育阶段的规定教育年限，θ_k（$k=1,\cdots,4$）分别代表最高受教育程度为小学、初中、高中①、大学②的样本在各相应最高受教育阶段的平均受教育年限。小学阶段的教育收益率β_1即为b_1，初中、高中、大学阶段的教育收益率则需要通过下述公式进一步计算：

$$\beta_k = \frac{b_k S_k - \sum_{n=1}^{k-1} \beta_n \lambda_k}{\theta_k} (k=2,3,4) \qquad (3-4)$$

计算得出的β_2、β_3、β_4值即分别为初中、高中、大学阶段的教育收益率。

2. 分阶段收益率估算模型——引入职业因素控制变量（模型2.2）

在模型2.1中引入职业因素控制变量得到扩展后的分阶段收益率估算模型2.2：

$$\ln Y = a + \sum_{k=1}^{4} b_k S_k + cE + dE^2 + \sum_{j=1}^{m-1}\sum_{i=1}^{n} e_{ij} D_{ij} + \varepsilon \qquad (3-5)$$

其中D_{ij}（$i=1,\cdots,n$）依然为n个职业因素控制变量的取值，其

---

① 高中阶段具体包括职业高中、普通高中、中专和技校。
② 为了保证样本容量足够大、尽量降低抽样误差带来的影响，同时考虑到后续将对各学科门类进行单独分析，因此本书不再将高等教育内部的各个阶段进行单独研究，而是将高等教育各个阶段统一作为"大学"来对待。具体而言，大学阶段包括大学专科（成人高等教育）、大学专科（正规高等教育）、大学本科（成人高等教育）、大学本科（正规高等教育）、研究生。

他变量所代表的含义及初中、高中、大学阶段收益率的进一步计算方法均同模型 2.1。

二 工程教育收益率估算模型

为了扩大高等教育子样本的规模、降低抽样误差，首先分别从 CGSS2003 年与 CGSS2008 年样本数据中抽取出已完成高中教育及以上的样本，然后再将二者进行合并形成截面数据（Pool Data）来作为我国工程教育收益率的估算数据，这样也有助于更精确地估算我国的工程教育收益率。由于是 CGSS2003 年与 CGSS2008 年数据中已完成高中教育及以上样本的合并，因此需要在合并样本中加入年份变量 T_{08} 来对 2003 年与 2008 年的数据进行区别。以 2003 年数据为参照，若某数据为 2003 年的数据，则将其 T_{08} 值定为"0"，若该数据属于 2008 年的数据，则将其 T_{08} 值定为"1"。

同理，对美国工程教育收益率估算的样本数据处理也采用同样的方法。首先从 GSS 2006 年与 GSS 2008 年样本数据中抽取出已完成高中教育及以上的样本，然后再将二者进行合并形成截面数据来作为美国工程教育收益率的估算数据。在合并样本中也加入年份变量 T_{08} 来将 2006 年与 2008 年的数据进行区别，以 2006 年的数据为参照，若某数据为 2006 年的数据，则将其 T_{08} 值定为"0"，若该数据属于 2008 年数据，则将其 T_{08} 值定为"1"。

在高等教育阶段受教育年限的取值方面，将截面数据中各受访者的受教育年限直接定值为该受访者在高等教育阶段实际接受的教育年限，参照组最高受教育程度为高中且已完成高中教育的受访者，并将其受教育年限定值为"0"，这样估算出的工程教育收益率将更为科学。

（一）工程教育收益率估算模型——不含职业因素控制变量（模型 3.1）

首先建立不含职业因素控制变量的工程教育收益率估算模型 3.1：

$$\ln Y = a + \sigma_0 T_{08} + \sum_{k=1}^{14} b_k Sh_k + \sum_{k=1}^{14} \sigma_{1k} T_{08} Sh_k + cE + \sigma_2 T_{08} E + dE^2 + \sigma_3 T_{08} E^2 + \varepsilon$$

(3 - 6)

Y 代表个人收入。Sh_k 分别代表 13 个学科门类与"综合"专业受访者在高等教育阶段所接受的教育年限,依照序号顺序各学科门类依次为哲学、经济学、法学、教育学、文学、历史学、理学、工学、农学、医学、军事学、管理学、艺术学、其他及综合。当该专业出现时,该受访者的 Sh_k 取值为其在大学阶段所接受教育的年限,否则将其赋值为"0"。估算我国工程教育收益率时,a 为 2003 年截距,$a + \sigma_0$ 为 2008 年截距,b_k 为 2003 年各学科门类高等教育收益率,b_8 为 2003 年工程教育收益率,$b_k + \sigma_{1k}$ 为 2008 年各学科门类高等教育收益率,$b_8 + \sigma_{18}$ 为 2008 年工程教育收益率。

估算美国工程教育收益率时,a 为 2006 年截距,$a + \sigma_0$ 为 2008 年截距,b_k 为 2006 年各学科门类高等教育收益率,b_8 为 2006 年工程教育收益率,$b_k + \sigma_{1k}$ 为 2008 年各学科门类高等教育收益率,$b_8 + \sigma_{18}$ 为 2008 年工程教育收益率。

(二) 工程教育收益率估算模型——引入职业因素控制变量(模型 3.2)

进一步引入职业因素控制变量后工程教育收益率估算模型扩展为模型 3.2:

$$\ln Y = a + \sigma_0 T_{08} + \sum_{k=1}^{14} b_k Sh_k + \sum_{k=1}^{14} \sigma_{1k} T_{08} Sh_k + cE + \sigma_2 T_{08} E + dE^2 + \sigma_3 T_{08} E^2 \\ + \sum_{j=1}^{m-1} \sum_{i=1}^{7} e_{ij} D_{ij} + \sum_{j=1}^{m-1} \sum_{i=1}^{n} \sigma_{4ij} T_{08} D_{ij} + \varepsilon \quad (3-7)$$

其中 D_{ij}($i = 1, \cdots, n$)依然为 n 个职业因素控制变量的取值,其他变量所代表含义均同式 3-6。

在估算美国工程教育收益率时,从 GSS 数据中采用的职业因素控制变量为 4 个,分别是工作类型 [D_1(美)]、雇佣类型 [D_2(美),雇主是自己还是他人]、在本单位工作年限 [D_3(美)]、单位性质 [D_4(美),政府、私营、其他]。

第四章
中国工程教育投资收益

第一节 相关样本数据处理与描述

一 相关样本数据处理

本章采用 CGSS2003 年与 CGSS2008 年的样本数据。调查数据中难免出现缺失值，但是如果所需数据的缺失值比例较高时，则需要对其进行合理补充，如果采用直接删除观测记录的方法不仅会丢失大量的信息，还可能导致错误的结论。因此，在正式运用模型估算我国教育收益率前，首先需要检查整理 CGSS2003 年与 CGSS2008 年的数据，并对其进行缺失值分析。

（一）相关样本数据缺失值分析与补充

个人收入是估算教育收益率的关键变量。由于个人收入涉及受访者的隐私，对这一项数据的调查有时会存在缺失值。通过初步观察，我们发现在 CGSS2003 年与 CGSS2008 年的数据中该变量均存在一定比例的缺失值。

数据的缺失方式可分为完全随机缺失（missing completely at random, MCAR）、随机缺失（missing at random, MAR）、非随机缺失（missing at non-random, MANR）三种。完全随机缺失（MCAR）是指缺失现象完

全是随机发生的，和自身与其他变量的缺失无关。这种情况下可以采取直接将缺失值删除的方式，不需要担心估计的偏差，这样做的缺点只是会损失一些数据信息，当然也可以采用均值替换等方法处理缺失值。数据的缺失是否为完全随机缺失，不仅可以通过观察数据缺失与未缺失样本的其他信息的分布来判断，也可以使用单变量 t 检验或 Little's MCAR 多变量检验方法来规范评估。随机缺失（MAR）的情况要严重些，也更加常见，变量缺失情况的发生与其他无缺失变量的取值有关。这时，缺失值不仅会引起信息缺失，还可能导致分析结果的不可信。非随机缺失（MANR）是指数据的缺失不仅和其他变量的取值有关，还与自身有关。这种情况不普遍，在现实调查中很难遇到，然而一旦发生，则没有适合的缺失值处理方法可以应用（杜强，2009）。

SPSS 提供的缺失值处理方法有成列删除（listwise）、成对删除（pairwise）、回归估计（regression estimation）与最大期望算法（expectation-maximization，EM）。成列删除方法只使用数据完整的记录进行分析，即分析变量时有任何一个缺失值，该记录均不进入分析；成对删除方法只有在具体计算过程中用到变量含缺失值时，该记录才不进入当前分析；回归估计即使用多元线性回归算法估计缺失值；最大期望算法是运用迭代方法估计缺失值，包含 E 步骤与 M 步骤两步（杜强，2009）。

成列删除、成对删除和回归估计缺失值处理方法均假定数据的缺失方式为 MCAR，即如果数据的缺失方式为 MCAR，成列删除、成对删除、回归估计与 EM 都可以对缺失值做出一致与无偏的估计，但是 EM 的估算结果最优。如果数据的缺失方式不是 MCAR，则只能选用 EM 法，否则会导致有偏的估计。EM 法假定数据缺失的方式仅仅与观测到的数据有关，即 MAR 缺失方式。

1. CGSS2003 年样本数据缺失值分析与补充

CGSS2003 年数据样本共计 5894 个，全部为城市样本。CGSS2003 年数据中反映"个人收入"的变量有两项，分别是"个人去年全年总收入"与"上月收入"。由于"上月收入"不一定能完全客观反映出受访者每个月的平均收入，比如可能不包含年终奖、分红、津贴等收入项目，因此选用"个人去年全年总收入"数值作为模型中的"Y"值更为准确。初步观察发现样本数据中"个人去年全年总收入"变量存在一定比例的缺失值，为避免估计的偏差，需要对其进行分析处理。首先检查整理"个人去年全年总收入"数据存在缺失值的记录，如果某一受访者的"个人去年全年总收入"数据缺失而"上月收入"数据存在的话，则暂时用"上月收入×12"来对该受访者的"个人去年全年总收入"值进行补充。

检查整理完毕后再进一步对"个人去年全年总收入"数据进行缺失值分析。

影响"个人去年全年总收入"的关键定量变量为"受教育总年限"与"工作年限"。将"个人去年全年总收入"、"受教育总年限"与"工作年限"三项数据的缺失值进行简单统计分析得到的结果如表4-1所示。从表4-1缺失值分析结果可以看出，Y（"个人去年全年总收入"）的缺失值在用"上月收入×12"补充后还存在缺失值554个，占到了样本总量的9.4%。

表4-1 Y总体缺失比例（CGSS2003年）单变量统计

	N	均值	标准差	缺失 计数(个)	缺失 占比(%)	极值数目[a] 低	极值数目[a] 高
Y	5340	9928.76	13689.75	554	9.4	0	305
S	5894	9.71	4.12	0	0.0	277	96
E	5894	23.67	13.40	0	0.0	0	0
sex	5894			0	0.0		
Edu	5894			0	0.0		

说明：a. 超出范围（Q1-1.5*IQR，Q3+1.5*IQR）的案例数。

CGSS2003年数据将"最高受教育程度"主要细分为11类，分别是：0＝"未受过正式教育"，1＝"小学"，2＝"初中"，3＝"高中"，4＝"职高、技校"，5＝"中专"，6＝"大专（非全日制）"，7＝"大专（全日制）"，8＝"本科（非全日制）"，9＝"本科（全日制）"，10＝"研究生及以上"。首先从不同受教育程度样本中 Y 缺失值所占的比例来初步看 Y 的缺失方式（见表 4-2）。

表 4-2　不同受教育程度样本 Y 缺失比例（Edu，CGSS2003 年）

			总计	0	1	2	3	4	5	6	7	8	9	10
Y	存在	计数（个）	5340	212	753	1653	997	169	505	396	301	90	241	23
		占比（%）	90.6	80.6	89.2	91.4	91.1	90.9	96.0	94.5	89.1	94.7	82.8	76.7
	缺失	占比（%）	9.4	19.4	10.8	8.6	8.9	9.1	4.0	5.5	10.8	5.3	17.2	23.3

说明：不显示少于 5% 的缺失值的指示变量。

从表 4-2 对不同受教育程度样本中 Y 缺失值比例的描述统计分析结果可以看出，不同受教育程度受访者的"个人去年全年总收入"数据中缺失值所占的比例差异较大，最高受教育程度为"中专"的样本中 Y 缺失值所占比例最低，为 4.0%，"研究生及以上"受访者的 Y 缺失值所占比例最高，达到 23.3%。

其次对不同性别之间的 Y 缺失值进行描述统计分析，结果如表 4-3 所示。从表 4-3 的统计分析结果可以看出，不同性别样本中 Y 缺失值所占的比例之间也不平衡，其中男性样本中的缺失值比例为 6.8%，女性样本中的缺失值比例为 11.8%，相差了 5 个百分点。从不同受教育程度之间与不同性别之间的"个人去年全年总收入"缺失值所占比例的显著差异可以初步推测"个人去年全年总收入"数据的缺失方式不是完全随机缺失。

再次进一步用 EM 法对 Y 缺失值进行分析。[1] 选择总体的分布形式为正态分布，最大迭代次数指定为"25"。EM 法分析结果如表 4-4、表 4-5 和表 4-6 所示。

---

[1] 在用 EM 法对 Y 进行缺失值分析与补充时，影响 Y 的变量仅选择了 S 与 E，而没有选择其他可能会影响个人收入的变量，这是因为 EM 法对缺失值进行补充时使用的关键变量仅为定量变量，其他变量不符合要求。本书后续对其他数据进行的缺失值分析补充与此是同样的道理。

表 4 – 3　不同性别样本 Y 缺失比例（sex，CGSS2003 年）

—	—		总计	男性	女性
Y	存在	计数（个）	5340	2642	2698
		占比（%）	90.6	93.2	88.2
	缺失	占比（%）	9.4	6.8	11.8

说明：不显示少于 5% 的缺失值的指示变量。

表 4 – 4　EM 均值[a]（CGSS2003 年）

Y	S	E
9821.31	9.7088	23.6673

说明：a. Little 的 MCAR 检验：卡方 = 75.435，DF = 2，显著性 = 0.000。

表 4 – 5　EM 协方差[a]（CGSS2003 年）

	Y	S	E
Y	1.875E8		
S	1.480E4	1.69607E1	
E	−4.334E3	−2.24336E1	1.79568E2

说明：a. Little 的 MCAR 检验：卡方 = 75.435，DF = 2，显著性 = 0.000。

表 4 – 6　EM 相关性[a]（CGSS2003 年）

	Y	S	E
Y	1		
S	0.262	1	
E	−0.024	−0.407	1

说明：a. Little 的 MCAR 检验：卡方 = 75.435，DF = 2，显著性 = 0.000。

表 4 – 4、表 4 – 5 和表 4 – 6 下面的说明反映了数据缺失方式是否为 MCAR 方式的假设检验结果。零假设是数据的缺失方式为完全随机缺失，卡方检验结果显示显著性水平值（Sig 值）低于 0.01，在 1% 水平上表现出显著，拒绝零假设。因此可以判断出 CGSS2003 年数据中 Y 的缺失方式不是完全随机缺失。在这种情况下如果运用成列删除、成对删除和回归估计的方法处理缺失值都将会引起偏差，因此选择 EM 法对 Y

的缺失值进行补充，并将缺失值补充结果存入原数据表中。

2. CGSS2008 年样本数据缺失值分析与补充

CGSS2008 年数据样本量共计 6000 个，其中包含城市样本与农村样本。CGSS2008 年数据中有关"个人收入"的变量有两项，分别是"个人去年全年职业收入"与"个人去年全年职业外收入"，在这两个变量中均存在一定比例的缺失数据。首先将"个人去年全年职业收入"与"个人去年全年职业外收入"进行累计得出"个人去年全年总收入"，然后再进一步对累计得出的"个人去年全年总收入"进行缺失值分析与补充。

影响"个人去年全年总收入"的关键定量变量为"受教育总年限"与"工作年限"。将"个人去年全年总收入"、"受教育总年限"与"工作年限"三项数据的缺失值进行简单统计分析得到的结果如表 4-7 所示。可以看出 Y（"个人去年全年总收入"）数据中的缺失值个数为 786 个，占到了样本总量的 13.1%。

CGSS2008 年数据将"最高受教育程度"主要细分为 14 类，分别是：1="没有受过任何教育"，2="私塾"，3="小学"，4="初中"，5="职业高中"，6="普通高中"，7="中专"，8="技校"，9="大学专科（成人高等教育）"，10="大学专科（正规高等教育）"，11="大学本科（成人高等教育）"，12="大学本科（正规高等教育）"，13="研究生及以上"，14="其他"。首先从不同受教育程度样本中 Y 缺失值所占的比例初步看 Y 的缺失方式，具体统计结果如表 4-8 所示。

表 4-7 Y 总体缺失比例（CGSS2008 年）单变量统计

	N	均值	标准值	缺失 计数（个）	缺失 占比（%）	极值数目[a] 低	极值数目[a] 高
Y	5214	1.53	32685.26	786	13.1	0	269
S	6000	8.60	4.38	0	0.0	0	2
E	6000	24.73	15.08	0	0.0	0	1
Ledu	6000			0	0.0		
V3	6000			0	0.0		
A1	6000			0	0.0		

说明：a. 超出范围（Q1-1.5*IQR, Q3+1.5*IQR）的案例数。

表 4-8　不同受教育程度样本 Y 缺失比例（CGSS2008 年）

			总计	1	2	3	4	5	6	7
Y	存在	计数(个)	5214	404	12	1302	1527	109	737	307
		占比(%)	86.9	82.6	85.7	89.9	86.8	87.9	86.2	91.4
	缺失	占比(%)	13.1	17.4	14.3	10.1	13.2	12.1	13.8	8.6
			总计	8	9	10	11	12	13	14
Y	存在	计数(个)	5214	56	174	239	90	225	23	9
		占比(%)	86.9	94.9	86.6	81.0	88.2	80.9	82.1	90.0
	缺失	占比(%)	13.1	5.1	13.4	19.0	11.8	19.1	17.9	10.0

说明：不显示少于 5% 的缺失值的指示变量。

从表 4-8 对不同受教育程度样本中 Y 缺失值比例的描述统计分析结果可以看出，不同受教育程度受访者的"个人去年全年总收入"数据中缺失值所占的比例差异较大，受教育程度为"技校"样本的 Y 缺失比例最低，为 5.1%，受教育程度为"大学本科（正规高等教育）"样本的 Y 缺失比例最高，达到了 19.1%。

其次对不同样本类型与不同性别之间的 Y 缺失值进行描述统计分析的结果分别如表 4-9 与表 4-10 所示。

表 4-9　不同样本类型 Y 缺失比例（V3，CGSS2008 年）

—	—	—	总计	城市	农村
Y	存在	计数(个)	5214	3361	1853
		占比(%)	86.9	84.4	91.8
	缺失	占比(%)	13.1	15.6	8.2

说明：不显示少于 5% 的缺失值的指示变量。

表 4-10　不同性别样本 Y 缺失比例（A1，CGSS2008 年）

—	—	—	总计	男性	女性
Y	存在	计数(个)	5214	2651	2563
		占比(%)	86.9	91.7	82.5
	缺失	占比(%)	13.1	8.3	17.5

说明：不显示少于 5% 的缺失值的指示变量。

从表 4-9 和表 4-10 的结果可以看出，城市样本与农村样本之间、男性样本与女性样本之间的 Y 缺失值所占比例也不平衡。城市样本中 Y 缺失值所占的比例为 15.6%，农村样本中 Y 缺失值所占的比例为 8.2%，相差 7.4 个百分点；男性样本中 Y 缺失值所占的比例为 8.3%，女性样本中 Y 缺失值所占的比例为 17.5%，相差 9.2 个百分点。从各类群体中 Y 缺失值所占比例的明显差异可以初步判断出 Y 数据的缺失方式不是完全随机缺失。

再次进一步运用 EM 法对 Y 缺失值进行分析。依然选择总体的分布形式为正态分布，最大迭代次数指定为"25"。EM 法分析结果为表 4-11、表 4-12 与表 4-13 所示。

表 4-11　EM 均值[a]（CGSS2008）

Y	S	E
1.54E4	8.60	24.73

说明：a. Little 的 MCAR 检验：卡方 = 44.270，DF = 2，显著性 = 0.000。

表 4-12　EM 协方差[a]（CGSS2008）

—	Y	S	E
Y	1.070E9		
S	3.691E4	19.222	
E	-6.958E4	-33.150	227.445

说明：a. Little 的 MCAR 检验：卡方 = 44.270，DF = 2，显著性 = 0.000。

表 4-13　EM 相关性[a]（CGSS2008）

—	Y	S	E
Y	1	—	—
S	0.257	1	
E	-0.141	-0.501	1

说明：a. Little 的 MCAR 检验：卡方 = 44.270，DF = 2，显著性 = 0.000。

表4-11、4-12与4-13下面的说明反映了数据缺失方式是否为MCAR方式的假设检验结果。零假设依然是数据的缺失方式为完全随机缺失，卡方检验结果显示Sig值低于0.01，在1%水平上表现出显著，拒绝零假设，因此CGSS2008数据中Y的缺失方式也不是完全随机缺失。在这种情况下运用成列删除、成对删除和回归估计的方法处理缺失值都将会引起偏差，故也采用EM法对Y的缺失值进行补充，并将缺失值补充结果保存进原数据表中。

二 相关样本数据描述

本章中对我国各类教育收益率的估算采用CGSS2003年与CGSS2008年的数据，其中对我国工程教育收益率的估算采用的是从CGSS2003年与CGSS2008年有效样本中抽出完成高中受教育程度及以上的样本再合并形成混合截面数据。

（一）CGSS2003年样本数据描述

由于CGSS项目于2003年只对我国城市地区进行了调查，因此CGSS2003年数据中的样本全部为城市样本。CGSS2003年数据的样本量共计5894个，其中男性样本为2835个，女性样本为3059个，分别占到样本总量的48.1%与51.9%。

假定我国的统一退休年龄为60岁，删除60岁以上受访者样本后最终得到的有效样本为4489个，年龄处于18~60岁。在这4489个有效样本中，男性样本为2289个，女性样本为2200个，分别占有效样本的51%与49%。

为避免个人收入极端值对教育收益率的估算产生过度影响，需要对"个人去年全年总收入"数据进行极值处理，将极值用该受教育程度受访者的年收入平均值进行替代。在极值处理完毕后不同受教育程度人员的"个人去年全年总收入"数据标准差基本平衡。

1. 不同受教育程度样本数据描述

将CGSS2003年数据中的Y值进行缺失值补充与极值处理后，首先将数据中受访者"最高受教育程度"的 11 个类别合并为文盲①、小学、初中、高中②、大专③、大本④与研究生 7 类。这 7 类受访者的人数分别为 95 人、512 人、1423 人、1452 人、674 人、304 人与 29 人,分别占到了有效样本总量的 2.1%、11.4%、31.7%、32.3%、15.0%、6.8% 与 0.6%;平均受教育总年限分别为 0 年、4.27 年、8.72 年、11.40 年、13.88 年、15.42 年与 18.86 年;平均年收入分别为 6120.4 元、5545.4 元、7872.1 元、10093 元、15745 元、20062 元与 29054 元(见表 4-14、图 4-1、图 4-2)。

表 4-14 不同受教育程度受访者平均年收入等统计(CGSS2003 年)

	文盲	小学	初中	高中	大专	大本	研究生
人数(人)	95	512	1423	1452	674	304	29
占有效样本总量比例(%)	2.1	11.4	31.7	32.3	15.0	6.8	0.6
平均受教育年限(年)	0	4.27	8.72	11.40	13.88	15.42	18.86
平均年收入(元)	6120.4	5545.4	7872.1	10093	15745	20062	29054

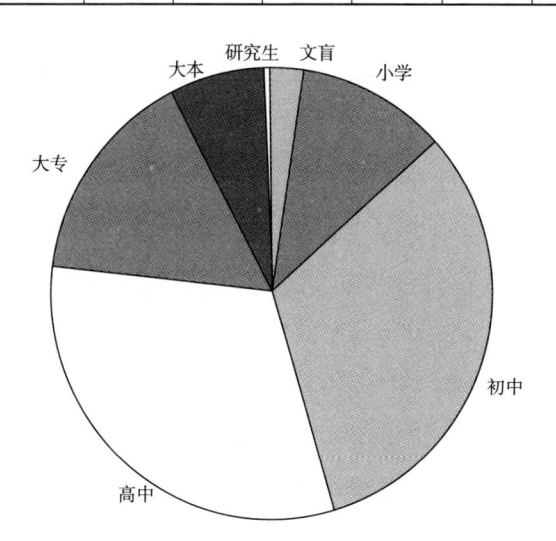

图 4-1 不同受教育程度样本量所占比例(CGSS2003 年)

---

① 含没有受过任何正规或非正规教育。
② 含高中、职高、技校、中专。
③ 含大专(非全日制)和大专(全日制)。
④ 含本科(非全日制)和本科(全日制)。

从表4-14中不同受教育程度样本的平均年收入数据可以看出，总体而言，随受教育程度的提高，受访者的平均年收入呈现出快速增加的趋势，受教育程度为小学、初中、高中、大专、大本、研究生的受访者的平均年收入分别比受教育程度为文盲的受访者的平均年收入高出-9.4%、28.6%、64.9%、157.25%、227.79%、374.71%，体现出了教育对个人收入的明显促进作用。从图4-2能更直观地看出随受教育程度的增加，个人收入的显著增长趋势。

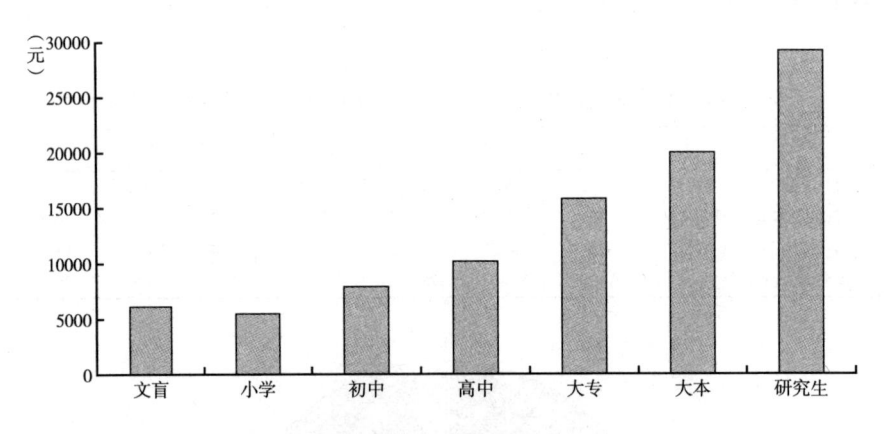

图4-2 不同受教育程度受访者平均年收入（CGSS2003年）

2. 高等教育阶段不同专业样本数据描述

CGSS2003年数据对受访者在高等教育阶段的就读专业进行了调查。调查数据中将专业类别划分为19类，分别用数字1～19来代表：1="综合或不分专业"，2="理科（数、理、化、天、地、生）"，3="生物工程"，4="计算机应用、软件"，5="其他工科"，6="医学、药学"，7="农林牧渔"，8="财政金融"，9="经济类"，10="管理科学"，11="服务专业"，12="法律"，13="人口、社会、政治学"，14="马列科社、文史哲"，15="外语"，16="教育、心理、图书情报"，17="军事"，18="体育艺术"，19="其他"；其中第3、4、5类专业均属于"工程教育"。将"最高受教育程度"为高等教育（大专、大本、研究生）的受访者作为整体来看，这

19类专业中各专业受访者的人数依次分别为29人、72人、5人、62人、113人、57人、16人、57人、146人、132人、7人、72人、10人、65人、32人、54人、4人、21人与53人，平均年收入分别为14310元、19941元、23224元、18213元、16802元、17177元、14368元、16904元、17265元、18627元、14561元、18149元、19389元、14593元、25088元、13648元、15728元、21221元与15489元。在各类专业毕业生的平均年收入中，"外语"类专业毕业生的平均年收入最高，达到了25088元；"教育、心理、图书情报"类专业的毕业生平均年收入最低，为13648元。不同专业毕业生平均年收入之间的差异体现了教育内部存在的明显异质性（见表4-15）。

其中三类工学专业（3="生物工程"，4="计算机应用、软件"，5="其他工科"）中受访者人数分别为5人、62人、113人。"生物工程"类专业毕业生的平均年收入为23224元，在19类专业里居于第2位，仅次于"外语"类专业毕业生的平均年收入。"计算机应用、软件"类毕业生的平均年收入为18213元，在19类专业中居于中间的位置。"其他工科"类毕业生的平均年收入为16802元，在19类专业中处于中下等的位置。从图4-3可以更直观地看出三类工学专业毕业生的平均年收入在19类专业中的相对水平。

表4-15 不同专业受访者平均年收入等统计（CGSS2003年）

专业	人数(人)	所占比例(%)	平均受教育年限 (高等教育阶段)(年)	平均年收入(元)
1	29	2.9	2.85	14310
2	72	7.1	3.89	19941
3	5	0.5	4.00	23224
4	62	6.2	2.85	18213
5	113	11.2	3.44	16802
6	57	5.7	3.18	17177
7	16	1.6	3.60	14368
8	57	5.7	2.61	16904
9	146	14.5	2.49	17265
10	132	13.1	2.57	18627
11	7	0.7	2.43	14561

续表

专业	人数(人)	所占比例(%)	平均受教育年限(高等教育阶段)(年)	平均年收入(元)
12	72	7.1	2.54	18149
13	10	1.0	2.80	19389
14	65	6.5	3.14	14593
15	32	3.2	2.88	25088
16	54	5.4	3.00	13648
17	4	0.4	2.50	15728
18	21	2.1	3.10	21221
19	53	5.3	2.64	15489

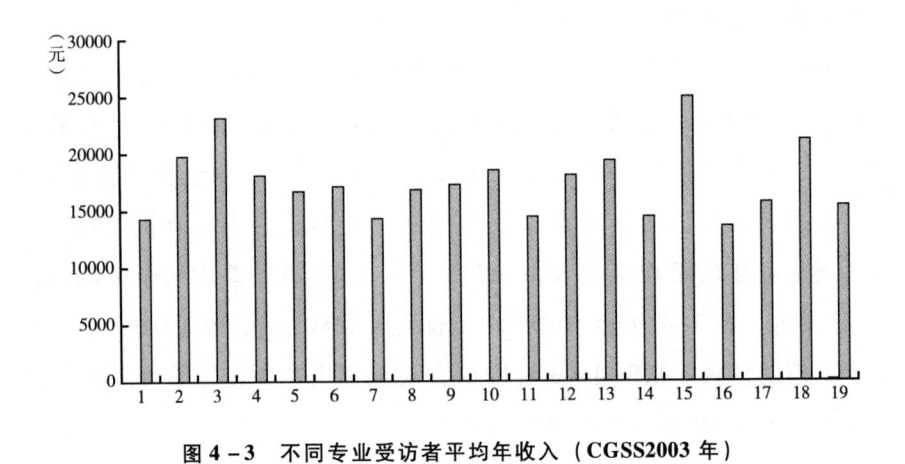

图4-3 不同专业受访者平均年收入（CGSS2003年）

（二）CGSS2008年样本数据描述

CGSS2008年数据样本量共计6000个，其中男性样本2892个，女性样本3108个，分别占到样本总量的48.2%与51.8%；城市样本3982个，农村样本2018个，分别占到样本总量的66.4%与33.6%。将CGSS2008年数据进行检查整理，并将Y的缺失值用EM法补充完毕后再删除60岁以上退休人员的样本，最终得到有效样本量为4915个，受访者年龄均在18~60岁。由于CGSS项目于2008年对城市地区与农村地区均进行了调查，因此数据中既包括城市样本又包括农村样本，为统一数据分析口径，并能将CGSS2003年与CGSS2008年的数据进行合并形成混合截面数据,从而对我国工程教育收益率进行估算,需要删除 CGSS2008 年数据中的农村样本而只保留城市样本数据。将数据检查整理并删除农村样本后最终得到有效样本为 3300 个,其中男性样本为 1614 个,女性样本为 1686 个,分别占到样本总量的 48.9% 与 51.1%。

同样为避免"个人去年全年总收入"极端值对教育收益率的估算产生过度影响,将已经对缺失值补充完毕的"个人去年全年总收入"数据进一步进行极值处理,将极端值用相应受教育程度受访者的平均年收入进行代替。极值处理完毕后不同受教育程度受访者的"个人去年全年总收入"标准差基本平衡。

1. 不同受教育程度样本数据描述

对 CGSS2008 年数据进行缺失值补充与极值处理完毕后,首先将数据中受访者"最高受教育程度"的 14 个类别合并为文盲[①]、小学、初中、高中[②]、大专[③]、大本[④]与研究生 7 类。表 4-16 与图 4-4 对不同受教育程度样本的基本信息做出了统计。这 7 类受访者的人数分别为 66 人、407 人、972 人、1034 人、456 人、338 人与 27 人,所占有效样本总量的比例分别为 2%、12.3%、29.5%、31.3%、13.8%、10.2% 与 0.8%,平均受教育年限分别为 0 年、5.3 年、8.65 年、11.51 年、14.38 年、15.61 年与 17.41 年,平均年收入分别为 7957.7 元、8862.4 元、13159 元、18842 元、30837 元、38600 元与 44507 元。从不同受教育程度受访者的平均年收入数据可以看出,随受教育程度的提高,受访者的平均年收入呈现出快速增加的趋势,受教育程度为小学、初中、高中、大专、大本、研究生的受访者的平均年收入分别比受教育程度为文盲的受访者的平均年收入高出 11.37%、65.36%、136.78%、287.51%、385.06%、459.29%,反映出教育对个人收入的巨大促进作用。图 4-5 更直观地呈现了受教育程度与平均年收入的正向变化关系。

[①] 含没有受过任何正规或非正规教育。
[②] 含职业高中、普通高中、中专、技校。
[③] 含大学专科(成人高等教育)、大学专科(正规高等教育)。
[④] 含大学本科(成人高等教育)、大学本科(正规高等教育)。

表 4-16　不同受教育程度受访者平均年收入等统计（CGSS2008 年）

—	文盲	小学	初中	高中	大专	大本	研究生
人数（人）	66	407	972	1034	456	338	27
占有效样本总量比例（%）	2.0	12.3	29.5	31.3	13.8	10.2	0.8
平均受教育年限（年）	0	5.30	8.65	11.51	14.38	15.61	17.41
平均年收入（元）	7957.7	8862.4	13159	18842	30837	38600	44507

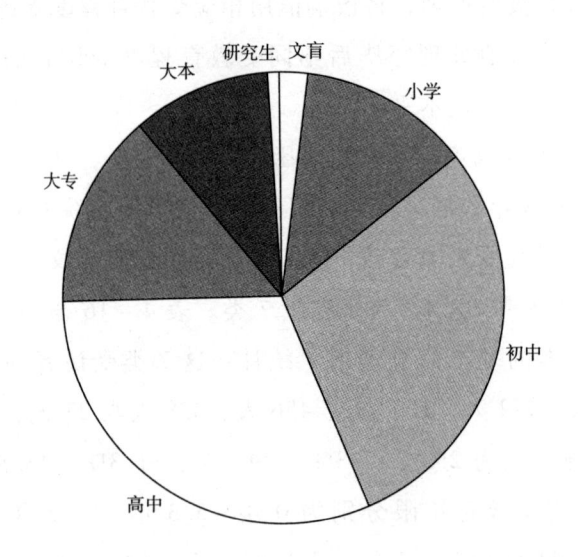

图 4-4　不同受教育程度样本量所占比例（CGSS2008 年）

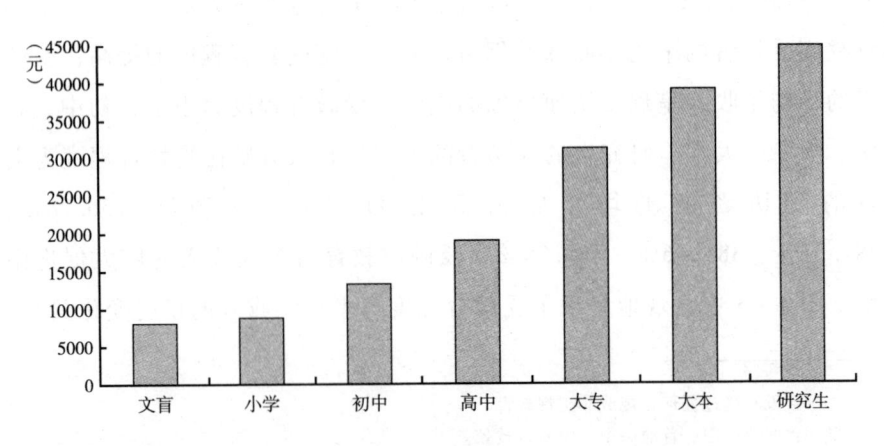

图 4-5　不同受教育程度受访者平均年收入（CGSS2008 年）

2. 高等教育阶段分专业样本数据描述

CGSS2008 年数据也对受访者在高等教育阶段的就读专业进行了详细调查。调查同样将专业划分为 19 类，分别用数字 1~19 来代表，分类方法和专业代码与 CGSS2003 年数据相同，即 1 = "综合或不分专业"，2 = "理科（数、理、化、天、地、生）"，3 = "生物工程"，4 = "计算机应用、软件"，5 = "其他工科"，6 = "医学、药学"，7 = "农林牧渔"，8 = "财政金融"，9 = "经济类"，10 = "管理科学"，11 = "服务专业"，12 = "法律"，13 = "人口、社会、政治学"，14 = "马列科社、文史哲"，15 = "外语"，16 = "教育、心理、图书情报"，17 = "军事"，18 = "体育艺术"，19 = "其他"。将"最高受教育程度"为高等教育（大专、大本、研究生）的受访者作为整体来看，各专业受访者的人数依次分别为 15 人、50 人、10 人、100 人、74 人、63 人、17 人、99 人、87 人、73 人、17 人、35 人、12 人、15 人、21 人、32 人、10 人、18 人与 73 人，平均年收入依次分别为 22561 元、34565 元、38957 元、38165 元、33513 元、28963 元、23206 元、40218 元、31965 元、38523 元、31615 元、46296 元、31293 元、24358 元、28089 元、22451 元、32300 元、41160 元与 34149 元。在各专业的平均年收入中，"法律"类专业毕业生的平均年收入最高，达到了 46296 元，其次是"体育艺术"和"财政金融"类专业毕业生，"教育、心理、图书情报"类毕业生的平均年收入最低，为 22451 元（见表 4 - 17）。

其中工学类专业包括 3 = "生物工程"、4 = "计算机应用、软件"、5 = "其他工科"三类，受访者人数分别为 10 人、100 人、74 人。"生物工程"类专业毕业生的平均年收入为 38957 元，在 19 类专业里居于第 4 位，低于"法律"、"体育艺术"与"财政金融"类专业毕业生的平均年收入；"计算机应用、软件"类毕业生的平均年收入为 38165 元，在 19 类专业中居于第 6 位；"其他工科"类专业毕业生的平均年收入为 33513 元，在 19 类专业中排名居于中等位置。图 4 - 6 更直观地体现了工学类专业毕业生平均年收入在 19 类专业中的相对水平。

表 4-17 不同专业受访者平均年收入等统计（CGSS2008）

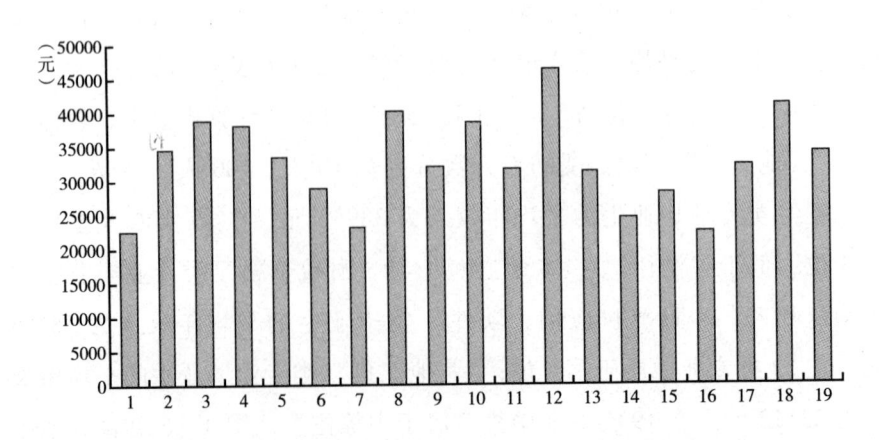

专业	人数(人)	所占比例(%)	平均受教育年限（高等教育阶段）(年)	平均年收入(元)
1	15	1.8	3.00	22561
2	50	6.1	2.88	34565
3	10	1.2	4.00	38957
4	100	12.2	2.98	38165
5	74	9.0	3.30	33513
6	63	7.7	3.37	28963
7	17	2.1	3.82	23206
8	99	12.1	2.93	40218
9	87	10.6	3.02	31965
10	73	8.9	3.05	38523
11	17	2.1	2.82	31615
12	35	4.3	3.06	46296
13	12	1.5	3.00	31293
14	15	1.8	3.13	24358
15	21	2.6	3.19	28089
16	32	3.9	3.28	22451
17	10	1.2	3.20	32300
18	18	2.2	3.28	41160
19	73	8.9	2.99	34149

图 4-6 不同专业受访者平均年收入（CGSS2008 年）

（三）CGSS2003 年与 CGSS2008 年相关样本数据比较

将 CGSS2003 年与 CGSS2008 年的样本数据进行比较可以看出关键变量，尤其是个人收入在这一时间段的变化方向与幅度。

1. 不同受教育程度样本数据比较

表 4-18　不同受教育程度受访者平均年收入等比较
（CGSS2003 年与 CGSS2008 年）

	平均受教育年限（年）		平均年收入（元）	
	2003 年	2008 年	2003 年	2008 年
文盲	0	0	6120.4	7957.7
小学	4.27	5.30	5545.4	8862.4
初中	8.72	8.65	7872.1	13159
高中	11.40	11.51	10093	18842
大专	13.88	14.38	15745	30837
大本	15.42	15.61	20062	38600
研究生	18.86	17.41	29054	44507

从表 4-18 中可以看出，CGSS2003 年数据中受教育程度为小学、初中、高中、大专、大本与研究生的受访者平均受教育年限分别为 4.27 年、8.72 年、11.40 年、13.88 年、15.42 年与 18.86 年，CGSS2008 年数据中分别为 5.30 年、8.65 年、11.51 年、14.38 年、15.61 年与 17.41 年。除初中、研究生受教育程度人员的平均受教育年限，2008 与 2003 年相比有所下降外，小学、高中、大专与大本受访者的平均受教育年限均得到了提高，体现了我国教育事业发展的成效；研究生阶段的平均受教育年限显著降低，主要原因应该是一些高校硕士阶段教育年限由 3 年降为 2~2.5 年。将"最高受教育程度"为高等教育（大专、大本、研究生）的受访者样本合并为"大学"统一来看，CGSS2003 年中受过高等教育的受访者的平均受教育总年限为 14.49 年，CGSS2008 年中为 14.99 年，平均受教育总年限得到了明显上升（见图 4-7）。

与 CGSS2003 年相比，CGSS2008 年各受教育程度人员的平均年收入均有了大幅度提高，其中文盲受访者的平均年收入由 6120.4 元提高

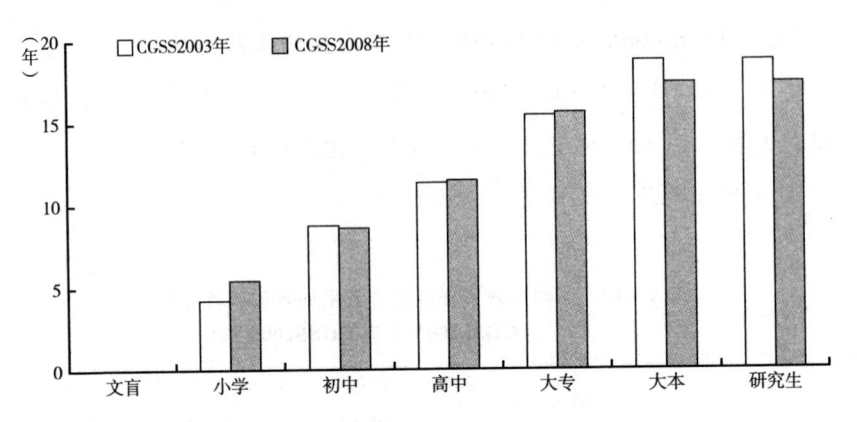

图 4-7 不同受教育程度受访者平均受教育年限对比
（CGSS2003 年与 CGSS2008 年）

到 7957.7 元，小学受教育程度受访者的平均年收入由 5545.4 元提高到 8862.4 元，初中受教育程度受访者的平均年收入由 7872.1 元上升到 13159 元，高中受教育程度受访者的平均年收入由 10093 元提高到 18842 元，大专受教育程度受访者的平均年收入由 15745 元提高到 30837 元，大本受教育程度受访者的平均年收入由 20062 元提高到 38600 元，研究生受教育程度受访者的平均年收入由 29054 元提高到 44507 元。将大专、大本、研究生受教育程度的受访者样本合并为"大学"统一来看，CGSS2003 年中受过高等教育受访者的"个人去年全年总收入"为 17431.52 元，CGSS2008 年为 34482.53 元，上升幅度达到了 97.82%，可见在 2003~2008 年我国各受教育阶段人员的人均收入水平均得到了大幅度提高（见图 4-8）。

2. 高等教育阶段不同专业样本数据对比

将"最高受教育程度"为高等教育（大专、大本、研究生）的受访者作为整体来看，与 CGSS2003 年相比，CGSS2008 年不同专业毕业生的"个人去年全年总收入"均得到了大幅度提高。其中"计算机应用、软件"、"财政金融"、"管理科学"、"服务专业"、"法律"、"军事"和"其他"类毕业生的平均年收入提高幅度均在 100% 以上。工学类专业中的"生物工程"、"计算机应用、软件"、"其他工科"类毕业

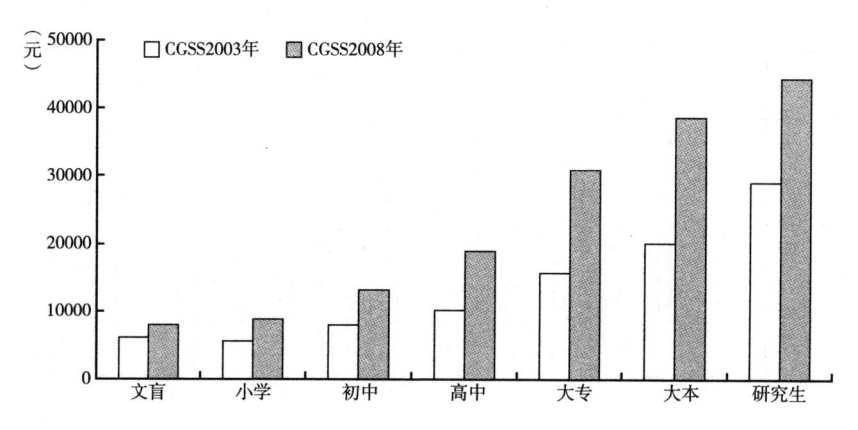

图 4-8　不同受教育程度受访者平均年收入对比
（CGSS2003 年与 CGSS2008 年）

生的平均年收入分别增长了 15733 元、19952 元、16711 元，提高比例分别为 67.74%、109.55%、99.46%。不难看出，就工学类专业内部而言，"计算机应用、软件"类毕业生的平均年收入提高比例最大，"其他工科"次之，"生物工程"最低（见表 4-19、图 4-9）。

表 4-19　不同专业受访者平均年收入等对比（CGSS2003 年与 CGSS2008 年）

	平均年收入（元） 2003 年	平均年收入（元） 2008 年	增长（元）	提高比例（%）
1	14310	22561	8251	57.66
2	19941	34565	14624	73.34
3	23224	38957	15733	67.74
4	18213	38165	19952	109.55
5	16802	33513	16711	99.46
6	17177	28963	11786	68.62
7	14368	23206	8838	61.51
8	16904	40218	23314	137.92
9	17265	31965	14700	85.14
10	18627	38523	19896	106.81
11	14561	31615	17054	117.12
12	18149	46296	28147	155.09
13	19389	31293	11904	61.40
14	14593	24358	9765	66.92
15	25088	28089	3001	11.96
16	13648	22451	8803	64.50
17	15728	32300	16572	105.37
18	21221	41160	19939	93.96
19	15489	34149	18660	120.47

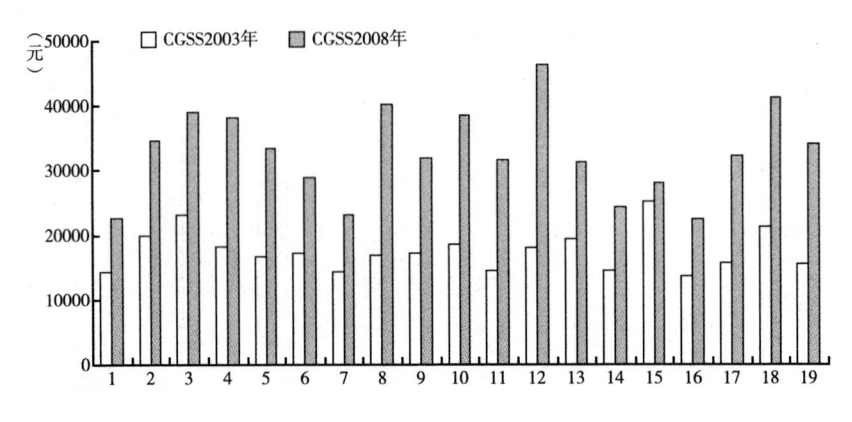

图 4-9　不同专业受访者平均年收入对比
（CGSS2003 年与 CGSS2008 年）

（四）CGSS 合并样本描述

将 CGSS2003 年与 CGSS2008 年有效样本中完成高中受教育程度及以上的样本挑选出来进行合并形成混合截面数据，并将其命名为"CGSS 合并样本"。CGSS 合并样本的样本总量为 3964 个，其中含 2003 年数据 2304 个，占到样本总量的 58.1%；2008 年数据 1660 个，占到样本总量的 41.9%。分不同受教育程度来看，高中（已完成高中教育）、大专、大本、研究生的样本量分别为 2136 个、1130 个、642 个、56 个，分别占到样本总量的 53.9%、28.5%、16.2%、1.4%。由于高等受教育程度的样本量较小，为使估算结果更为科学，将受教育程度为大专、大本与研究生的受访者统一作为受教育程度"大学"来看，以此来估算高等教育阶段整体的工程教育收益率。

CGSS2003 年与 CGSS2008 年原调查数据中将"所学专业"划分为 19 类，为了估算工学与其他学科门类总体的教育收益率，需要首先将原数据中的 19 类专业合并为相应的高等教育学科门类。根据《学位授予和人才培养学科目录（2011 年）》，我国的高等教育共分为 13 个学科门类，分别是哲学（01）、经济学（02）、法学（03）、教育学（04）、文学（05）、历史学（06）、理学（07）、工学（08）、农学（09）、医学（10）、军事学（11）[①]、管理学（12）与艺术学（13）。

在原始调查数据中的19类细分专业中，按照专业性质，将"2＝'理科（数、理、化、天、地、生）'"归属于"理学（07）"；"3＝'生物工程'，4＝'计算机应用、软件'，5＝'其他工科'"归属于"工学（08）"；"7＝'农林牧渔'"归属于"农学（09）"；"8＝'财政金融'，9＝'经济类'"归属于"经济学（02）"；"10＝'管理科学'"归属于"管理学（12）"；"12＝'法律'，13＝'人口、社会、政治学'"归属于"法学（03）"；"14＝'马列科社、文史哲'"中包含了哲学与历史学的专业，无法进行区分，因此将其归属的类别命名为"哲学（01）、历史学（06）"；"15＝'外语'"归属于"文学（05）"；"17＝'军事'"归属于"军事学（11）"。原19类专业中还剩余"1＝'综合或不分专业'"，"11＝'服务专业'"，"16＝'教育、心理、图书情报'"，"18＝'体育艺术'"，"19＝'其他'"难以直接将其归属某个具体的学科门类，但为使估算工作顺利进行，根据就近原则暂时将"11＝'服务专业'"归属为"管理学（12）"，"16＝'教育、心理、图书情报'"归属于"教育学（04）"，"18＝'体育艺术'"归属于"艺术学（13）"。"综合或不分专业"与"其他"由于无法判断样本的真实所属学科门类而将其单独归为"其他及综合"。

CGSS合并样本，2003年数据中，"哲学、历史学"，"经济学"，"法学"，"教育学"，"文学"，"理学"，"工学"，"农学"，"医学"，"军事学"，"管理学"，"艺术学"，"其他及综合"类专业高等受教育程度受访者的人数分别为65人、203人、82人、54人、32人、72人、180人、16人、57人、4人、139人、21人、82人；2008年数据中分别为15人、186人、47人、32人、21人、50人、184人、17人、63人、10人、90人、18人、88人。工学受访者人数在2003年与2008年数据中都占据了较为可观的比例。2003年数据中"哲学、历史学"，

[①] 其中本科阶段无军事学门类，军事学仅存在于硕士与博士阶段；其他学科门类则在本科、硕士、博士阶段都有。

"经济学","法学","教育学","文学","理学","工学","农学","医学","军事学","管理学","艺术学","其他及综合"类专业高等受教育程度受访者的高等教育阶段平均受教育年限为 3.138 年、2.527 年、2.573 年、3 年、2.875 年、3.389 年、3.256 年、3.6 年、3.175 年、2.5 年、2.565 年、3.095 年、2.718 年,2008 年数据中分别为 3.133 年、2.973 年、3.043 年、3.281 年、3.190 年、2.88 年、3.164 年、3.824 年、3.365 年、3.2 年、3.011 年、3.278 年、2.989 年(见表 4-20)。

表 4-20　CGSS 合并样本描述统计 1

序号	学科门类	人数(人) 2003 年	人数(人) 2008 年	高等教育阶段平均受教育年限(年) 2003 年	高等教育阶段平均受教育年限(年) 2008 年
1	哲学、历史学	65	15	3.138	3.133
2	经济学	203	186	2.527	2.973
3	法　学	82	47	2.573	3.043
4	教育学	54	32	3	3.281
5	文　学	32	21	2.875	3.190
6	理　学	72	50	3.389	2.88
7	工　学	180	184	3.256	3.164
8	农　学	16	17	3.6	3.824
9	医　学	57	63	3.175	3.365
10	军事学	4	10	2.5	3.2
11	管理学	139	90	2.565	3.011
12	艺术学	21	18	3.095	3.278
13	其他及综合	82	88	2.718	2.989

假定"哲学、历史学"受访者拥有相同的平均年收入水平,则 CGSS 合并样本的 2003 年数据中"哲学"、"经济学"、"法学"、"教育学"、"文学"、"历史学"、"理学"、"工学"、"农学"、"医学"、"军事学"、"管理学"、"艺术学"、"其他及综合"类专业高等受教育程度受访者的平均年收入分别为 14593 元、17164 元、18301 元、13648 元、25088 元、14593 元、19941 元、17466 元、14368 元、17177 元、15728 元、18422 元、21221 元、15072 元,2008 年分别为 24358 元、36358 元、42465 元、22451 元、28089 元、24358 元、34565 元、36337 元、23206 元、28963 元、32300 元、37218 元、41160 元、32174 元。与 2003 年相比,2008 年各学科门类受访者的平均年收入均得到了提高,其中

"经济学"、"法学"、"工学"、"军事学"、"管理学"类专业受访者的平均年收入提高比例超过了100%。其中2003年数据中工学毕业生的平均年收入为17466元，在13个学科门类毕业生平均年收入中排名第6位，居于中等位置；2008年为36337元，在13个学科门类毕业生平均年收入中排名第5位，居于中等稍微偏上的位置；2008年与2003年相比平均年收入增长了18871元，提高比例为108.04%（见表4-21、图4-10）。

表4-21 CGSS合并样本描述统计2

序号	学科门类	2003年平均年收入(元)	排名	2008年平均年收入(元)	排名	平均年收入增长(元)	平均年收入提高比例(%)
1	哲学	14593	10	24358	10	9765	66.92
2	经济学	17164	8	36358	4	19194	111.83
3	法学	18301	5	42465	1	24164	132.04
4	教育学	13648	13	22451	13	8803	64.50
5	文学	25088	1	28089	9	3001	11.96
6	历史学	14593	10	24358	10	9765	66.92
7	理学	19941	3	34565	6	14624	73.34
8	工学	17466	6	36337	5	18871	108.04
9	农学	14368	12	23206	12	8838	61.51
10	医学	17177	7	28963	8	11786	68.62
11	军事学	15728	9	32300	7	16572	105.37
12	管理学	18422	4	37218	3	18796	102.03
13	艺术学	21221	2	41160	2	19939	93.96
14	其他及综合	15072		32174		17102	113.47

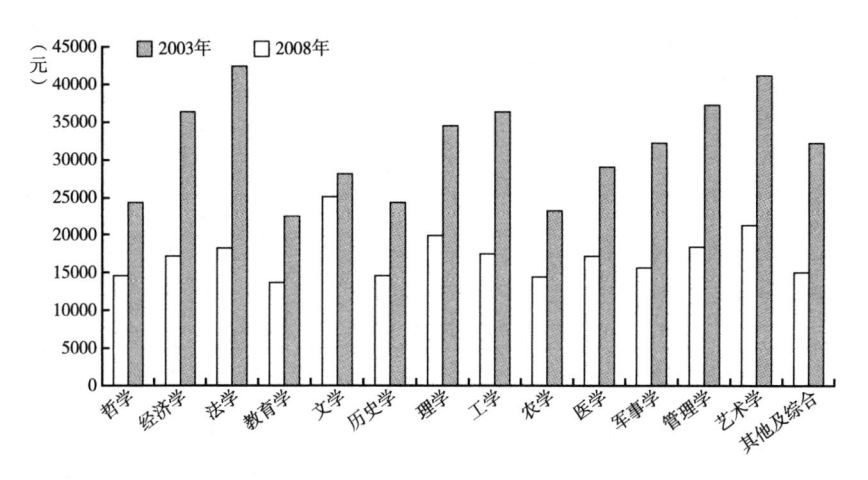

图4-10 2003年与2008年不同学科门类毕业生平均年收入

第二节 中国平均及分阶段教育收益率

首先运用 CGSS2003 年与 CGSS2008 年数据对我国 2003 年与 2008 年的平均及分阶段教育收益率进行估算来看我国教育的整体平均收益水平与小学、初中、高中、大学不同阶段的收益水平，为我国工程教育收益水平的分析奠定基础。CGSS2003 年与 CGSS2008 年数据分别对我国平均及分阶段教育收益率估算而言，样本量都已足够大，不需对其进行提前合并，同时这样分开估算 2003 年与 2008 年的教育收益率也有助于挖掘不同年度收益率数字背后的因素，如职业因素控制变量对教育收益率影响程度的差异等。

一 2003 年平均及分阶段教育收益率

对我国 2003 年平均及分阶段教育收益率估算采用的数据为 CGSS2003 数据，运用的模型分别为模型 1.1 与 1.2、模型 2.1 与 2.2。

（一）引入控制变量前估算结果

1. 平均教育收益率估算结果

首先运用模型 1.1（经典明瑟方程）对 CGSS2003 年数据进行回归得到引入职业因素控制变量前我国总体、男性与女性的平均教育收益率，详细估算结果如表 4-22 所示。

表 4-22 2003 年我国平均教育收益率（模型 1.1）

—	常数项	S	E	E2	$\bar{R}^2$	Std. Error	F	Sigf
总体	7.758**	0.108**	-0.002	0.00021*	0.185	0.77155	340.789	0.000
男性	7.871**	0.101**	0.004	0.00007	0.157	0.76824	142.708	0.000
女性	7.704**	0.111**	-0.010	0.00039**	0.207	0.76664	192.438	0.000

说明：*表示该自变量 t 检验值在 5% 水平上显著，**表示该自变量 t 检验值在 1% 水平上显著。

回归结果显示 F 检验相伴概率值 p 均小于 0.05，说明模型整体线性关系显著。调整的判定系数 $\bar{R}^2$ 的值反映了模型对数据的拟合度，可以看出模型中自变量对因变量的解释程度分别为 18.5%、15.7% 与 20.7%。由模型 1.1 估算得出的我国总体平均教育收益率为 10.8%，说明平均而言，男性和女性总体平均受教育程度每提高一年能使受教育者的总收入提高 10.8%，其中男性平均教育收益率为 10.1%，女性平均教育收益率为 11.1%，女性平均教育收益率高于男性 1 个百分点。

2. 分阶段教育收益率估算结果

运用模型 2.1 对 CGSS2003 年数据进行回归得出我国总体、男性与女性的分阶段收益率，并将详细估算结果统计为表 4 – 23。

表 4 – 23　2003 年我国分阶段教育收益率（模型 2.1）

—	—	各阶段 S 系数	收益率	常数项	E	E2	$\bar{R}^2$	Std. Error	F	Sigf
总体	小学	0.103**	0.103	7.854**	0.001	0.00011	0.194	0.76708	181.615	0.000
	初中	0.088**	0.055							
	高中	0.093**	0.116							
	大学	0.11**	0.186							
男性	小学	-0.00051	-0.00051	8.395**	0.004	0.00001	0.160	0.76667	73.708	0.000
	初中	0.035*	0.113							
	高中	0.051**	0.102							
	大学	0.074**	0.173							
女性	小学	0.124**	0.124	7.685**	-0.004	0.00025*	0.224	0.75852	106.674	0.000
	初中	0.1**	0.047							
	高中	0.104**	0.125							
	大学	0.122**	0.204							

说明：* 表示该自变量 t 检验值在 5% 水平上显著，** 表示该自变量 t 检验值在 1% 水平上显著。

从模型 2.1 对 CGSS2003 年的回归结果可以看出：总体来看，2003 年我国小学、初中、高中与大学阶段的分阶段收益率分别为 10.3%、5.5%、11.6% 与 18.6%；男性小学、初中、高中与大学阶段的分阶段收益率分别为不显著、11.3%、10.2% 与 17.3%；女性小学、初中、高中与大学阶段的分阶段收益率分别为 12.4%、4.7%、12.5% 与 20.4%。

(二) 引入控制变量后估算结果

对引入控制变量后我国 2003 年平均及分阶段教育收益率的估算运用的模型分别为模型 1.2 与 2.2，采用的数据依然为 CGSS2003 年数据。

1. 平均教育收益率估算结果

在经典明瑟方程中引入控制变量后，模型 1.2 对 CGSS2003 年数据的回归结果与模型 1.1 的估算结果相比，模型 1.2 的估算结果得到了降低。2003 年我国总体、男性与女性的平均教育收益率分别降为 7.0%、6.3% 与 7.7%，男性平均教育收益率低于女性 1.4 个百分点，这是更为精确的收益率估算结果（见表 4-24）。

表 4-24 2003 年我国平均教育收益率（模型 1.2）

—	常数项	S	E	E2	$\bar{R}^2$	Std. Error	F	Sigf
总体	7.851**	0.070**	-0.015**	0.00054**	0.310	0.710	55.447	0.000
男性	7.856**	0.063**	-0.012*	0.00046**	0.311	0.694	29.700	0.000
女性	7.858**	0.077**	-0.018**	0.001**	0.300	0.720	27.220	0.000

说明：*表示该自变量 t 检验值在 5% 水平上显著，**表示该自变量 t 检验值在 1% 水平上显著。

与模型 1.1 的估算结果相比，模型 1.2 的估算结果中调整的 R^2 值显著上升，自变量对因变量的解释程度分别提高到 31%、31.1% 与 30%，比模型 1.1 估算结果中调整的 R^2 值分别提高了 67.57%、98.09% 与 44.93%，说明模型对数据的拟合度得到了显著提高，也反映出我国的教育收益受到了职业因素的重要影响，且与女性相比男性的教育收益率受到职业因素影响的程度更大。

2. 分阶段教育收益率估算结果

运用模型 2.2 对 CGSS2003 年数据进行回归得到引入职业因素控制变量后，我国小学、初中、高中、大学阶段的分阶段教育收益率详细估算结果如表 4-25 所示。

2003 年我国总体小学、初中、高中与大学阶段的分阶段教育收益率分别为 9.4%、4.6%、5.9% 与 11.3%；男性小学、初中、高中与大学

表4-25 2003年我国不同阶段教育收益率（模型2.2）

—	—	各阶段S系数	收益率	常数项	E	E2	$\bar{R}^2$	Std. Error	F	Sigf
总体	小学	0.094**	0.094	7.772**	-0.014**	0.00052**	0.311	0.70900	51.660	0.000
	初中	0.079**	0.046							
	高中	0.074**	0.059							
	大学	0.080**	0.113							
男性	小学	0.001	0.001	8.143**	-0.013*	0.00045**	0.307	0.696	27.002	0.000
	初中	0.029	0.091							
	高中	0.036**	0.055							
	大学	0.048**	0.101							
女性	小学	0.118**	0.118	7.683**	-0.017**	0.00059**	0.309	0.716	26.185	0.000
	初中	0.095**	0.044							
	高中	0.087**	0.063							
	大学	0.094**	0.134							

说明：*表示该自变量t检验值在5%水平上显著，**表示该自变量t检验值在1%水平上显著。

阶段的分阶段收益率分别为0.1%、9.1%、5.5%与10.1%；女性小学、初中、高中与大学阶段的分阶段收益率分别为11.8%、4.4%、6.3%与13.4%。相较于模型2.1的估算结果，模型2.2的估算结果得到了降低，也更为精确。

（三）各控制变量对教育收益的影响

从引入职业因素控制变量前后我国2003年平均及分阶段教育收益率的估算结果差异可以看出职业因素对教育收益存在重要影响。引入职业因素控制变量后，我国总体、男性与女性的平均及分阶段教育收益率的估算结果均得到了降低。图4-11与图4-12呈现了这一变化。

将调整的R^2值的变化总结为图4-13，可以更直观地看出引入职业因素控制变量后模型对数据的拟合程度均得到了大幅度的提高，且在我国职业因素对男性教育收益的影响程度明显高于女性。

二 2008年平均及不同阶段教育收益率

接下来运用模型1.1与1.2、模型2.1与2.2对我国2008年的平均

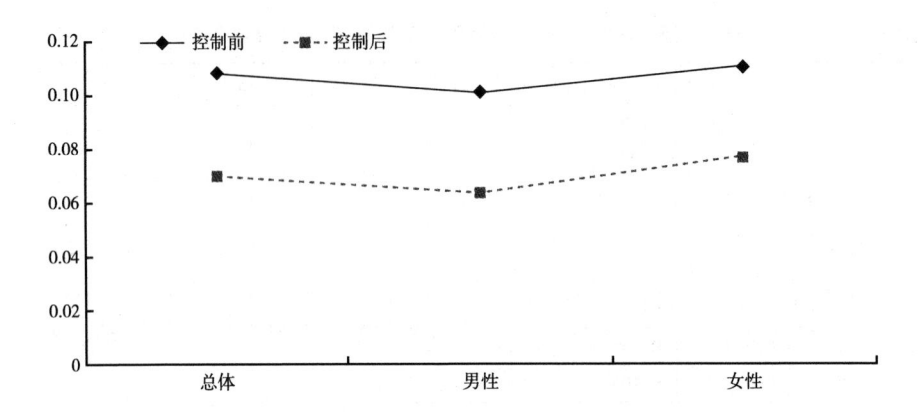

图 4-11　2003 年控制前后平均教育收益率对比

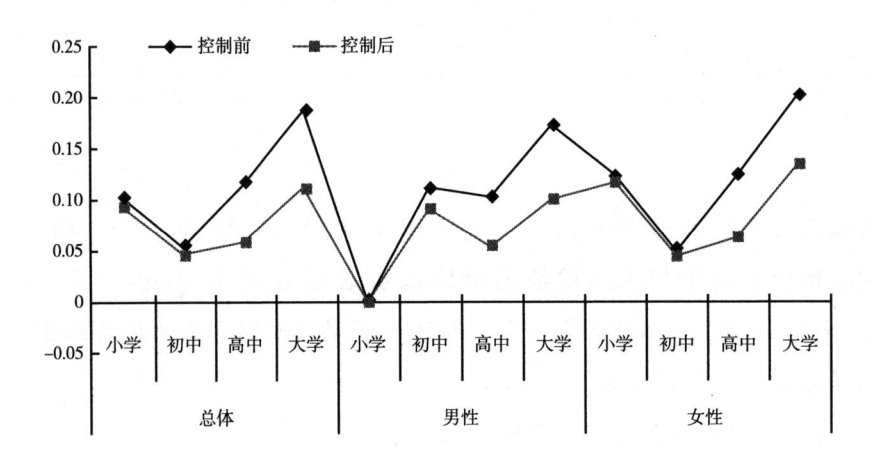

图 4-12　2003 年控制前后不同阶段教育收益率对比

及不同阶段教育收益率做出估算。

(一) 引入控制变量前估算结果

1. 平均教育收益率估算结果

运用模型 1.1 对 CGSS2008 年数据进行回归得出引入职业因素控制变量前，我国的总体平均教育收益率为 11.4%，说明受教育程度每提高一年能使受教育者的总收入提高 11.4%，其中男性平均教育收益率为 10.8%，女性平均教育收益率为 11.2%，男性平均教育收益率低于女性平均教育收益率 0.4 个百分点（见表 4-26）。

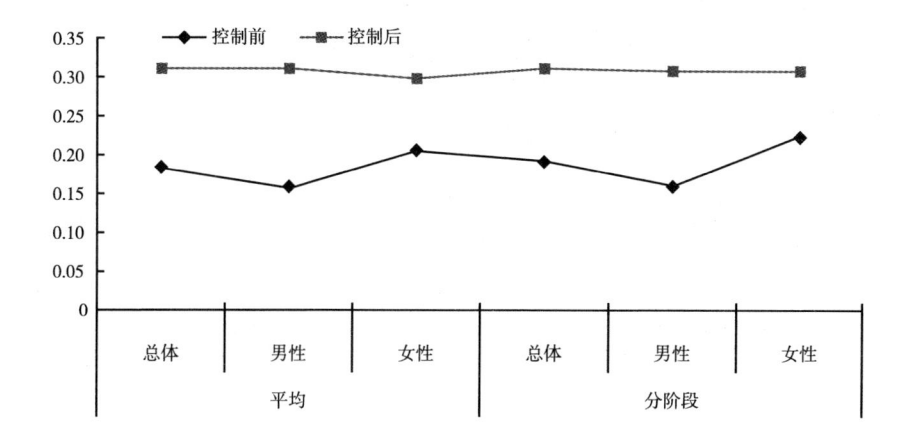

图 4-13　2003 年控制前后调整的 $\bar{R}^2$ 对比

表 4-26　2008 年我国平均教育收益率（模型 1.1）

—	常数项	S	E	E2	$\bar{R}^2$	Std. Error	F	Sigf
总体	8.319**	0.114**	0.009*	-0.00026**	0.262	0.71972	391.020	0.000
男性	8.431**	0.108**	0.016**	-0.00044**	0.240	0.70711	170.453	0.000
女性	8.314**	0.112**	0.00039	-0.00007	0.267	0.72146	205.390	0.000

说明：*表示该自变量 t 检验值在 5% 水平上显著，**表示该自变量 t 检验值在 1% 水平上显著。

估算结果显示 F 检验相伴概率值 p 均小于 0.05，说明模型整体线性关系显著。从调整的判定系数 $\bar{R}^2$ 的值可以看出模型中自变量对因变量的解释程度分别为 26.2%、24% 与 26.7%。

2. 分阶段教育收益率估算结果

运用模型 2.1 对 2008 年引入职业因素控制变量前，我国总体、男性与女性的分阶段教育收益率进行估算，估算如表 4-27 所示。

引入职业因素控制变量前，2008 年我国总体小学、初中、高中、大学阶段的分阶段教育收益率分别为 8.7%、13.9%、9.8%、14.4%；男性小学、初中、高中、大学阶段的分阶段教育收益率分别为 4.1%、14.5%、8.1%、15.7%；女性小学、初中、高中、大学阶段的分阶段教育收益率分别为 10.1%、13.4%、9.9%、13.1%。

表 4-27　2008 年我国不同阶段教育收益率（模型 2.1）

—	—	各阶段 S 系数	收益率	常数项	E	E2	$\bar{R}^2$	Std. Error	F	Sigf
总体	小学	0.087**	0.087	8.45**	0.006	-0.00023*	0.259	0.72117	193.002	0.000
	初中	0.103**	0.139							
	高中	0.103**	0.098							
	大学	0.111**	0.144							
男性	小学	0.041**	0.041	8.78**	0.012	-0.00040**	0.246	0.70434	88.515	0.000
	初中	0.073**	0.145							
	高中	0.077**	0.081							
	大学	0.093**	0.157							
女性	小学	0.101**	0.101	8.354**	-0.002	-0.00004	0.258	0.72573	98.694	0.000
	初中	0.111**	0.134							
	高中	0.109**	0.099							
	大学	0.113**	0.131							

说明：* 表示该自变量 t 检验值在 5% 水平上显著，** 表示该自变量 t 检验值在 1% 水平上显著。

（二）引入控制变量后估算结果

1. 平均教育收益率估算结果

引入职业因素控制变量后，模型 1.2 对 CGSS2008 年数据的估算结果显示 2008 年我国总体、男性与女性的平均教育收益率分别为 8.6%、8.1% 与 8.8%，与模型 1.1 的估算结果相比得到了降低。这是更为精确的收益率估算结果（见表 4-28）。

表 4-28　2008 年我国平均教育收益率（模型 1.2）

—	常数项	S	E	E2	$\bar{R}^2$	Std. Error	F	Sigf
总体	8.554**	0.086**	0.002	-0.00011	0.322	0.690	45.799	0.000
男性	8.637**	0.081**	0.006	-0.00021	0.317	0.670	22.371	0.000
女性	8.557	0.088	-0.003	-0.00003	0.309	0.701	22.503	0.000

说明：* 表示该自变量 t 检验值在 5% 水平上显著，** 表示该自变量 t 检验值在 1% 水平上显著。

模型中引入职业因素控制变量后，估算结果显示调整的 $\bar{R}^2$ 值显著上升，自变量对因变量的解释程度分别提高到 32.2%、31.7% 与

30.9%，比模型 1.1 对数据的拟合度分别提高了 22.9%、32.08% 与 15.73%，反映出职业因素对我国 2008 年平均教育收益率存在重要影响。

2. 分阶段教育收益率估算结果

运用模型 2.2 对 CGSS2008 年数据进行回归得出 2008 年我国总体、男性、女性的分阶段教育收益率，具体如表 4－29 所示。

表 4－29　2008 年我国不同阶段教育收益率（模型 2.2）

		各阶段 S 系数	收益率	常数项	E	E2	$\bar{R}^2$	Std. Error	F	Sigf
总体	小学	0.072**	0.072	8.612**	-0.001	-0.00007	0.320	0.691	41.834	0.000
	初中	0.084**	0.111							
	高中	0.081**	0.066							
	大学	0.086**	0.108							
男性	小学	0.025	0.025	8.905**	0.004	-0.00017	0.320	0.669	20.982	0.000
	初中	0.055**	0.123							
	高中	0.058**	0.059							
	大学	0.070**	0.118							
女性	小学	0.087**	0.087	8.548**	-0.006	0.00002	0.304	0.703	20.328	0.000
	初中	0.093**	0.107							
	高中	0.088**	0.068							
	大学	0.089**	0.096							

说明：*表示该自变量 t 检验值在 5% 水平上显著，**表示该自变量 t 检验值在 1% 水平上显著。

引入职业因素控制变量后，我国 2008 年总体的小学、初中、高中与大学分阶段教育收益率分别为 7.2%、11.1%、6.6% 与 10.8%。其中男性小学、初中、高中与大学的分阶段收益率分别为 2.5%、12.3%、5.9% 与 11.8%，女性小学、初中、高中与大学的分阶段收益率分别为 8.7%、10.7%、6.8% 与 9.6%。相比于模型 2.1 的估算结果，这个估算结果更为精确，模型对数据的拟合度也得到了显著提高。

（三）职业因素对平均及不同阶段教育收益的影响

引入职业因素控制变量前后各模型对我国 2008 年平均及不同阶段

教育收益率的估算结果的差异也体现出职业因素对我国教育收益的重要影响。引入职业因素控制变量后，我国2008年总体、男性与女性的平均及分阶段教育收益率的估算结果均得到了降低，如图4-14、4-15所示。

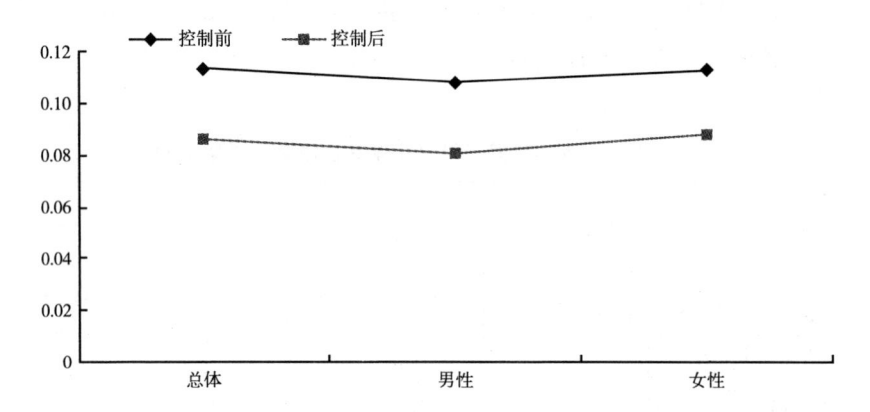

图4-14 2008年控制前后平均教育收益率对比

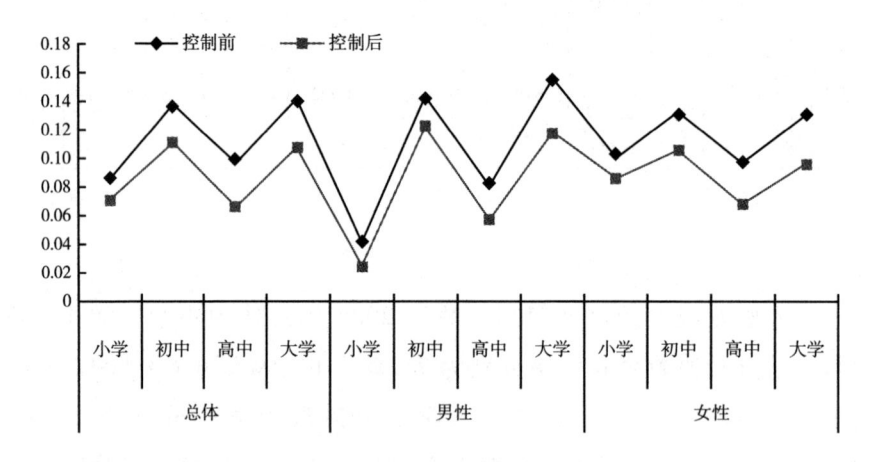

图4-15 2008年控制前后不同阶段教育收益率对比

引入职业因素控制变量后，模型对CGSS2008年数据的拟合程度也均得到了显著的提高，从图4-16也可以看出这个明显变化。且分性别来看，对男性数据拟合度的提高幅度高于女性，反映出2008年我国职业因素对男性教育收益率的影响程度也高于对女性教育收益率的影响。

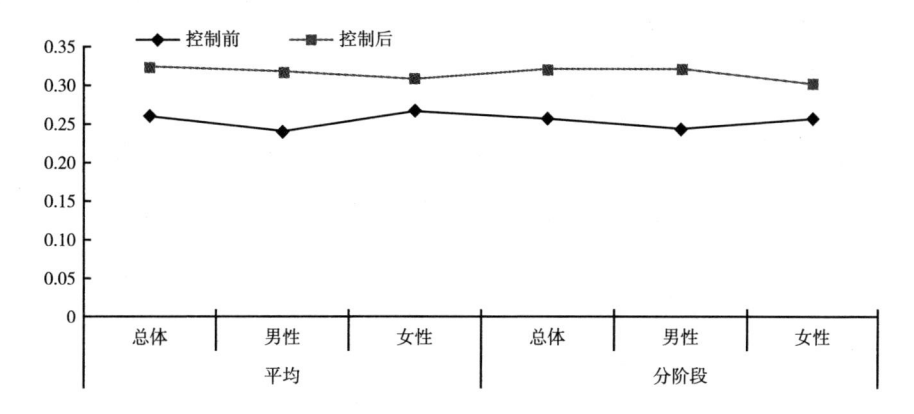

图 4-16　2008 年控制前后调整的 $\bar{R}^2$ 对比

三　2003 年与 2008 年我国平均及不同阶段教育收益率比较

2003~2008 年,我国总体、男性与女性的平均教育收益率都得到了提高。总体的平均教育收益率由 7% 上升到 8.6%,男性平均教育收益率由 6.3% 上升到 8.1%,女性平均教育收益率由 7.7% 上升到 8.8%,提高幅度分别为 1.6、1.8、1.1 个百分点。详见表 4-30 与图 4-17 对我国 2003 年与 2008 年平均教育收益率的总结。

表 4-30　2003 年与 2008 年我国平均教育收益率对比

	收益率	
	2003 年	2008 年
总　体	0.07	0.086
男　性	0.063	0.081
女　性	0.077	0.088

就不同阶段教育收益率的变化来看,2003~2008 年,总体初中与高中阶段的教育收益率得到了提高,小学与大学阶段的教育收益率得到了降低。虽然 2003~2008 年大学阶段的教育收益率降低了 0.5 个百分点,但是其收益率仍然在各阶段教育收益率中居于较高的位置,说明在各个阶段的教育程度中,高等教育拥有较为可观的收益率,均在 10% 以上(见表 4-31、图 4-18)。

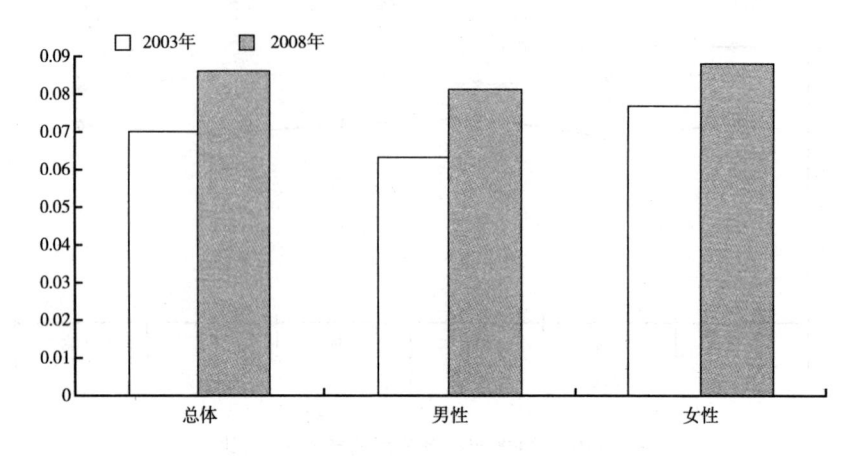

图 4-17　2003 年与 2008 年平均教育收益率对比

表 4-31　2003 年与 2008 年我国不同阶段教育收益率对比

		收益率	
		2003 年	2008 年
总体	小　学	0.094	0.072
	初　中	0.046	0.111
	高　中	0.059	0.066
	大　学	0.113	0.108
男性	小　学	0.001	0.025
	初　中	0.091	0.123
	高　中	0.055	0.059
	大　学	0.101	0.118
女性	小　学	0.118	0.087
	初　中	0.044	0.107
	高　中	0.063	0.068
	大　学	0.134	0.096

分性别来看，2003～2008 年，男性大学阶段的教育收益率得到了上升，上升了 1.7 个百分点，女性大学阶段的教育收益率则降低了 3.8 个百分点。

从各模型对 2003 年与 2008 年数据回归结果中调整的 $\bar{R}^2$ 的变化程

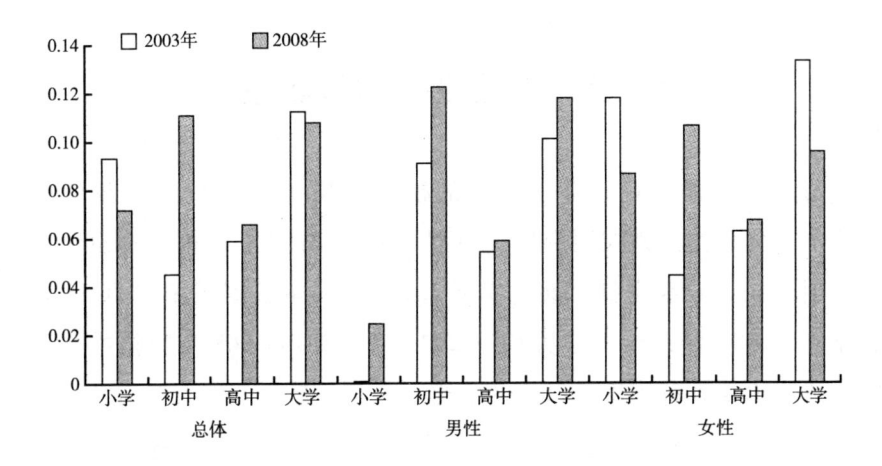

图 4-18 2003 年与 2008 年不同阶段教育收益率对比

度差异可以看出，2003 年与 2008 年教育收益受影响因素的影响程度并不相同。与 2003 年相比，2008 年教育收益受到职业因素的影响程度得到了降低，教育的价值在劳动力市场上得到了更充分的体现。具体变化幅度详见表 4-32 对 2003 与 2008 年调整的 $\bar{R}^2$ 变化的统计。

表 4-32 引入职业因素控制变量前后 2003 年与 2008 年调整 $\bar{R}^2$ 变化对比平均及不同阶段教育收益率估算

		$\bar{R}^2$ - 200			$\bar{R}^2$ - 2008		
		控制前	控制后	提高比例(%)	控制前	控制后	提高比例(%)
平均	总体	0.185	0.310	67.57	0.262	0.322	22.90
	男性	0.157	0.311	98.09	0.240	0.317	32.08
	女性	0.207	0.300	44.93	0.267	0.309	15.73
分阶段	总体	0.194	0.311	60.31	0.259	0.320	23.55
	男性	0.160	0.307	91.88	0.246	0.320	30.08
	女性	0.224	0.309	37.95	0.258	0.304	17.83

不同年份职业因素控制变量对教育收益影响程度的差异也说明在估算工程教育收益率模型（模型 3.2）中包含年份与控制变量的交叉变量是非常必要的。

第三节 中国工程教育收益率

对我国工程教育收益率估算的模型采用"工程教育收益估算模型——不含职业因素控制变量（模型3.1）"与"工程教育收益估算模型—引入职业因素控制变量（模型3.2）"。样本数据采用"CGSS合并样本"。CGSS合并样本是从CGSS2003年与CGSS2008年数据中分别抽取完成高中受教育程度及以上的子样本再合并形成的混合截面数据。在CGSS合并样本中仍然无法对哲学与历史学专业的毕业生进行区分，为了我国工程教育收益研究的顺利进行，因此需要首先假定哲学与历史学具有相等的教育收益率。

一 工程教育整体收益率

（一）引入控制变量前估算结果

运用工程教育收益估算模型——不含职业因素控制变量（模型3.1）对我国2003年及2008年的工程教育收益率做出估算，估算结果如表4-33所示。

表4-33 我国分学科高等教育收益率（总体）（模型3.1）

类别	学科	2003年 收益率	排名	2008年 收益率	排名	2003~2008 年增长	2003~2008年 提高比例(%)
总体	哲 学	0.129	12	0.121	9	-0.008	-6.20
	经济学	0.211	4	0.155	7	-0.056	-26.54
	法 学	0.208	5	0.212	1	0.004	1.92
	教育学	0.138	10	0.059	12	-0.079	-57.25
	文 学	0.214	3	0.124	8	-0.09	-42.06
	历史学	0.129	12	0.121	9	-0.008	-6.20
	理 学	0.194	7	0.207	2	0.013	6.70
	工 学	0.162	8	0.193	5	0.031	19.14
	农 学	0.132	11	0.055	13	-0.077	-58.33

续表

类别	学科	2003 年 收益率	排名	2008 年 收益率	排名	2003~2008 年增长	2003~2008 年提高比例(%)
总体	医学	0.161	9	0.12	11	-0.041	-25.47
	军事学	0.233	2	0.194	4	-0.039	-16.74
	管理学	0.202	6	0.198	3	-0.004	-1.98
	艺术学	0.234	1	0.193	5	-0.041	-17.52
	其他及综合	0.166	—	0.11	—	-0.056	-33.74

2003 年，我国高等教育阶段工学的教育收益率为 16.2%，其他学科门类中哲学、经济学、法学、教育学、文学、历史学、理学、农学、医学、军事学、管理学与艺术学的教育收益率分别为 12.9%、21.1%、20.8%、13.8%、21.4%、12.9%、19.4%、13.2%、16.1%、23.3%、20.2% 与 23.4%。在各学科门类的教育收益率中，工学的教育收益率排名第 8，分别低于艺术学、军事学、文学、经济学、法学、管理学与理学。

2008 年，我国高等教育阶段工学的教育收益率为 19.3%，哲学、经济学、法学、教育学、文学、历史学、理学、农学、医学、军事学、管理学、艺术学的教育收益率分别为 12.1%、15.5%、21.2%、5.9%、12.4%、12.1%、20.7%、5.5%、12%、19.4%、19.8%、19.3%。在各学科门类的教育收益率中，工学的教育收益率排名第 5，低于法学、理学、管理学与军事学。

2003~2008 年，我国工学的高等教育收益率得到了提高，由 2003 年的 16.2% 提高到 2008 年的 19.3%，提高幅度为 3.1 个百分点，提高比例为 19.14%。工学教育收益率在 13 个学科门类教育收益率中的排名也得到了上升，由 2003 年的第 8 名上升到 2008 年的第 5 名。收益率绝对值同时得到提高的学科门类还有法学与理学，提高比例分别为 1.92% 与 6.70%。

分性别来看，2003 年工学男性的教育收益率为 15.7%，在各学科门类男性教育收益率中排名第 6，分别低于法学、军事学、理学、经济学与艺术学。2008年工学男性的教育收益率为18.5%，在各学科门类男性教育收益率排名中居于第5位，低于文学、法学、管理学与军事学。与2003年相比，2008年工学男性的教育收益率绝对值提高了2.8个百分点，提高比例达到17.83%（见表4-34）。

表4-34 我国不同学科高等教育收益率（男性）（模型3.1）

类别	学科	2003年 收益率	排名	2008年 收益率	排名	2003~2008 年增长	2003~2008年提高比例(%)
男性	哲学	0.103	8	0.147	9	0.044	42.72
	经济学	0.193	4	0.171	7	-0.022	-11.40
	法学	0.213	1	0.22	2	0.007	3.29
	教育学	0.088	12	0.052	13	-0.036	-40.91
	文学	0.072	13	0.23	1	0.158	219.22
	历史学	0.103	8	0.147	9	0.044	42.72
	理学	0.198	3	0.175	6	-0.023	-11.62
	工学	0.157	6	0.185	5	0.028	17.83
	农学	0.100	10	0.088	12	-0.012	-12.00
	医学	0.097	11	0.114	11	0.017	17.53
	军事学	0.208	2	0.193	4	-0.015	-7.21
	管理学	0.142	7	0.205	3	0.063	44.37
	艺术学	0.189	5	0.171	7	-0.018	-9.52
	其他及综合	0.147	—	0.091	—	-0.056	-38.10

2003年工学女性的教育收益率为15.3%，在各学科门类女性教育收益率排名中居于末位，低于其他所有学科门类的教育收益率（调查数据中不存在军事学专业毕业的女性受访者）。2008年工学女性的教育收益率为19.4%，在各学科门类女性教育收益率排名中居于第3位，仅低于理学与艺术学。与2003年相比，2008年我国工学女性的教育收益率得到了大幅提高，提高幅度为4.1个百分点，提高比例达到了26.80%。其他学科门类中女性教育收益率得到提高的还有法学与理学，提高比例分别为13.41%与41.28%。

（二）引入控制变量后估算结果

运用工程教育收益估算模型—引入职业因素控制变量（模型3.2）

表 4 – 35　我国不同学科高等教育收益率（女性）（模型 3.1）

类别	学科	2003 年 收益率	排名	2008 年 收益率	排名	2003 ~ 2008 年增长	2003 ~ 2008 年提高幅度（%）
女性	哲　学	0.160	10	0.084	8	− 0.076	− 47.50
	经济学	0.233	4	0.135	6	− 0.098	− 42.06
	法　学	0.164	9	0.186	4	0.022	13.41
	教育学	0.172	7	0.076	11	− 0.096	− 55.81
	文　学	0.283	3	0.083	10	− 0.200	− 70.67
	历史学	0.160	10	0.084	8	− 0.076	− 47.50
	理　学	0.172	7	0.243	1	0.071	41.28
	工　学	0.153	12	0.194	3	0.041	26.80
	农　学	0.177	6	0.002	12	− 0.175	− 98.87
	医　学	0.217	5	0.130	7	− 0.087	− 40.09
	军事学	—	—	—	—	—	—
	管理学	0.287	2	0.185	5	− 0.102	− 35.54
	艺术学	0.315	1	0.226	2	− 0.089	− 28.25
	其他及综合	0.182	—	0.129	—	− 0.053	− 29.12

对 CGSS 合并样本进行回归来估算引入职业因素控制变量后我国的工程教育收益率，是更为精确的工程教育收益率估算结果。

引入职业因素控制变量后，我国 2003 年工学总体的教育收益率为 10.6%，其他学科门类中哲学、经济学、法学、教育学、文学、历史学、理学、农学、医学、军事学、管理学与艺术学的教育收益率分别为 8.5%、13.8%、13.7%、9.2%、18.4%、8.5%、15.5%、5.9%、10.3%、10.3%、11.9% 与 16.5%。在各学科门类教育收益率中，工学的教育收益率排名第 7，分别低于文学、艺术学、理学、经济学、法学与管理学。工学教育收益率也低于模型 2.2 估算得出的 2003 年男性与女性总体高等教育收益率的 11.3%。

引入职业因素控制变量后，我国 2008 年工学的高等教育收益率为 14.7%，其他学科门类中哲学、经济学、法学、教育学、文学、历史学、理学、农学、医学、军事学、管理学与艺术学的教育收益率分别为 7.1%、11.8%、17.2%、1.8%、10.1%、7.1%、18%、3.9%、

8.8%、16%、14.8%与15%。在各学科门类的教育收益率中，工学的教育收益率排名第6，分别低于理学、法学、军事学、艺术学与管理学。工学教育收益率高于模型2.2估算得出的2008年男性与女性总体高等教育收益率的10.8%（见表4-36）。

表4-36　我国不同学科高等教育收益率（总体）（模型3.2）

类别	学科	2003年 收益率	排名	2008年 收益率	排名	2003~2008 年增长	2003~2008年 提高比例(%)
总体	哲学	0.085	11	0.071	10	-0.014	-16.47
	经济学	0.138	4	0.118	7	-0.02	-14.49
	法学	0.137	5	0.172	2	0.035	25.55
	教育学	0.092	10	0.018	13	-0.074	-80.44
	文学	0.184	1	0.101	8	-0.083	-45.11
	历史学	0.085	11	0.071	10	-0.014	-16.47
	理学	0.155	3	0.18	1	0.025	16.13
	工学	0.106	7	0.147	6	0.041	38.68
	农学	0.059	13	0.039	12	-0.02	-33.90
	医学	0.103	8	0.088	9	-0.015	-14.56
	军事学	0.103	8	0.16	3	0.057	55.34
	管理学	0.119	6	0.148	5	0.029	24.37
	艺术学	0.165	2	0.15	4	-0.015	-9.09
	其他及综合	0.093	—	0.062	—	-0.031	-33.33

由表4-36统计结果可以看出，与2003年相比，2008年我国工学的高等教育收益率绝对值提高了4.1个百分点，由2003年的10.6%上升到2008年的14.7%，提高比例为38.68%。工学教育收益率在各学科门类收益率中的排名也由2003年的第7位上升到2008年的第6位。收益率得到提高的其他学科门类还有法学、理学、军事学与管理学，提高比例分别为25.55%、16.13%、55.34%与24.37%。哲学、经济学、教育学、文学、历史学、农学与医学的收益率得到了降低，降低比例分别为16.47%、14.49%、80.44%、45.11%、16.47%、33.90%与14.56%。

将2003年与2008年各学科门类的教育收益率绘制为图4-19可以

更直观地看出工学教育收益率在 13 个学科门类教育收益率中所处的位置以及其在 2003~2008 年间收益水平的变化。

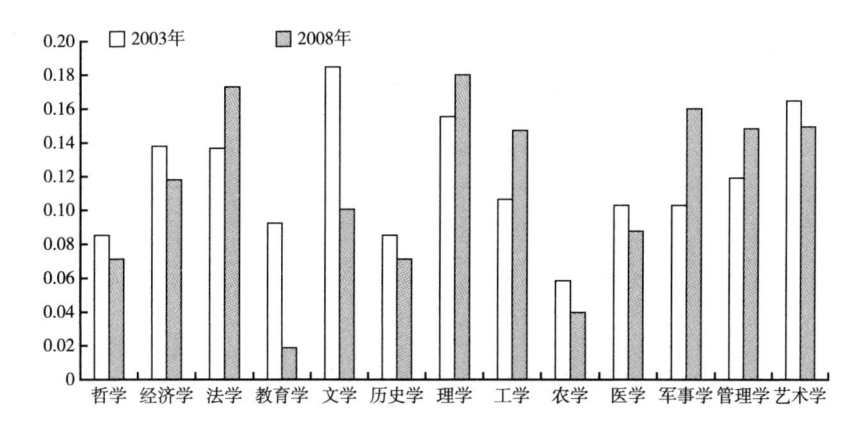

图 4-19 2003 年与 2008 年不同学科教育收益率（总体）

运用模型 3.2 对 CGSS 合并样本中男性数据的回归结果显示 2003 年我国工学男性的教育收益率为 11.4%，其他学科门类中哲学、经济学、法学、教育学、文学、历史学、理学、农学、医学、军事学、管理学与艺术学男性的教育收益率分别为 8.1%、12.8%、15.5%、3.5%、5.9%、8.1%、17.2%、6.1%、4.1%、12.7%、8% 与 13.8%。在各学科门类男性的教育收益率中，工学男性的教育收益率居于第 6 位，分别低于理学、法学、艺术学、经济学与军事学。2003 年工学男性的教育收益率高于模型 2.2 估算得出的同年男性高等教育收益率的 10.1%。2008 年我国工学男性的教育收益率为 15.3%，哲学、经济学、法学、教育学、文学、历史学、理学、农学、医学、军事学、管理学与艺术学的教育收益率分别为 9.7%、13.9%、17.3%、3.1%、23.1%、9.7%、17.3%、5.8%、6.9%、14.9%、17.3% 与 13.1%。在各学科门类男性教育收益率中，工学男性的教育收益率居于第 5 位，分别低于文学、法学、理学与管理学。2008 年工学男性的教育收益率高于模型 2.2 估算得出的同年男性高等教育收益率水平 11.8%。与 2003 年相比，2008 年工学男性的教育收益率得到了提高，由 2003 年的 11.4% 提高到 2008 年的15.3%，排名也由2003年的第6位上升到2008年的第5位。其他学科门类中除教育学、农学与艺术学外，其他学科门类的男性教育收益率均得到了提高，其中以文学的提高幅度最大，管理学、医学次之（见表4-37、图4-20）。

表4-37 我国不同学科高等教育收益率（男性）（模型3.2）

类别	学科	2003年 收益率	排名	2008年 收益率	排名	2003~2008 年增长	2003~2008年提高幅度(%)
男性	哲学	0.081	7	0.097	9	0.016	19.75
	经济学	0.128	4	0.139	7	0.011	8.59
	法学	0.155	2	0.173	2	0.018	11.61
	教育学	0.035	13	0.031	13	-0.004	-11.43
	文学	0.059	11	0.231	1	0.172	291.53
	历史学	0.081	7	0.097	9	0.016	19.75
	理学	0.172	1	0.173	2	0.001	0.58
	工学	0.114	6	0.153	5	0.039	34.21
	农学	0.061	10	0.058	12	-0.003	-4.92
	医学	0.041	12	0.069	11	0.028	68.29
	军事学	0.127	5	0.149	6	0.022	17.32
	管理学	0.08	9	0.173	2	0.093	116.25
	艺术学	0.138	3	0.131	8	-0.007	-5.07
	其他及综合	0.087	—	-0.049	—	-0.038	-43.68

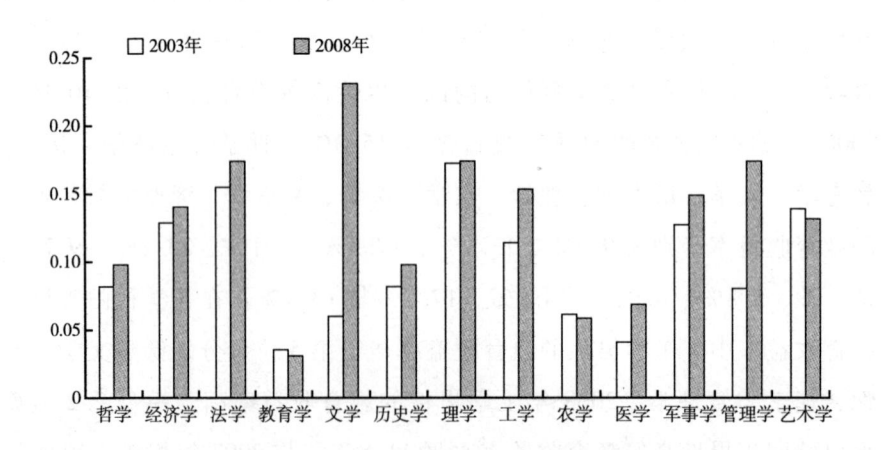

图4-20 2003年与2008年不同学科教育收益率（男性）

引入职业因素控制变量后,2003 年我国工学女性的教育收益率为 9.7%,哲学、经济学、法学、教育学、文学、历史学、理学、农学、医学、管理学与艺术学女性的教育收益率分别为 9.9%、15.6%、8.2%、12.1%、22.9%、9.9%、11.9%、7.4%、14.5%、17.7% 与 23%。在各学科门类女性教育收益率中,工学女性的教育收益率居于第 10 位,仅高于法学与农学,大幅低于模型 2.2 估算得出的同年女性高等教育收益率的 13.4%。2008 年工学女性的教育收益率为 14.3%,哲学、经济学、法学、教育学、文学、历史学、理学、农学、医学、管理学与艺术学女性的教育收益率分别为 5.6%、9%、14.2%、0.6%、5.2%、5.6%、18%、1.3%、8.8%、12.6% 与 19.4%。在各学科门类中,工学女性的教育收益率居于第 3 位,仅低于艺术学与理学,大幅高于模型 2.2 估算出的同年女性高等教育收益率的 9.6%。与 2003 年相比,2008 年各学科门类中,法学、理学、工学女性的教育收益率均得到了提高,其中以法学的提高幅度最大,理学、工学次之。表 4-38 与图 4-21 对详细估算结果进行了统计与呈现。

表 4-38　我国不同学科高等教育收益率（女性）（模型 3.2）

类别	学科	2003 年 收益率	排名	2008 年 收益率	排名	2003~2008 年增长	2003~2008 年提高幅度(%)
女性	哲　学	0.099	8	0.056	8	-0.043	-76.79
	经济学	0.156	4	0.09	6	-0.066	-73.33
	法　学	0.082	11	0.142	4	0.06	42.25
	教育学	0.121	6	0.006	12	-0.115	-1916.67
	文　学	0.229	2	0.052	10	-0.177	-340.39
	历史学	0.099	8	0.056	8	-0.043	-76.79
	理　学	0.119	7	0.180	2	0.061	33.89
	工　学	0.097	10	0.143	3	0.046	32.17
	农　学	0.074	12	0.013	11	-0.061	-469.23
	医　学	0.145	5	0.088	7	-0.057	-64.77
	军事学	—	—	—	—	—	—
	管理学	0.177	3	0.126	5	-0.051	-28.81
	艺术学	0.230	1	0.194	1	-0.036	-15.65
	其他及综合	0.110	—	0.067	—	-0.043	-39.09

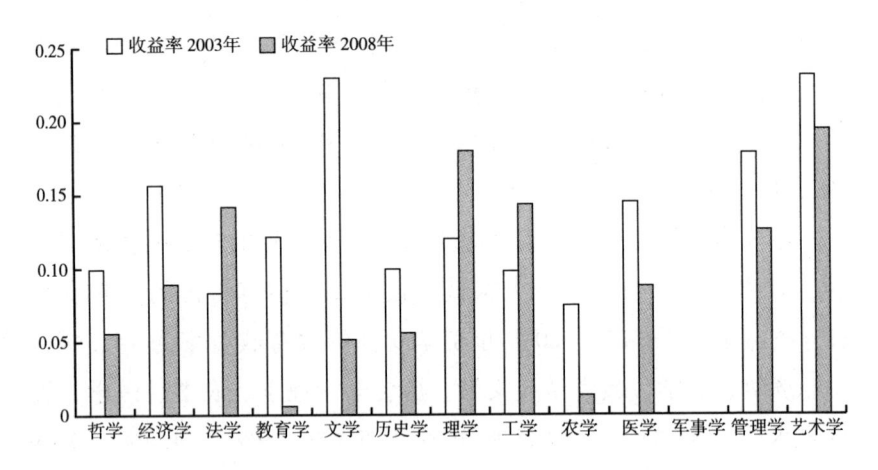

图 4-21 2003 年与 2008 年不同学科教育收益率（女性）

总之，2003 年我国高等教育工学总体、男性与女性的教育收益率分别为 10.6%、11.4% 与 9.7%，在 13 个学科门类中的排名分别为第 7 名、第 6 名与第 10 名；2008 年我国高等教育工学总体、男性与女性的教育收益率分别为 14.7%、15.3% 与 14.3%，在学科门类中的排名分别为第 6 名、第 5 名与第 3 名。相对于模型 3.1 的估算结果而言，这是更为精确的工程教育收益率估算结果。与 2003 年相比，2008 年工学总体、男性与女性的教育收益率绝对值与其排名均得到了提高，尤其是工学女性的教育收益率提高显著，排名由 2003 年的第 10 名上升到 2008 年的第 3 名（见表 4-39）。在同一年度工学男性与女性的教育收益率中，工学男性教育收益率的绝对值均高于工学女性教育收益率的绝对值。从图 4-22、图 4-23 能够更直观地看出我国工学总体、男性、女性的教育收益率水平及变化情况。

表 4-39 2003 年与 2008 年我国工程教育收益率率对比

	2003 年		2008 年		2003~2008 年增长	2003~2008 年提高比例（%）
	工学收益率	排名	工学收益率	排名		
总体	0.106	7	0.147	6	0.041	38.68
男性	0.114	6	0.153	5	0.039	34.21
女性	0.097	10	0.143	3	0.046	32.17

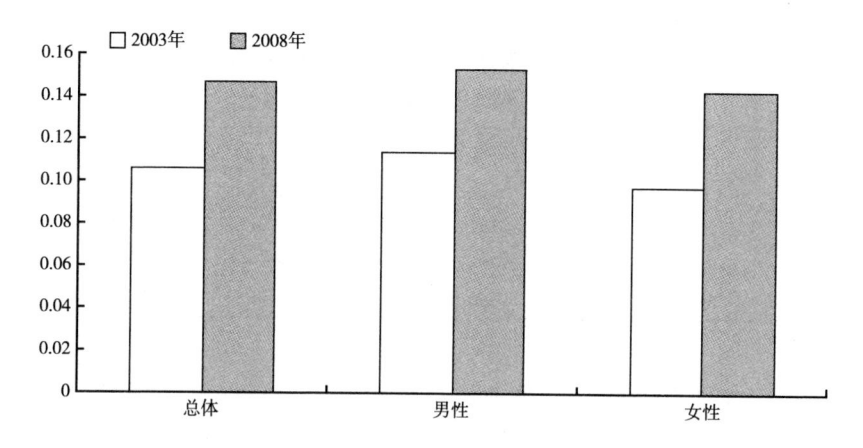

图 4-22　2003~2008 年工学教育收益率变化

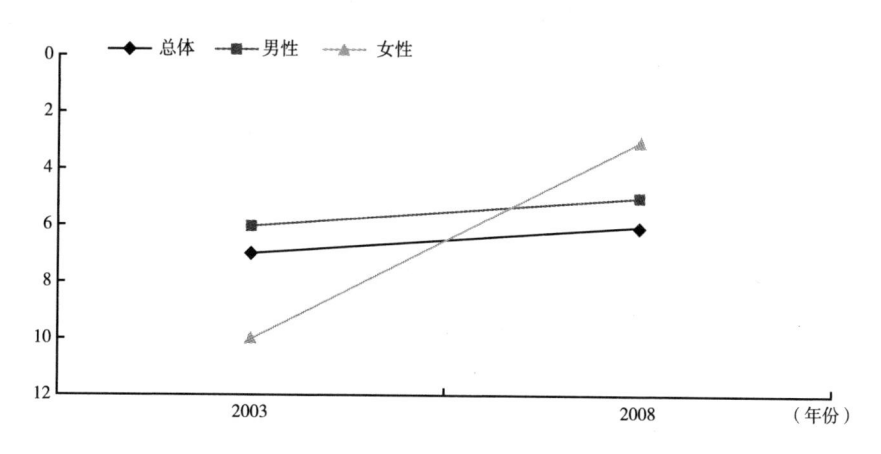

图 4-23　2003~2008 年工学教育收益率排名变化

(三) 职业因素对不同学科教育收益的影响

在引入职业因素控制变量前,模型 3.1 对我国工学总体、男性、女性教育收益估算结果显示调整的 $\bar{R}^2$ 值分别为 0.258、0.252 与 0.262,引入职业因素控制变量后,模型 3.2 对我国工学总体、男性、女性教育收益估算结果显示调整的 $\bar{R}^2$ 分别提高到 0.359、0.358、0.360,提高幅度分别为 0.101、0.106、0.098,提高比例分别为 39.15%、42.06% 与 37.40%。说明引入职业因素控制变量后模型对数据的拟合度显著提高 (见表 4-40)。

表 4-40　引入职业因素控制变量前后调整 $\bar{R}^2$ 变化对比
（我国工程教育收益率估算）

	控制前后 R^2 变化 – CGSS			
	$\bar{R}^2$（控制前）	$\bar{R}^2$（控制后）	$\bar{R}^2$（提高幅度）	$\bar{R}^2$（提高比例）(%)
总体	0.258	0.359	0.101	39.15
男性	0.252	0.358	0.106	42.06
女性	0.262	0.360	0.098	37.40

从引入职业因素控制变量前后调整的 $\bar{R}^2$ 的变化可以看出职业因素对我国的工程教育收益率存在重要的影响，在我国的劳动力市场上存在明显的分割现象。由于劳动力市场分割等因素的存在，各职业因素对个人收入产生了影响，进而影响到了个人的教育收益率。模型3.2中对职业因素控制变量的引入不仅能估算出更为准确的工程教育收益率，各职业因素控制变量的系数也能反映出其对教育收益率影响程度的高低。

1. 职业因素对不同学科总体教育收益的影响

在我国工程教育收益率估算过程中引入的职业因素控制变量为7个，分别是目前工作类型、政治面貌、单位所有制性质、主管部门级别、技术职称、单位内管理级别与国家行政级别。

就总体而言，目前工作类型对个人收入存在显著的影响，如2003年全日制工作人员的个人收入比参照组（无工作）人员的个人收入高出48.14%[①]；政治面貌对个人收入并无显著影响，共产党员受访者与非共产党员受访者的个人收入之间不存在显著差异；单位所有制性质对个人收入的影响显著，2003年国有、集体、私有/民营、三资单位的个人收入分别比参照组（其他/无工作/务农）的个人收入高出16.88%、8.98%、22.51%、65.04%，2008年国有、集体、私有、三资单位的个人收入分别比参照组（其他/无工作/务农）的个人收入高出20.56%、

---

① 假定某控制变量的系数估算值为 $\hat{\beta}_i$，则控制组与参照组 y 值的精确百分比差异 $\hat{\beta}'_i = 100$ ($e^{\hat{\beta}_i} - 1$)，文中对其他控制变量的精确百分比差异算法相同。这里估算结果中工作类型（全日制工作）的系数为0.393，可以算出其与参照组之间的精确百分比差异为48.14%。

16.07%、22.02%、60%；主管部门级别对个人收入的影响显著，2003年主管部门为中央、省级、地市级单位受访者的个人收入分别比参照组［无单位（自雇等）/其他/务农/无工作］的个人收入高出15.95%、22.14%、16.53%。技术职称对个人收入存在显著的影响，如2003年高级、中级技术职称受访者的个人收入分别比参照组［无单位（自雇等）/其他/务农/无工作］的个人收入高出22.63%、5.87%，2008年则分别高出60%、22.51%；单位内管理级别对个人收入影响显著，如2003年高层管理人员与中层管理人员的个人收入分别比参照组［无单位（自雇等）/其他/务农/无工作］人员的个人收入高26.24%、7.90%，2008年则分别高出75.59%、46.23%；国家行政级别对个人收入存在显著的影响，如2003年处级、副处级、科级、副科级受访者的个人收入分别比参照组［无单位（自雇等）/其他/务农/无工作］受访者的个人收入高出66.86%、2.94%、25.61%、28.40%。

就2003年与2008年不同年度各职业因素对个人收入的影响程度差异来看，单位所有制性质、技术职称、国家行政级别对个人收入的影响程度不存在显著差异；主管部门级别对个人收入的影响程度在2003～2008年得到了降低；单位内管理级别对个人收入的影响程度在2003～2008年显著增高。

2. 职业因素对不同学科男性教育收益的影响

就职业因素对分学科男性教育收益的影响来看，目前工作类型对分学科男性教育收益存在显著的影响，如2003年全日工作、非全日工作、临时性工作人员的个人收入比参照组（无工作）人员的个人收入分别高出56.99%、9.31%、15.95%；政治面貌对男性个人收入不存在显著影响；单位所有制性质对男性个人收入的影响显著，如2003年国有、集体、私有/民营、三资单位男性的个人收入分别比参照组［无单位（自雇等）/其他/务农/无工作］的个人收入高出19.96%、27.63%、23.12%、52.81%，2008年则分别高出19.6%、19.12%、25.86%、66.36%；主管部门级别对分学科教育收益的影响显著，主管部门级别为中央、省级、地市级、区县级男性的个人收入分别比参照组［无单位（自雇等）/其他/务农/无工作］的个人收入高37.58%、51.44%、35.53%、20.44%，与2003年相比，2008年主管部门级别对男性个人收入的影响则得到了显著降低；技术职称对分学科男性教育收益的影响不显著；单位内管理级别对分学科男性教育收益的影响显著，尤其是2003年高层管理人员的个人收入比参照组个人收入高出30.21%，2008年则更是高出了80.04%；国家行政级别对分学科男性教育收益在2003年与2008年均不存在显著影响。

3. 职业因素对不同学科女性教育收益的影响

目前工作类型、单位所有制性质、国家行政级别均对分学科女性教育收益存在显著的影响，如2003年全日工作女性受访者的个人收入比参照组［无单位（自雇等）/其他/务农/无工作］高出42.62%，2008年高出2.63%；2003年三资企业女性受访者的个人收入比参照组高出86.64%，2008年高出52.35%；2003年副司局、处级女性受访者个人收入分别比参照组高出96.21%、68.20%；其他职业因素则对女性分学科教育收益不存在显著的影响。

表4-41对各职业因素控制变量的显著性做出了统计。

表4-41 各职业因素变量对我国不同学科高等教育收益影响的显著性统计

总体	控制变量显著性（分学科）
总体	D1▲ D2 D3▲ D4▲ D5 D6▲ D7 T08D1▲ T08D2 T08D3 T08D4▲ T08D5 T08D6▲ T08D7
男性	D1▲ D2 D3▲ D4▲ D5 D6▲ D7 T08D1▲ T08D2 T08D3 T08D4▲ T08D5 T08D6 T08D7
女性	D1▲ D2 D3▲ D4 D5 D6 D7▲ T08D1 T08D2 T08D3 T08D4 T08D5 T08D6▲ T08D7

说明："▲"表示该自变量t检验值在5%水平上显著

二 工程教育三个细分类别教育收益率

原始数据中CGSS2003与CGSS2008对受访者就读专业的调查将专业类别分为了19类，具体为综合或不分专业，"理科"、"生物工程"、"计算机应用、软件"、"其他工科"、"医学"、"药学"、"农林牧渔"、"财政金融"、"经济类"、"管理科学"、"服务专业"、"法律"、"人口、社会"、"政治学"、"马列科社、文史哲"、"外语"、"教育、心理、图书情报"、"军事"、"体育艺术"与"其他",其中生物工程、计算机应用软件与"其他工科"均属于工学门类。通过对这 3 类工学专业的高等教育收益率进行估算可以进一步来看工学内部 3 个专业类别的教育收益差异。由于这次估算目的的重点是比较三个工学类专业教育收益水平之间的差异,无须再看职业因素对教育收益产生的影响,因此仅估算引入职业因素控制变量后的教育收益率即可,这样也能得到更为精确的收益率估算结果。

依照 CGSS2003 年与 CGSS2008 年数据中初始的 19 个专业分类、采用 CGSS 合并样本、运用模型 3.2 对我国 3 个工学细分专业进行高等教育收益率估算。这时模型 3.2 中的 Sh_k 分别有 19 个取值,$k=1,\cdots,19$ 分别依次代表上述 19 个专业类别,具体赋值方法为当该专业出现时,将 Sh_k 定值为该受访者高等教育阶段的受教育年限,否则将其定值为"0"。则生物工程,计算机应用软件与"其他工科"2003 年教育收益率分别为 b_3、b_4 与 b_5,2008 年教育收益率分别为 $b_3+\sigma_{13}$、$b_4+\sigma_{14}$、$b_5+\sigma_{15}$。

(一) 工程教育三个细分类别总体教育收益率

运用模型 3.2 对 CGSS 合并样本进行回归来估算我国 3 类工学专业的教育收益率。估算结果显示引入职业因素控制变量后我国生物工程、计算机应用软件与其他工科总体 2003 年的教育收益率分别为 15%、14.6% 与 9%,其他专业类别中综合或不分专业,"理科"、"医学"、"药学"、"农林牧渔"、"财政金融"、"经济类"、"管理科学"、"服务专业"、"法律"、"人口、社会、政治学"、"马列科社、文史哲"、"外语"、"教育、心理、图书情报"、"军事"、"体育艺术"与"其他"类专业总体的高等教育收益率分别为 9.9%、15.5%、10.3%、5.9%、15.8%、13.1%、11.5%、20.9%、13.5%、15%、8.5%、18.5%、9.2%、10.3%、16.5% 与 8.8%。在 19 类细分专业中排除"综合或不分专业"和"其他"两类专业后,将其余 17 类专业总体的教育收益率进行排名,"生物工程"、"计算机应用、软件"、"其他工科"3 类工学专业分别位居第 6 名、第 8 名与第 15 名。"生物工程"总体的教育收益率排名居于中上位置，与"人口、社会、政治学"总体教育收益率的名次相同，低于"服务专业"、"外语"、"体育艺术"、"财政金融"与"理科"总体教育收益率；计算机应用软件总体教育收益率的排名居于中等位置，与其收益率相近的专业有"法律"、"经济类"、"管理科学"等；"其他工科"总体教育收益率的排名居于下游位置，仅高于"农林牧渔"与"马列科社、文史哲"。与2003年工学总体教育收益率的10.6%相比，"生物工程"与"计算机应用、软件"的总体教育收益率分别高于工学总体4.4和4个百分点，"其他工科"总体教育收益率则低于工学总体1.6个百分点。

我国"生物工程"，"计算机应用、软件"与"其他工科"总体2008年的教育收益率分别为19.8%、16.7%与11.8%，其他专业类别中综合或不分专业，"理科"，"医学"，"药学"，"农林牧渔"，"财政金融"，"经济类"，"管理科学"，"服务专业"，"法律"，"人口、社会、政治学"，"马列科社、文史哲"，"外语"，"教育、心理、图书情报"，"军事"，"体育艺术"与"其他"类专业总体的高等教育收益率分别为1.3%、18%、8.8%、3.8%、11.8%、11.8%、13.6%、21.9%、17.6%、15.8%、7%、10.3%、1.6%、15.8%、15%与7%。在19类细分专业中排除"综合或不分专业"和"其他"两类专业后再将其余17类专业的总体教育收益率进行排名，"生物工程"，"计算机应用、软件"，"其他工科"3类工学专业分别位居第2名、第5名与第10名。3类工学专业总体教育收益率与2003年相比都得到了显著的提升，生物工程总体教育收益率位居第2，仅低于服务专业；"计算机应用、软件"总体教育收益率也上升到上游位置，除"服务专业"与"生物工程"外，仅低于"理科"与"法律"；"其他工科"总体收益率的排名也上升到中游位置。与2008年工学总体教育收益率的14.7%相比，"生物工程"与"计算机应用、软件"总体教育收益率分别高于工学总体教育收益率5.1和2个百分点，"其他工科"总体教育收益率则低于工学总体教育收益率2.9个百分点。

将2003年与2008年各细分专业总体教育收益率估算结果及排名情况

整理为表 4-42，并绘制柱形图 4-24。图 4-24 清晰地展示了除"综合或不分专业"和"其他"两类专业外其他17类专业的总体教育收益率情况。在工学3类专业中，"生物工程"与"计算机应用、软件"总体教育收益率相对较高，在各类专业总体教育收益率中居于上游地位；"其他工科"总体教育收益率则相对较低，在2003年处于中下游位置，在2008年处于中游位置。与2003年相比，2008年工学3类专业总体教育收益率绝对值均得到了提高，在各类专业总体教育收益率中的排名也都显著提升。

表 4-42 我国分细分专业高等教育收益率（总体）（模型 3.2）

类别	专 业	2003 年 收益率	排 名	2008 年 收益率	排 名
总体	1. 综合或不分专业	0.099	—	0.013	—
	2. 理科	0.155	5	0.18	3
	3. 生物工程	0.150	6	0.198	2
	4. 计算机应用软件	0.146	8	0.167	5
	5. 其他工科	0.090	15	0.118	10
	6. 医学、药学	0.103	12	0.088	14
	7. 农林牧渔	0.059	17	0.038	16
	8. 财政金融	0.158	4	0.118	10
	9. 经济类	0.131	10	0.118	10
	10. 管理科学	0.115	11	0.136	9
	11. 服务专业	0.209	1	0.219	1
	12. 法律	0.135	9	0.176	4
	13. 人口、社会、政治学	0.150	6	0.158	6
	14. 马列科社、文史哲	0.085	16	0.07	15
	15. 外语	0.185	2	0.103	13
	16. 教育、心理、图书情报	0.092	14	0.016	17
	17. 军事	0.103	12	0.158	6
	18. 体育艺术	0.165	3	0.15	8
	19. 其他	0.088	—	0.07	—

2008年工学总体教育收益率的提高得益于工学3类专业总体收益率的同时上升。剖析我国工学教育收益率在13个学科门类教育收益率中不具优势的主要原因，尤其是从距离当前较近的2008年的估算结果来看，关键是"其他工科"类专业教育收益率的相对落后。而"其他

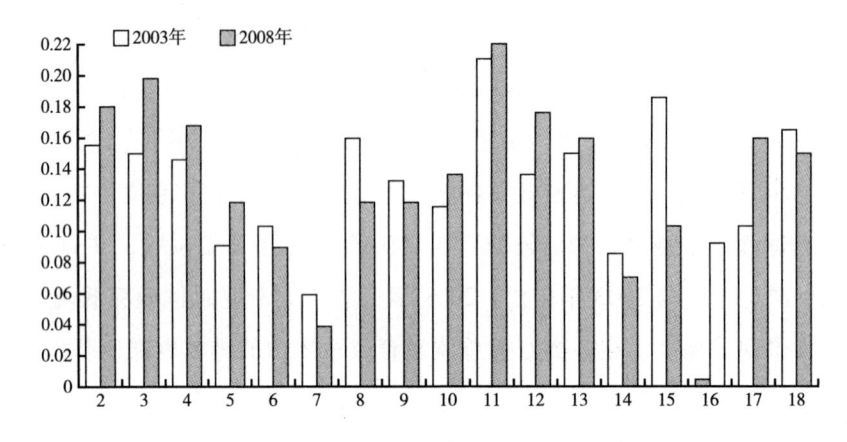

图 4-24 2003 年与 2008 年不同专业教育收益率（总体）

工科"又涵盖了工学门类中的大部分专业，即我们所说的传统意义上的工科。表 4-43 对工学所含的 38 个一级学科按照 CGSS 调查数据中的专业设置（3 = "生物工程"，4 = "计算机应用软件"，5 = "其他工科"）进行了归类。在工学的 38 个一级学科中只有 1 个一级学科（0836）属于"生物工程"类，2 个一级学科（0812、0835）属于"计算机应用软件"类，其余 35 个一级学科均属于"其他工科"类。

表 4-43 工学所含一级学科归类统计

代码	一级学科	类别	代码	一级学科	类别
0801	力学	5	0820	石油与天然气工程	5
0802	机械工程	5	0821	纺织科学与工程	5
0803	光学工程	5	0822	轻工技术与工程	5
0804	仪器科学与技术	5	0823	交通运输工程	5
0805	材料科学与工程	5	0824	船舶与海洋工程	5
0806	冶金工程	5	0825	航空宇航科学与技术	5
0807	动力工程及工程热物理	5	0826	兵器科学与技术	5
0808	电气工程	5	0827	核科学与技术	5
0809	电子科学与技术	5	0828	农业工程	5
0810	信息与通信工程	5	0829	林业工程	5
0811	控制科学与工程	5	0830	环境科学与工程	5
0812	计算机科学与技术	4	0831	生物医学工程	5
0813	建筑学	5	0832	食品科学与工程	5
0814	土木工程	5	0833	城乡规划学	5
0815	水利工程	5	0834	风景园林学	5

续表

代码	一级学科	类别	代码	一级学科	类别
0816	测绘科学与技术	5	0835	软件工程	4
0817	化学工程与技术	5	0836	生物工程	3
0818	地质资源与地质工程	5	0837	安全科学与工程	5
0819	矿业工程	5	0838	公安技术	5

通过以上分析可知，提高"其他工科"类专业教育收益率应作为提高我国工程教育收益水平的主要工作方面。

（二）工程教育三个细分类别男性教育收益率

运用模型 3.2 对我国工学三个类别男性的高等教育收益率做出估算，估算结果如表 4-44 所示。

表 4-44 我国分细分专业高等教育收益率（男性）（模型 3.2）

类别	专业	2003 年 收益率	排名	2008 年 收益率	排名
男性	1. 综合或不分专业	0.088	—	0.08708	—
	2. 理科	0.172	3	0.175	6
	3. 生物工程	0.123	9	0.129	10
	4. 计算机应用软件	0.155	5	0.197	3
	5. 其他工科	0.099	11	0.116	12
	6. 医学、药学	0.041	16	0.069	15
	7. 农林牧渔	0.061	14	0.058	16
	8. 财政金融	0.208	2	0.189	4
	9. 经济类	0.101	10	0.102	13
	10. 管理科学	0.071	13	0.163	7
	11. 服务专业	0.273	1	0.241	1
	12. 法律	0.156	4	0.189	4
	13. 人口、社会、政治学	0.146	6	0.123	11
	14. 马列科社、文史哲	0.080	12	0.096	14
	15. 外语	0.059	15	0.231	2
	16. 教育、心理、图书情报	0.034	17	0.03	17
	17. 军事	0.125	8	0.145	8
	18. 体育艺术	0.138	7	0.13	9
	19. 其他	0.083	—	0.039	—

我国2003年"生物工程"、"计算机应用、软件"与"其他工科"男性的教育收益率分别为12.3%、15.5%与9.9%，在17类专业的男性教育收益率中分别排第9、5与11名。"计算机应用、软件"男性的教育收益率在17类专业男性教育收益率中居于上游位置，高于工学男性整体的教育收益率4.1个百分点；"生物工程"与"其他工科"男性教育收益率在17类教育收益率中均处于中等偏下的位置，分别高于工学男性整体的教育收益率0.9个百分点与低于男性教育收益率1.5个百分点。在这17类专业男性教育收益率中，除"计算机应用、软件"外，排名居于前5位的专业还有"服务专业"、"财政金融"、"理科"与"法律"；排名处于后5位的专业为"管理科学"、"农林牧渔"、"外语"、"医学、药学"与"教育、心理、图书情报"。

2008年我国"生物工程"、"计算机应用、软件"与"其他工科"男性的教育收益率分别为12.9%、19.7%与11.6%，在17类专业的男性教育收益率中分别排名第10、3与12位。"计算机应用、软件"男性的教育收益率在17类专业男性教育收益率中依然居于上游位置，高于工学男性整体的教育收益率4.4个百分点。"生物工程"与"其他工科"男性教育收益率在17类教育收益率中仍均处于中等偏下的位置，分别低于工学男性整体的教育收益率2.4个与3.7个百分点。在这17类专业男性教育收益率中，除"计算机应用、软件"外，排名前5位的专业还有"服务专业"、"外语"、"财政金融"与"法律"；排名后5位的专业为"经济类"、"马列科社、文史哲"、"医学、药学"、"农林牧渔"与"教育、心理、图书情报"。

与2003年相比，2008年工学的三个专业类别中，"计算机应用、软件"男性的教育收益率排名得到了上升，由2003年的第5位上升到2008年的第3位；"生物工程"与"其他工科"男性的教育收益率排名均得到了下降，分别由2003年的第9和第11位降低到2008年的第10和第12位。因此就工学内部而言，"生物工程"与"其他工科"男性的教育收益率相对较低，在各专业排名中也处于中下游位置；"计算机应用、软件"男性的教育收益率相对较高，在各类专业中居于上游位置。图4-25较直观地呈现了工学各专业男性的教育收益水平。

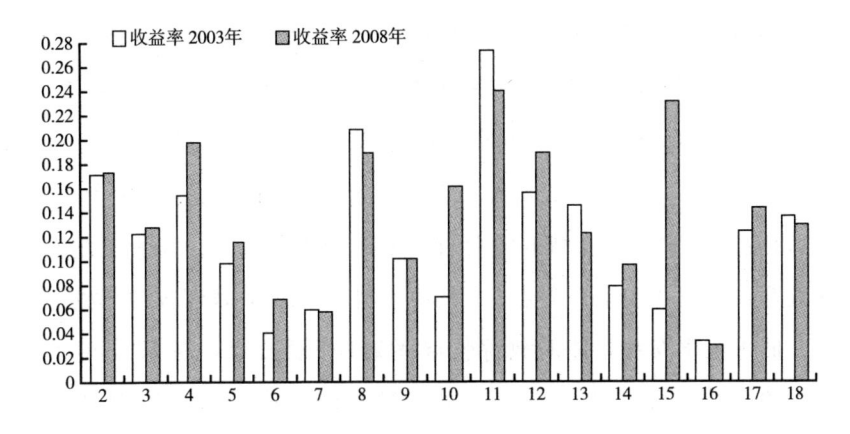

图 4-25 2003 年与 2008 年不同专业教育收益率（男性）

（三）工程教育三个细分类别女性教育收益率

运用模型 3.2 对我国工学三个类别女性的高等教育收益率做出估算，估算结果如表 4-45 所示。

表 4-45 我国分细分专业高等教育收益率（女性）（模型 3.2）

类别	专业	2003 年 收益率	排名	2008 年 收益率	排名
女性	1. 综合或不分专业	0.122	—	-0.394	—
	2. 理科	0.119	12	0.177	5
	3. 生物工程	0.177	4	0.231	1
	4. 计算机应用软件	0.131	8	0.113	9
	5. 其他工科	0.076	14	0.15	6
	6. 医学、药学	0.146	7	0.088	11
	7. 农林牧渔	0.076	14	0.015	15
	8. 财政金融	0.121	11	0.056	13
	9. 经济类	0.175	5	0.142	7
	10. 管理科学	0.181	3	0.108	10
	11. 服务专业	0.130	9	0.19	4
	12. 法律	0.074	16	0.122	8
	13. 人口、社会、政治学	0.151	6	0.208	2
	14. 马列科社、文史哲	0.099	13	0.061	12
	15. 外语	0.230	2	0.055	14
	16. 教育、心理、图书情报	0.123	10	0.006	16
	17. 军事	—	—	—	—
	18. 体育艺术	0.232	1	0.198	3
	19. 其他	0.093	—	0.102	—

2003年工学三类专业中"生物工程","计算机应用、软件"与"其他工科"女性的教育收益率分别为17.7%、13.1%与7.6%,在17类专业女性教育收益率中的排名分别为第4、8与14位。"生物工程"女性的教育收益率处于上游地位,高于工学女性整体的教育收益率8个百分点;"计算机应用、软件"女性的教育收益率居于中游位置,高于工学女性整体的教育收益率3.4个百分点;"其他工科"女性的教育收益率处于下游位置,低于工学女性整体的教育收益率2.1个百分点。在17类专业女性教育收益率中,除"生物工程"外,排名前5位的专业还有"体育艺术"、"外语"、"管理科学"、"经济类";除"其他工科"外,排名后5位的专业还有"理科","马列科社、文史哲","农林牧渔","法律"。

2008年我国"生物工程"、"计算机应用、软件"与"其他工科"女性的教育收益率分别为23.1%、11.3%与15%,在17类专业女性教育收益率中分别排名第1、9与6位。"生物工程"女性的教育收益率上升到各专业女性教育收益率排名的最高位,高于工学女性整体的教育收益率8.8个百分点;"计算机应用、软件"女性的教育收益率仍处于中游位置,低于工学女性整体的教育收益率3个百分点;"其他工科"女性的教育收益率上升到中上游位置,高于工学女性整体的教育收益率0.7个百分点。在17类专业女性教育收益率中,除"生物工程"外,排名前5位的专业还有"人口、社会、政治学","体育艺术","服务专业","理科";排名后5位的专业有"马列科社、文史哲","财政金融","外语","农林牧渔","教育、心理、图书情报"。

与2003年相比,2008年"生物工程"与"其他工科"女性教育收益率排名都得到了显著提高,分别上升到17类专业教育收益率的最高与中上位置;"计算机应用、软件"教育收益率的排名下降1位,依然居于17类专业教育收益率排名的中等位置。"生物工程"女性教育收益率远高于工学女性整体的教育收益率,高于8.8个百分点;"其他工科"的女性教育收益率高于工学女性整体教育收益率0.7个百分点,也超越了经济类与管理科学女性教育收益率。

可以看出，2003~2008年，"生物工程"与"其他工科"女性的教育收益率大幅上升，分别由2003年的第4和第14位上升到2008年的第1和第6位；"计算机应用、软件"I女性教育收益率得到了微幅下降，由2003年的第8位下降到2008年的第9位。将各专业2003和2008年的女性高等教育收益率绘制为图4-26能更直观地体现工学三类专业女性教育收益所处的水平及其相对变化。

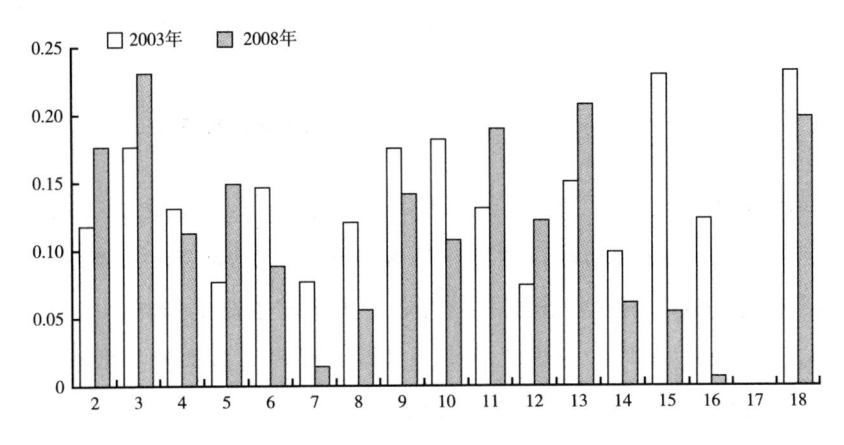

图4-26 2003年与2008年不同专业教育收益率（女性）

（四）工程教育三个细分类别教育收益率比较

将三类工科专业2003年与2008年的教育收益率及排名情况整理为表4-46，并根据排名绘制柱形图4-27。

表4-46 工学三类专业高等教育收益率

专业	类别	2003年 收益率	排名	2008年 收益率	排名
生物工程	总体	0.150	6	0.198	2
	男性	0.123	9	0.129	10
	女性	0.177	4	0.231	1
计算机应用软件	总体	0.146	8	0.167	5
	男性	0.155	5	0.197	3
	女性	0.131	8	0.113	9
其他工科	总体	0.090	15	0.118	10
	男性	0.099	11	0.116	12
	女性	0.076	14	0.15	6

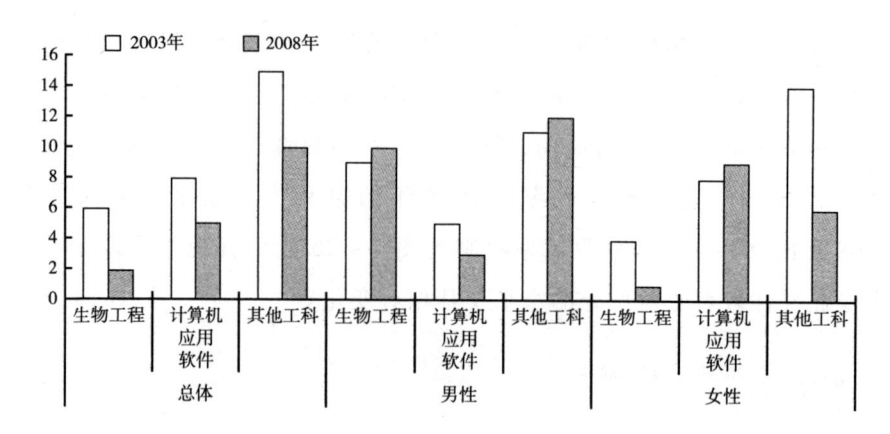

图 4-27 2003年与2008年工学三类专业教育收益率排名

总体来看，"生物工程"与"计算机应用、软件"的教育收益率明显高于"其他工科"的教育收益率，因此提高"其他工科"类专业教育收益水平应成为提高我国工程教育收益水平的主要工作方面。

就"生物工程"专业内部而言，男性的教育收益率要远低于女性，女性的教育收益率在各专业女性教育收益率中居于上游位置，且在2003~2008年得到进一步提高，于2008年超过了其他所有专业女性的教育收益率；男性的教育收益率则在各专业男性教育收益率中一直处于中等位置。就"计算机应用、软件"类专业内部而言，男性的教育收益率要显著高于女性，"计算机应用、软件"男性教育收益率在各学科男性教育收益率中居于上游位置，且在2003~2008年也得到进一步提高，于2008年位居第3位；"计算机应用、软件"女性教育收益率则在各学科女性教育收益率中一直居于中等位置。因此就"生物工程"与"计算机应用、软件"专业而言，提高"生物工程"男性的教育收益与"计算机应用、软件"女性的教育收益应成为工作的重点。

"其他工科"类专业是工程教育的主体。女性收益率在2003~2008年得到了大幅提升，排名由第14位跃居第6位，这也是推动2003~2008年工学女性教育收益率显著提高的主要动力，也是推动"其他工科"总体教育收益率提高的主要原因。在2008年"其他工科"总体教育收益率的排名为第10位，在17个专业类别中依然处于中下游位置；

男性的教育收益率位居第 12 位，是总体教育收益率不具优势的主要原因。女性的教育收益率虽于 2003~2008 年得到了明显的上升，但是依然存在提高的空间。因此"其他工科"高等教育收益率的提高应同时关注男性与女性的教育收益率，且男性教育收益率的提高需要得到更多的重视。

第四节　本章小结

本章运用模型 1.1 与 1.2、模型 2.1 与 2.2、模型 3.1 与 3.2 分别对我国的平均教育收益率、分阶段教育收益率与工程教育收益率进行了估算。采用的数据为 CGSS2003 年与 CGSS2008 年数据，并将我国的工程教育收益率结果进行了国内比较。

CGSS2003 年与 CGSS2008 年数据中的"个人去年全年总收入"项均存在一定比例的缺失值，CGSS2003 年中的缺失比例为 9.4%，CGSS2008 年中的缺失比例为 13.1%，且缺失方式不是完全随机缺失，因此采用 EM 法对缺失值进行补充。

CGSS2003 年原始样本的数据均为城市数据，CGSS2008 年的原始数据则既包含城市样本，又包含农村样本，根据研究需要将 CGSS2008 年原始数据中的农村样本进行删除，仅保留城市样本。经过检查、整理完毕后，CGSS2003 年共包含有效样本 4489 个，其中男性样本 2289 个，女性样本 2200 个；CGSS2008 年共包含有效样本 3300，其中男性样本 1614 个，女性样本 1686 个。

CGSS2003 数据中受访者的受教育程度随文盲、小学、初中、高中、大专、大本与研究生的升高，平均年收入分别为 6120.4 元、5545.4 元、7872.1 元、10093 元、15745 元、20062 元、29054 元；CGSS2008 年数据中受访者的受教育程度随文盲、小学、初中、高中、大专、大本、研究生的升高，平均年收入分别 7957.7 元、8862.4 元、13159 元、18842 元、30837 元、38600 元、44507 元。随着受教育程度的升高受访者的平均年收入均呈现出快速增加的趋势，说明教育对个人收入起到了明显的促进作用。与2003年相比，2008年各受教育程度人员的平均年收入均得到大幅度的提高。

根据CGSS2003年与CGSS2008年原数据中的高等教育专业分类，19类专业毕业生的平均年收入之间存在显著的差异，反映出教育内部的异质性。CGSS2003年数据中生物工程、计算机应用软件与其他工科三类工学专业毕业的受访者的平均年收入分别为23224、18213和16802元，在19类专业排名中分别居于第2、7和12位；CGSS2008年中生物工程、计算机应用软件、其他工科三类工学专业毕业的受访者的平均年收入分别为38957元、38165元和33513元，在19类专业排名中分别居于第4、6和9位。

对我国工程教育收益率的估算需要将CGSS2003与CGSS2008有效样本中完成高中受教育程度及以上的子样本挑选出来进行合并形成混合截面数据，并将其命名为"CGSS合并样本"。CGSS合并样本的样本总量为3964个，其中含2003年数据2304个，2008年数据1660个。将起初的19类专业合并为我国高等教育的13个学科门类［哲学（01）、经济学（02）、法学（03）、教育学（04）、文学（05）、历史学（06）、理学（07）、工学（08）、农学（09）、医学（10）、军事学（11）、管理学（12）、艺术学（13）］与"其他及综合"。由于原始数据中哲学（01）与历史学（06）的受访者无法区分，因此假定哲学与历史学受访者拥有相同的个人收入水平。CGSS合并样本中的2003年数据中哲学、经济学、法学、教育学、文学、历史学、理学、工学、农学、医学、军事学、管理学、艺术学、其他及综合类专业高等受教育程度受访者的平均年收入分别为14593元、17164元、18301元、13648元、25088元、14593元、19941元、17466元、14368元、17177元、15728元、18422元、21221元、15072元，2008年分别为24358元、36358元、42465元、22451元、28089元、24358元、34565元、36337元、23206元、28963元、32300元、37218元、41160元、32174元。与2003年相比，

2008年各学科门类受访者的平均年收入均得到了提高。其中工学毕业生2003年数据中的平均年收入为17466元，在13个学科门类毕业生平均年收入中排名第6位，居于中等位置；2008年为36337元，在13个学科门类毕业生平均年收入中排名第5位，居于中等稍微偏上的位置。2008年与2003年相比，平均年收入的提高幅度为18871元，提高比例为108.04%。

模型1.2对CGSS2003年数据的估算结果显示，引入职业因素控制变量后2003年我国总体、男性与女性的平均教育收益率分别为7.0%、6.3%与7.7%；对CGSS2008年数据的估算结果显示，引入职业因素控制变量后2008年我国总体、男性与女性的平均教育收益率分别为8.6%、8.1%与8.8%。运用模型2.2对CGSS2003年数据的估算结果显示，引入职业因素控制变量后2003年我国总体小学、初中、高中与大学阶段教育的分阶段教育收益率分别为9.4%、4.6%、5.9%与11.3%，其中男性小学、初中、高中与大学阶段的分阶段教育收益率分别为0.1%、9.1%、5.5%与10.1%，女性小学、初中、高中与大学阶段的分阶段教育收益率分别为11.8%、4.4%、6.3%与13.4%；对CGSS2008年数据的估算结果显示，引入职业因素控制变量后2008年我国总体的小学、初中、高中与大学分阶段教育收益率分别为7.2%、11.1%、6.6%与10.8%，其中男性小学、初中、高中与大学的分阶段教育收益率分别为2.5%、12.3%、5.9%与11.8%，女性小学、初中、高中与大学的分阶段教育收益率分别为8.7%、10.7%、6.8%与9.6%。相对于引入职业因素控制变量前的模型的估算结果而言，这是更为精确的收益率估算结果。从引入职业因素控制变量前后估算结果的调整的R^2差距可以看出职业因素对我国的教育收益存在重要的影响，且在不同年份对教育收益的影响程度存在差异，这也证实了在模型3.2中所包含的年份与控制变量的交叉变量的必要性。

对我国工程教育收益率的估算采用CGSS合并样本。运用模型3.2对我国高等工程教育收益率的估算结果显示，2003年我国高等教育工学总体、男性、女性的教育收益率分别为10.6%、11.4%、9.7%，在13个学科门类中的排名分别为第7名、第6名、第10名；2008年我国高等教育工学总体、男性、女性的教育收益率分别为14.7%、15.3%、14.3%，在学科门类中的排名分别为第6名、第5名、第3名。与2003年相比，2008年工学总体、男性与女性的教育收益率与其排名均得到提升，尤其是工学女性的教育收益率提升显著，排名由2003年的第10名上升到2008年的第3名。在同一年度工学男性与女性的教育收益率中，工学男性的教育收益率绝对值均高于工学女性。从引入职业因素控制变量前后调整的R^2的变化可以看出职业因素对我国的工程教育收益率存在重要的影响，说明我国的劳动力市场上存在明显的分割现象。各职业因素控制变量的系数反映出其对教育收益率影响程度的高低。总体而言，目前工作类型、单位所有制性质、主管部门级别、技术职称、单位内管理级别、国家行政级别均对高等教育收益存在显著影响，政治面貌对高等教育收益的影响不显著。且就2003年与2008年不同年度各职业因素对个人收入的影响程度差异来看，单位所有制性质、技术职称、国家行政级别对个人收入的影响程度不存在显著差异，主管部门级别对个人收入的影响程度在2003~2008年得到了降低，单位内管理级别对个人收入影响程度在2003~2008年显著增高。

CGSS2003年与CGSS2008年数据对受访者就读专业的调查将工学门类具体分为了"生物工程"、"计算机应用、软件"与"其他工科"三类。通过对这三类工学专业的教育收益率进行估算可以进一步来看工学内部三个专业类别的教育收益差异水平。依照CGSS2003年与CGSS2008年数据中初始的19个专业分类，采用CGSS合并样本，运用模型3.2对我国工程教育三个细分类别进行收益率估算的结果显示，2003年我国"生物工程"、"计算机应用、软件"与"其他工科"总体的教育收益率分别为15%、14.6%与9%；在19类细分专业中排除"综合或不分专业"和"其他"两类专业后，将其余17类专业总体的教育收益率进行排名可以看出生物工程、计算机应用软件、其他工科3

类工学专业分别位居第6、8与15名。2008年我国"生物工程"、"计算机应用、软件"与"其他工科"总体的教育收益率分别为19.8%、16.7%与11.8%；在17类专业教育收益率排名中分别位居第2、5名与10名。就男女性分别来看，生物工程、计算机应用软件与"其他工科"2003年男性的教育收益率分别为12.3%、15.5%与9.9%，在17类专业中分别排第9、5与11名；2008年男性的教育收益率分别为12.9%、19.7%与11.6%，在17类专业中分别排名第10、3与12位。"生物工程"，"计算机应用、软件"与"其他工科"2003年女性的教育收益率分别为17.7%、13.1%与7.6%，在17类专业中的排名分别为第4、8与14位；2008年女性的教育收益率分别为23.1%、11.3%与15%，在17类专业中分别排名第1、9与6位。总体来看，"生物工程"，"计算机应用、软件"的教育收益率明显高于"其他工科"的教育收益率，因此"其他工科"类专业教育收益水平的提高应成为提高我国工学整体教育收益水平的主要工作方面。就"生物工程"专业内部而言，男性的教育收益率要远低于女性，女性的教育收益率在各专业女性教育收益率中居于上游位置，且于2008年位居第一；就"计算机应用、软件"类专业而言，男性的教育收益率要显著高于女性。因此提高"生物工程"男性的教育收益与"计算机应用、软件"女性的教育收益应成为工作的重点。"其他工科"类专业占据着工学类专业的主体，2003年与2008年"其他工科"类专业总体教育收益率排名分别为第15名与第10名，居于下游位置；男性教育收益率排名分别为第11名与第12名，也居于下游位置；女性教育收益率排名分别为第14与第6名，虽然在2003~2008年得到了提高，但仍存在上升的空间。因此"其他工科"类专业教育收益率的提高应同时关注男性与女性的教育收益率，且男性教育收益率的提高需要得到更多的重视。

第五章
工程教育投资收益水平国际比较

第一节 相关样本数据处理与描述

对中国工程教育投资收益的研究需要放在一个国际大环境中来，这样更容易认清国情、发现差距、找到空间。美国工程教育处于国际领先水平，为了进一步认识中国工程教育的投资收益水平，接下来将进行工程教育收益率的国际比较研究，主要是进行中美之间的比较研究。

对美国工程教育收益率的估算采用 GSS 调查数据中的 2006 年与 2008 年数据。GSS2006 年数据的样本总量为 4510 个，其中男性样本 2003 个，占到样本总量的 44.4%；女性样本 2507 个，占到样本总量的 55.6%。GSS2008 年数据样本量共计 3559 个，其中男性样本 1569 个，占样本总量的 44.1%；女性样本 1990 个，占样本总量的 55.9%。

在 GSS 数据中，关于个人收入的调查项目主要有两项，分别是年工作收入与年总收入（税前）。教育收益所指的"由于接受教育所带来的个人收入增加"是个人的总收入，因此对美国工程教育收益率的估算应该采用"个人年总收入"数据。GSS 数据所调查的"个人年总收入"为税前收入，指的是受访者在上一年中所获得的全部税前收入总和。虽然在估算我国工程教育收益率时所采用的个人收入数据为"税后总收入",但是由于对中美间工程教育收益的比较着重工程教育收益率在 13 个学科门类中所处位置的相对比较,因此中美间"税前"与"税后"收入数据统计标准的不一致并不会影响研究的比较效果。

GSS 调查中对"个人年总收入"数据的统计并没有采用填写准确数值的形式,而是从备选的区间值中进行选择。该变量有 28 个取值选择,分别为:0 = "IAP",1 = "under ﹩1000",2 = "﹩1000 to 2999",3 = "﹩3000 to 3999",4 = "﹩4000 to 4999",5 = "﹩5000 to 5999",6 = "﹩6000 to 6999",7 = "﹩7000 to 7999",8 = "﹩8000 to 9999",9 = "﹩10000 to 12499",10 = "﹩12500 to 14999",11 = "﹩15000 to 17499",12 = "﹩17500 to 19999",13 = "﹩20000 to 22499",14 = "﹩22500 to 24999",15 = "﹩25000 to 29999",16 = "﹩30000 to 34999",17 = "﹩35000 to 39999",18 = "﹩40000 to 49999",19 = "﹩50000 to 59999",20 = "﹩60000 to 74999",21 = "﹩75000 to 89999",22 = "﹩90000 to 109999",23 = "﹩110000 to 129999",24 = "﹩130000 to 149999",25 = "﹩150000 or over",26 = "Refused",98 = "DK",99 = "NA"。

由于代入工程教育收益率估算模型的"收入"数值应该是确定的数字而不是收入区间,因此需要提前对个人年总收入变量的取值进行近似替换,取每个受访者所选收入区间的最低值与最高值的平均值来作为该受访者的个人年收入取值。即将原变量取值的 1、2、3、4、5、6、7、8、9、10、11、12、13、14、15、16、17、18、19、20、21、22、23、24 分别用 ﹩500、﹩2000、﹩3500、﹩4500、﹩5500、﹩6500、﹩7500、﹩9000、﹩11250、﹩13750、﹩16250、﹩18750、﹩21250、﹩23750、﹩27500、﹩32500、﹩37500、﹩45000、﹩55000、﹩67500、﹩82500、﹩100000、﹩120000、﹩140000 来替代,对原变量取值"25 = '﹩150000 及以上'"则近似用"﹩150000"替代。

GSS 数据中对最高学历的取值主要分为 5 类:0 = "低于高中(less

than High school）"，1 = "高中（High School）"，2 = "大专（Junior college）"，3 = "（本科）Bachelor"，4 = "（研究生）Graduate"，7 = "IAP"，8 = "DK"，9 = "NA"

对单位性质的取值主要分为2类：0 = "IAP"，1 = "政府（Government）"，2 = "私营（Private）"，8 = "DK"，9 = "NA"。

GSS数据中对所学专业变量调查取值主要分为55类，分别是：0 = "IAP"，1 = "会计（Accounting/Bookkeeping）"，2 = "广告（Advertising）"，3 = "农学（Agriculture）"，4 = "联合健康学（Allied Health）"，5 = "人类学（Anthropology）"，6 = "建筑学（Architecture）"，7 = "艺术（Art）"，8 = "生物学（Biology）"，9 = "工商管理（Business Administration）"，11 = "化学（Chemistry）"，12 = "通讯/语音（Communications/Speech）"，13 = "通讯障碍（COMM. Disorders）"，14 = "计算机科学（Computer Science）"，15 = "牙科（Dentistry）"，16 = "教育学（Education）"，17 = "经济学（Economics）"，18 = "工学（Engineering）"，19 = "英语（English）"，20 = "金融（Finance）"，21 = "外语（Foreign Language）"，22 = "林学（Forestry）"，23 = "地理（Geography）"，24 = "地质学（Geology）"，25 = "历史学（History）"，26 = "家政学（Home Economics）"，27 = "工业与技术（Industry & Technology）"，28 = "新闻学（Journalism）"，29 = "法学（Law）"，30 = "执法（Law Enforcement）"，31 = "图书馆学（Library Science）"，32 = "市场营销（Marketing）"，33 = "数学（Mathematics）"，34 = "医学（Medicine）"，35 = "音乐（Music）"，36 = "护理（Nursing）"，37 = "验光（Optometry）"，38 = "制药学（Pharmacy）"，39 = "哲学（Philosophy）"，40 = "体育（Physical Education）"，41 = "物理（Physics）"，42 = "心理学（Psychology）"，43 = "政治学（Political Science）"，44 = "社会学（Sociology）"，45 = "特殊教育（Special Education）"，46 = "戏剧艺术（Theater

Arts）", 47 = "神学（Theology）", 48 = "兽医（Veterinary Medicine）", 49 = "文科（Liberal Arts）", 50 = "其他（Other）", 51 = "一般科学（General Science）", 52 = "社会服务（Social Work）", 53 = "通识教育（General Studies）", 54 = "其他（Other Vocational）", 55 = "保健（Health）", 98 = "DK/Uncoded", 99 = "无大学学位"。

考虑到中美工程教育收益率比较的学科匹配性，首先需要将GSS数据中的专业变量取值进行合并处理，具体合并方法如下：将39、47归属于哲学（01），将17、20、26归属于经济学（02），将5、29、30、43、44归属于法学（03），将16、40、42、45归属于教育学（04），将2、19、21、28、49归属于文学（05），将25归属于历史学（06），将8、11、23、24、33、41归属于理学（07），将6、12、14、18、27归属于工学（08），将3、22、48归属于农学（09），将4、15、34、36、37、38、55归属于医学（10），将1、9、31、32、52归属于管理学（12），将7、35、46归属于艺术学（13），将51、53归属于综合。其中工学门类中具体包括建筑学、通信/语音、计算机科学、工学、工业与艺术。

一　相关样本数据处理

（一）相关样本数据缺失值分析与补充

初步检查发现，与CGSS2003年与CGSS2008年类似，GSS2006年与GSS2008年数据中的"个人年总收入"数据也均存在一定比例的缺失值。为了估算结果的客观准确，同样需要首先对GSS2006年与GSS2008年中的"个人年总收入"数据进行缺失值分析。

1. GSS2006年缺失值的分析与补充

首先对GSS2006年数据中的"个人年总收入""受教育总年限"与"工作年限"三个关键变量的数据进行缺失值统计分析，结果如表5-1所示。

表 5-1　Y 总体缺失比例（GSS2006 年） Univariate Statistics

	N	均值	标准差	缺失 计数	缺失 百分比	极值数目[a] 低	极值数目[a] 高
Y	2669	3.84E4	32387.454	1841	40.8	0	133
S	4499	13.29	3.229	11	0.2	170	0
E	4482	27.85	17.396	28	0.6	0	3

说明：a. 超出范围（Q1 - 1.5 * IQR, Q3 + 1.5 * IQR）的案例数。

GSS2006 年数据中"个人年总收入"数据的缺失个数达到了 1841 个，占到了样本总量的 40.8%，缺失数目可观。为了估算结果的客观性，需要提前对缺失值进行补充。

接下来直接进一步对"个人年总收入"数据的缺失值进行 EM 分析，选择总体的分布形式为正态分布，最大迭代次数指定为"25"（见表 5-2、表 5-3、表 5-4、表 5-5、表 5-6）。

表 5-2　估计均值摘要（GSS2006 年）

	Yyear	S	E
所有值	3.84E4	13.29	27.85
EM	3.93E4	13.29	27.84

表 5-3　估计标准差摘要（GSS2006 年）

—	Yyear	S	E
所有值	3.239E4	3.229	17.396
EM	3.271E4	3.229	17.396

表 5-4　EM 均值[a]（GSS2006 年）

Yyear	S	E
3.93E4	13.29	27.84

说明：a. Little 的 MCAR 检验；卡方 = 669.102, DF = 6, 显著性 = .000。

表 5 – 5　EM 协方差^a（GSS2006 年）

—	Yyear	S	E
Yyear	1.070E9		
S	3.516E4	10.428	
E	9.637E4	-13.772	302.630

说明：a. Little 的 MCAR 检验：卡方 = 669.102，DF = 6，显著性 = .000。

表 5 – 6　EM 的相关性^a（GSS2006 年）

—	Yyear	S	E
Yyear	1		
S	0.333	1	
E	0.169	-.245	1

说明：a. Little 的 MCAR 检验：卡方 = 669.102，DF = 6，显著性 = .000。

表 5 – 4、5 – 5 和 5 – 6 下面的说明为数据缺失方式是否为 MCAR 方式的假设检验结果。零假设是数据的缺失方式为完全随机缺失，检验结果显示 Sig 值低于 0.01，因此我们可以判断出 Y（个人年总收入）的缺失方式不是 MCAR。因此同样选择 EM 法进行缺失值补充，并将缺失值补充结果存入 GSS2006 年数据中。

2. GSS2008 年缺失值分析与补充

首先对 GSS2008 年数据中的"个人年总收入""受教育总年限"与"工作年限"三个关键变量的缺失值进行统计分析，结果如表 5 – 7 所示。

表 5 – 7　单变量统计（GSS2008 年）

—	N	均值	标准差	缺失 计数	缺失 百分比	极值数目^a 低	极值数目^a 高
Yyear	2109	4.05E4	33647.769	1450	40.7	0	115
S	3551	13.55	3.069	8	0.2	89	0
E	3520	28.88	17.680	39	1.1	0	0

说明：a. 超出范围（Q1 - 1.5 * IQR，Q3 + 1.5 * IQR）的案例数。

由表 5-7 可以得知 GSS2008 年数据中"个人年总收入"数据的缺失个数达到了 1450 个，占到了样本总量的 40.7%，比较可观。因此为了得到无偏、有效的估计结果，需要对 Y 的缺失值进行补充。接下来进一步运用 EM 法对"个人年总收入"数据的缺失值进行分析（见表 5-8、表 5-9、表 5-10、表 5-11、表 5-12）。

表 5-8　估计均值摘要（GSS2008 年）

—	Yyear	S	E
所有值	4.05E4	13.55	28.88
EM	4.05E4	13.55	28.87

表 5-9　估计标准差摘要（GSS2008 年）

—	Yyear	S	E
所有值	3.365E4	3.069	17.680
EM	3.401E4	3.069	17.678

表 5-10　EM 均值[a]（GSS2008 年）

Yyear	S	E
4.05E4	13.55	28.87

说明：a. Little 的 MCAR 检验：卡方 = 531.466，DF = 6，显著性 = .000。

表 5-11　EM 协方差[a]（GSS2008 年）

	Yyear	S	E
Yyear	1.157E9	—	—
S	4.175E4	9.417	—
E	4.810E4	-12.520	312.518

说明：a. Little 的 MCAR 检验：卡方 = 531.466，DF = 6，显著性 = .000。

表 5-12　EM 相关性[a]（GSS2008 年）

	Yyear	S	E
Yyear	1	—	—
S	0.400	1	—
E	0.080	-.231	1

说明：a. Little 的 MCAR 检验：卡方 = 531.466，DF = 6，显著性 = .000。

表 5-10、5-11 和 5-12 下方的注释为对数据缺失方式是否为 MCAR 的假设检验结果。零假设是数据的缺失方式为完全随机缺失，卡方检验结果显示 Sig 值低于 0.01，因此可以判断出 Y 的缺失方式不是 MCAR。在这种情况下运用成列删除、成对删除和回归估计方法处理缺失值都将会引起偏差，因此也选择 EM 法进行缺失值补充，并将缺失值补充结果存入 GSS2008 年数据中。

（二）相关样本数据描述

通过 GSS 数据中"wrkstat"变量的取值可以准确识别出已退休人群，据此首先将已经缺失值补充完毕的 GSS2006 年与 GSS2008 年数据中已退休受访者样本进行删除；再进一步将 GSS2006 年与 GSS2008 年数据中完成高中受教育程度及以上的子样本挑选出来进行合并形成混合截面数据，并将其命名为"GSS 合并样本"。

假定 GSS 调查样本中受访者完成高中教育均需要 12 年时间。

GSS 合并样本中含有 2006 年数据 3264 个，其中男性受访者 1439 个，女性受访者 1825 个，分别占到 2006 年数据总量的 44.1% 与 55.9%；受教育程度为高中（已完成）、大专、大本与研究生的受访者分别为 1924 人、344、660 人与 336 人，分别占到 2006 年数据总量的 58.9%、10.5%、20.2% 与 10.3%。受教育程度为高中、大专、大本与研究生受访者的平均年总收入分别为 32684 美元、36862 美元、52059 美元与 63713 美元，随受教育程度的提高，个人总收入也明显上升，也体现出了教育对个人收入存在的巨大促进作用。

GSS 合并样本中含有 2008 年数据 2563 个，其中男性受访者 1126 个，女性受访者 1437 个，分别占到 2008 年数据总量的 43.9% 与 56.1%；受教育程度为高中、大专、大本与研究生受教育程度的受访者数量分别为 1463 人、256 人、557 人与 286 人，分别占到 2008 年数据总量的 57.1%、10%、21.7% 与 11.2%。受教育程度为高中、大专、大本与研究生受访者的平均年总收入分别为 32882 美元、40243 美元、

53164美元与70760美元，随受教育程度的提高，个人平均年总收入也呈现出了严格的递增趋势。详细统计结果请见表5-13和图5-1。

表5-13 GSS合并样本描述统计1

	受教育程度	人数（人）		平均年收入（美元）	
		2006	2008	2006	2008
1	高中（已完成）	1924	1463	32684	32882
2	大专	344	256	36862	40243
3	大本	660	557	52059	53164
4	研究生	336	286	63713	70760

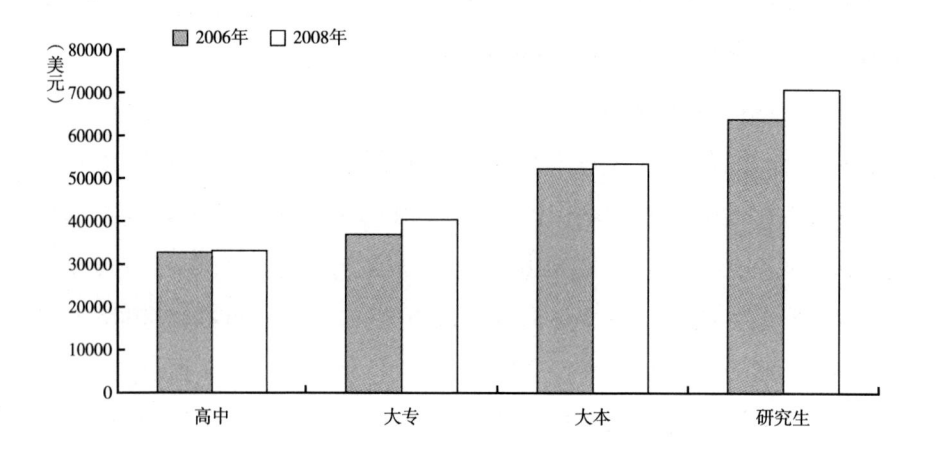

图5-1 美国不同受教育程度受访者平均年收入

就高等教育阶段的不同学科门类来看，2006年数据中，工学毕业生的平均年总收入为66026美元，其他学科中哲学、经济学、法学、教育学、文学、历史学、理学、农学、医学、管理学、艺术学与综合类专业毕业的受访者平均年总收入分别为49762美元、52625美元、53590美元、44661美元、41278美元、29792美元、47157美元、36250美元、50650美元、47374美元、30205美元与38098美元。2008年数据中，工学毕业生的平均年总收入为65783美元，其他学科中哲学、经济学、法学、教育学、文学、历史学、理学、农学、医学、管理学、艺术学与综合类专业毕业的受访者平均年总收入分别为62812美元、78863美元、55003美元、47613美元、50627美元、43442美元、66729美元、59984美元、50781美元、56156美元、41734美元与50156美元。不同专业毕业生收入的差异也反映出了教育内部存在的异质性。2006年数据中，工学毕业生的收入在各学科门类毕业生收入中排名第1，高于其他所有学科门类毕业生的收入；2008年数据中，工学毕业生的收入在各学科门类毕业生收入中排名第3，仅低于经济学和理学毕业生的收入。可以看出目前美国工学毕业生的收入在各学科门类毕业生收入中颇具优势，显著高于中国工学毕业生收入在各学科门类收入中所处的位置（见表5-14）。

表5-14 GSS合并样本描述统计2

一	学科门类	2006年 平均年收入（美元）	排名	2008年 平均年收入（美元）	排名
1	哲学	49762	5	62812	4
2	经济学	52625	3	78863	1
3	法学	53590	2	55003	7
4	教育学	44661	8	47613	10
5	文学	41278	9	50627	9
6	历史学	29792	12	43442	11
7	理学	47157	7	66729	2
8	工学	66026	1	65783	3
9	农学	36250	10	59984	5
10	医学	50650	4	50781	8
12	管理学	47374	6	56156	6
13	艺术学	30205	11	41734	12
14	其他及综合	38098		50156	

根据2006年与2008年数据中不同学科毕业生的年总收入数据绘制柱形图5-2，可以更直观地看出美国工学毕业生的收入水平。

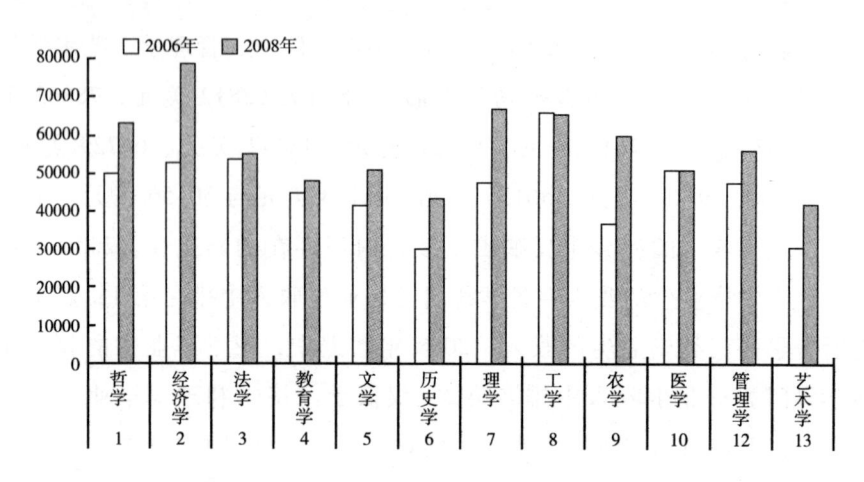

图 5-2 美国不同学科门类受访者平均年收入

第二节 美国工程教育收益率

美国工程教育收益率的估算模型采用"工程教育收益估算模型——不含职业因素控制变量（模型3.1）"与"工程教育收益估算模型—引入职业因素控制变量（模型3.2）"。样本数据采用"GSS合并样本"。GSS合并样本是从GSS2006年与GSS2008数据中分别抽取完成高中受教育程度及以上的子样本再合并形成的混合截面数据。

一 引入控制变量前估算结果

首先运用模型3.1对美国2006年与2008年的工程教育收益率做出估算，具体结果如表5-15所示。

在不引入职业因素控制变量的情况下，2006年美国工学总体的高等教育收益率为16.2%，在各学科门类教育收益率中居于第1位，高于其他所有学科门类的教育收益率。其他学科门类中哲学、经济学、法学、教育学、文学、历史学、理学、农学、医学、管理学、艺术学的教育收益率分别为8.6%、10.1%、9.3%、5.8%、6.1%、1.4%、10.9%、16.2%、1.4%、11.2%、9.8%、-7.8%，除工学外，医学、

表 5-15　不同学科高等教育收益率（美国总体）（模型 3.1）

		2006 年		2008 年	
		收益率	排名	收益率	排名
总体	哲　学	0.086	7	0.029	11
	经济学	0.101	4	0.183	1
	法　学	0.093	6	0.098	7
	教育学	0.058	9	0.053	10
	文　学	0.061	8	0.102	6
	历史学	0.014	10	0.085	8
	理　学	0.109	3	0.136	3
	工　学	0.162	1	0.147	2
	农　学	0.014	10	0.104	5
	医　学	0.112	2	0.078	9
	军事学				
	管理学	0.098	5	0.115	4
	艺术学	-0.078	12	-0.012	12
	综　合	0.031		0.104	

理学、经济学的教育收益率也相对较高，在各学科门类教育收益率排名中分别居于第 2、3、4 位。

2008 年美国工学总体的高等教育收益率为 14.7%，在各学科门类教育收益率中居于第 2 位，仅低于经济学的教育收益率。其他学科门类中哲学、经济学、法学、教育学、文学、历史学、理学、农学、医学、管理学、艺术学的教育收益率分别为 2.9%、18.3%、9.8%、5.3%、10.2%、8.5%、13.6%、10.4%、7.8%、11.5%、-1.2%，除经济学与工学外，理学与管理学的教育收益率也相对较高，在各学科门类教育收益率排名中分别居于第 3、4 位。

在不引入职业因素控制变量的情况下，2006 年美国工学男性的教育收益率为 13.1%，在各学科门类中居于第 1 位；2008 年为 12.1%，在各学科门类中居于第 3 位，低于经济学与理学。详细估算结果见表 5-16。

在不引入职业因素控制变量的情况下，2006 年美国工学女性的教育收益率为 16.7%，在各学科门类中居于第 3 位，低于农学与理学；

表 5-16　不同学科高等教育收益率（美国男性）（模型 3.1）

		2006 年		2008 年	
	—	收益率	排名	收益率	排名
男性	哲　学	0.072	5	0.004	12
	经济学	0.06	6	0.23	1
	法　学	0.121	2	0.091	5
	教育学	0.004	10	0.059	11
	文　学	0.04	9	0.09	7
	历史学	0.06	6	0.091	5
	理　学	0.059	8	0.129	2
	工　学	0.131	1	0.121	3
	农　学	-0.056	11	0.066	10
	医　学	0.1	3	0.068	9
	军事学	—	—	—	—
	管理学	0.098	4	0.112	4
	艺术学	-0.058	12	0.074	8
	综　合	-0.013	—	0.056	—

2008 年为 14%，在各学科门类中也居于第 3 位，低于医学与经济学。具体估算结果详见表 5-17。

表 5-17　不同学科高等教育收益率（美国女性）（模型 3.1）

		2006 年		2008 年	
	—	收益率	排名	收益率	排名
女性	哲　学	0.053	9	0.031	11
	经济学	0.135	5	0.151	2
	法　学	0.043	10	0.103	8
	教育学	0.089	7	0.067	9
	文　学	0.081	8	0.118	6
	历史学	-0.027	11	0.042	10
	理　学	0.176	2	0.136	4
	工　学	0.167	3	0.14	3
	农　学	0.216	1	0.13	5
	医　学	0.141	4	0.182	1
	军事学	—	—	—	—
	管理学	0.096	6	0.113	7
	艺术学	-0.081	12	-0.203	12
	综　合	0.072	—	0.138	—

二 引入控制变量后估算结果

运用工程教育收益估算模型—引入职业因素控制变量（模型3.2）对GSS合并样本进行回归来估算引入职业因素控制变量后美国的工程教育收益率，是更为精确的工程教育收益率估算结果。根据GSS样本所含变量的情况，引入的职业因素控制变量共计4个，分别是工作类型、雇佣类型、在本单位工作年限与单位性质。

引入职业因素控制变量后，2006年美国高等教育工学总体的教育收益率相对于引入职业因素控制变量前的估算结果有所降低，为14.8%，在各学科门类教育收益率排名中仍占据第1位，高于其他所有学科门类。其他学科门类中哲学、经济学、法学、教育学、文学、历史学、理学、农学、医学、管理学、艺术学的教育收益率分别是6.6%、9.9%、9.9%、5.8%、6.5%、6.3%、1.2%、5.5%、13.8%、9.9%、-8.7%。可以看出除工学外，教育收益率较高的学科还有医学、理学、经济学、法学与管理学，在各学科教育收益率排名中分别居于第2、3、4、6、5位。教育学、农学、艺术学总体的教育收益率较低，分别在各学科门类教育收益率中居于第10、11、12位。

2008年美国高等教育工学总体的教育收益率为13.6%，在各学科门类中排名第2位，仅低于经济学。哲学、经济学、法学、教育学、文学、历史学、理学、农学、医学、管理学、艺术学的教育收益率分别是0.1%、18.9%、9%、5.9%、9.2%、9%、13.2%、13.4%、9.5%、11%、2%。除经济学与工学外，农学、理学、管理学、医学还拥有较高的教育收益率，在各学科门类教育率收益率排名中分别居第3、4、5、6位。教育学、艺术学、哲学总体的教育收益率相对较低，分别在各学科门类教育收益率排名中居于第10、11、12位。

从表5-18和图5-3可以更清楚地看到各学科门类教育收益率的数值及排名情况。

表 5-18　美国不同学科高等教育收益率（总体）（模型 3.2）

		2006 年		2008 年	
		收益率	排名	收益率	排名
总体	哲　学	0.066	7	0.001	12
	经济学	0.099	4	0.189	1
	法　学	0.099	4	0.09	8
	教育学	0.058	10	0.059	10
	文　学	0.065	8	0.092	7
	历史学	0.063	9	0.09	8
	理　学	0.12	3	0.132	4
	工　学	0.148	1	0.136	2
	农　学	0.055	11	0.134	3
	医　学	0.138	2	0.095	6
	军事学	—	—	—	—
	管理学	0.099	4	0.11	5
	艺术学	-0.087	12	0.02	11
	综　合	0.025	—	0.096	—

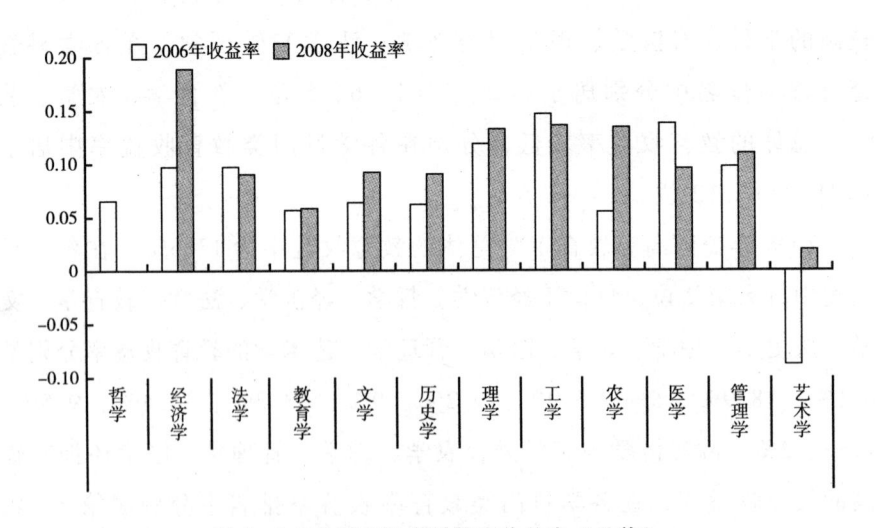

图 5-3　美国不同学科教育收益率（总体）

从表 5-19 中模型 3.2 对美国男性分学科高等教育收益率的估算结果统计可以看出，引入职业因素控制变量后，2006 年美国工学男性的教育收益率降为了 11.6%，在各学科门类教育收益率排名中仍居首位。

表 5-19　美国不同学科高等教育收益率（男性）（模型 3.2）

		2006 年		2008 年	
		收益率	排名	收益率	排名
男性	哲　学	0.06	7	-0.003	12
	经济学	0.071	6	0.261	1
	法　学	0.109	2	0.078	7
	教育学	0.024	10	0.037	11
	文　学	0.052	8	0.061	9
	历史学	0.038	9	0.059	10
	理　学	0.077	5	0.128	2
	工　学	0.116	1	0.118	3
	农　学	0.00003	11	0.089	6
	医　学	0.103	3	0.09	5
	军事学				
	管理学	0.089	4	0.118	3
	艺术学	-0.058	12	0.066	8
	综　合	-0.02	—	0.048	—

哲学、经济学、法学、教育学、文学、历史学、理学、农学、医学、管理学、艺术学的男性教育收益率分别为 6%、7.1%、10.9%、2.4%、5.2%、3.8%、7.7%、0.003%、10.3%、8.9%、-5.8%。可以看出除工学外，法学、医学、管理学、理学男性的教育收益率也较高，分别在各学科男性收益率排名中居于第 2、3、4、5 位。

2008 年美国工学男性的教育收益率为 11.8%，在各学科门类男性教育收益率中居于第 3 位，与管理学男性教育收益率相等，仅低于经济学与理学。哲学、经济学、法学、教育学、文学、历史学、理学、农学、医学、管理学、艺术学的男性教育收益率分别为 -0.3%、26.1%、7.8%、3.7%、6.1%、5.9%、12.8%、8.9%、9%、11.8%、6.6%。可以看出除经济学、理学、工学与管理学外，医学男性的教育收益率也处于相对较高的位置，在各学科门类男性教育收益率中排名第 5。

图 5-4 对各学科男性教育收益率进行了呈现。

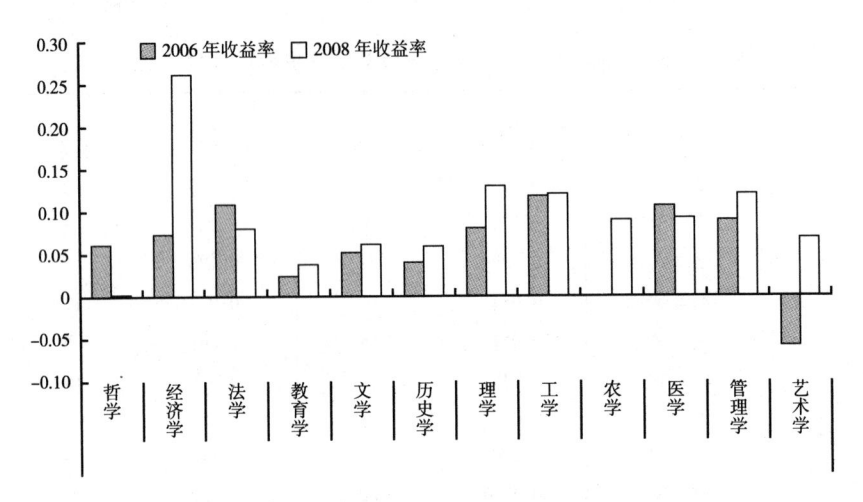

图 5-4 美国分学科教育收益率（男性）

模型 3.2 回归结果显示引入职业因素控制变量后，2006 年美国工科女性的高等教育收益率为 16.1%，在各学科门类中排名第 3，低于医学与理学女性的教育收益率。哲学、经济学、法学、教育学、文学、历史学、理学、农学、医学、军事学、管理学、艺术学女性的教育收益率分别为 1.8%、11.8%、7.1%、8.3%、7.7%、6.7%、16.8%、14.9%、17.5%、10.9%、-8.8%。

2008 年美国工学女性的教育收益率为 13.6%，在各学科门类女性教育收益率中也居于第 3 位，低于农学与经济学女性的教育收益率。哲学、经济学、法学、教育学、文学、历史学、理学、农学、医学、军事学、管理学、艺术学的教育收益率分别为 -3.4%、14.1%、9.8%、7.5%、11.2%、11.3%、12.8%、16.6%、11.2%、10.5%、-10.3%。

各学科门类女性教育收益率估算结果详见表 5-20 与图 5-5。

总之，2006 年美国高等教育工学总体、男性与女性的教育收益率分别为 14.8%、11.6% 与 16.1%，在各学科门类中的排名分别为第 1 名、第 1 名与第 3 名；2008 年美国高等教育工学总体、男性与女性的教育收益率分别为 13.6%、11.8% 与 13.6%，在各学科门类中的排名分别为第 2 名、第 3 名、第 3 名。这是更为精确的工程教育收益率估算结果。

表 5-20　美国分学科高等教育收益率（女性）（模型 3.2）

		2006		2008	
		收益率	排名	收益率	排名
女性	哲　学	0.018	11	-0.034	11
	经济学	0.118	5	0.141	2
	法　学	0.071	9	0.098	9
	教育学	0.083	7	0.075	10
	文　学	0.077	8	0.112	6
	历史学	0.067	10	0.113	5
	理　学	0.168	2	0.128	4
	工　学	0.161	3	0.136	3
	农　学	0.149	4	0.166	1
	医　学	0.175	1	0.112	6
	军事学	—	—	—	—
	管理学	0.109	6	0.105	8
	艺术学	-0.088	12	-0.103	12
	综　合	0.078	—	0.138	—

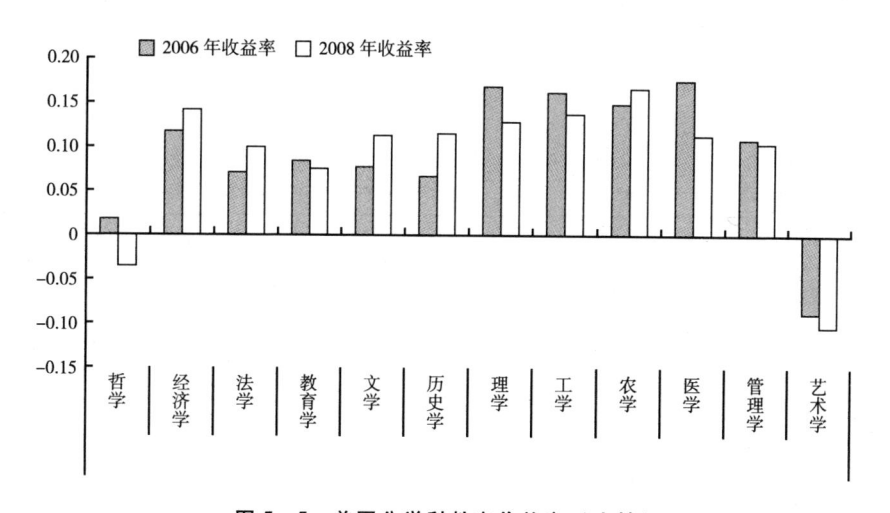

图 5-5　美国分学科教育收益率（女性）

从工学内部来看，就绝对值而言，女性比男性拥有更高的教育收益率；就相对值而言，2006 年工学男性比女性拥有更高的教育收益率，工学男性教育收益率的排名高于女性，2008 年二者的排名则持平。

三 职业因素对分学科教育收益的影响

引入职业因素控制变量后 2006 年与 2008 年美国的工程教育收益率都出现一定程度地下降，可以看出在美国职业因素对教育收益也存在着重要的影响。

在引入职业因素控制变量前，模型 3.1 对美国工程教育总体、男性与女性收益率估算结果显示调整的 $\bar{R}^2$ 分别为 0.102、0.121 与 0.092；引入职业因素控制变量后模型 3.2 对美国工程教育总体、男性与女性收益率估算结果显示调整的 $\bar{R}^2$ 分别为 0.217、0.197 与 0.23。调整的 $\bar{R}^2$ 提高幅度分别为 0.115、0.076 与 0.038，提高比例分别达到了 112.70%、62.80% 与 150.00%。说明美国的劳动力市场上也存在明显的分割现象（见表 5 - 21）。

表 5 - 21　引入职业因素控制变量前后调整 $\bar{R}^2$ 变化对比 - 美国工程教育收益率估算

—	$\bar{R}^2$（控制前）	$\bar{R}^2$（控制后）	$\bar{R}^2$（提高幅度）	$\bar{R}^2$（提高比例）(%)
总体	0.102	0.217	0.115	112.70
男性	0.121	0.197	0.076	62.80
女性	0.092	0.23	0.038	150.00

控制前后 $\bar{R}^2$ 变化 - GSS

估算美国工程教育收益率时引入的职业因素控制变量具体为 4 个，分别是工作类型、雇佣类型、在本单位工作年限与单位性质。通过模型 3.2 估算结果中各职业因素控制变量的系数也能看出其对教育收益率影响程度的高低。

（一）职业因素对分学科总体教育收益的影响

工作类型与在本单位工作年限对分学科总体教育收益均存在显著的影响，如 2006 年数据中全职工作、半职工作人员的个人收入比参照组（其他）工作人员的个人年总收入分别低 9.09% 与 158.83%，2006 年数据显示本单位工作年限每增加 1 年个人收入增加 1.2%。

雇主类型与单位性质对分学科总体教育收益并不存在显著影响。

雇主是自己还是他人对个人收入的影响不明显；单位性质无论是政府还是私营或其他部门并不显著影响个人收入，这和中国的现象明显不同。

分年度来看各职业因素对教育收益的影响程度在2006年与2008年之间均没表现出显著差异。

（二）职业因素对分学科男性教育收益的影响

工作类型与在本单位工作年限对分学科男性教育收益均存在显著影响。如2006年全职与半职男性受访者的个人收入分别比参照组（其他）的个人收入低5.23%与122.33%；2008年全职男性受访者的个人收入比参照组高21.77%，半职男性受访者的个人收入比参照组低81.48%。2006年数据显示在本单位工作年限每提高1年，男性受访者个人收入增加1.4%，2008年数据显示在本单位工作年限每提高1年，男性受访者个人收入增加1.61%。

雇佣类型与单位性质对男性个人收入的影响不显著。

除工作类型与雇佣类型外，其他职业因素对男性个人收入的影响在2006年与2008年之间均无显著差异。

（三）职业因素对分学科女性教育收益的影响

工作类型、雇佣类型、在本单位工作年限均对分学科女性教育收益具有显著的影响。全职与半职女性受访者的收入比参照组（其他）的收入分别低15.14%与155.49%；雇主为自己的女性受访者的个人收入比参照组低85.34%；2006年数据显示女性受访者在本单位工作年限每增加1年个人收入增加0.7%，2008年数据显示女性受访者在本单位工作年限每增加1年个人收入增加1.2%。

单位性质对个人收入的影响不显著，政府单位与私营企业女性雇员之间的个人收入差距不明显。

除"在本单位工作年限"外，其他职业因素于2006年与2008年对女性个人收入的影响程度差异不显著。

表5-22对各职业因素控制变量的显著性做出了统计。

表 5 – 22　各职业因素变量对美国不同学科高等教育收益影响的显著性统计

一	控制变量显著性（分学科）							
总体	D1▲	D2	D3▲	D4	T08D1	T08D2	T08D3	T08D4
男性	D1▲	D2	D3▲	D4	T08D1▲	T08D2▲	T08D3	T08D4
女性	D1▲	D2▲	D3▲	D4	T08D1	T08D2	T08D3▲	T08D4

说明："▲"为显著。

第三节　中美工程教育收益比较

国家经济发展阶段不同，教育收益率也会存在差异。较高的教育收益率往往伴随着一个国家发展的早期阶段与总体受教育水平不高的情况，在一个国家发展阶段较高、总体受教育程度较高的情况下，教育收益率往往较低（Sakellariou，2003）。因此中美工程教育收益率之间的比较不应仅关注绝对值，更应关注工学教育收益率在各学科门类教育收益率排名中所处位置的差异。

由于引入职业因素控制变量后工程教育收益率的估算结果更为精确，因此在对中美间工程教育收益进行比较时采用引入职业因素控制变量后的估算结果。

一　中美工程教育总体收益比较

工学教育收益率在我国各学科门类教育收益率中处于中等位置。2003 年我国工学总体的教育收益率为 10.6%，在各学科门类教育收益率中排名第 7，低于文学、艺术学、理学、经济学、法学与管理学。2008 年我国工学总体的教育收益率为 14.7%，在各学科门类总体教育收益率中排名第 6，低于理学、法学、军事学、艺术学与管理学。

工学教育收益率在美国各学科门类中则占据着优势地位。2006 年美国工学总体的教育收益率为 14.8%，在各学科门类教育收益率中排名第 1，高于其他所有学科门类的教育收益率；2008 年美国工学总体的教育收益率为 13.6%，在各学科门类教育收益率中排名第 2，仅次于经济学。

中美分学科高等教育收益率差异比较详见表 5-23。在我国高等教育各学科门类中，2003 年拥有较高收益率的主要为文学、艺术学、理学、经济学、法学等，2008 年主要为理学、法学、军事学、艺术学、管理学等。工学教育收益率的名次虽然于 2003~2008 年间由第 7 位上升到第 6 位，但依然不具优势。2003 年拥有较低教育收益率的学科主要为农学、哲学、历史学、教育学等，2008 年拥有较低教育收益率的学科主要为教育学、农学、哲学、历史学等。可以看出工学的教育收益率在各学科门类教育收益率中处于中等地位，理学、法学、管理学等是教育收益方面的优势学科，农学、哲学、历史学、教育学则处于相对下游位置。

在美国各学科门类教育收益率中，工学教育收益率的排名总体上最为靠前，2006 年与 2008 年在各学科门类总体教育收益率中的排名分别为第 1、2 名。2006 年教育收益率排名较靠前的学科还有医学、理学、经济学、法学、管理学等，排名较靠后的有艺术学、农学、教育学、历史学等；2008 年教育收益率排名较靠前的还有经济学、农学、理学、管理学、医学等，排名较靠后的有艺术学、教育学、法学、历史学等。就教育收益率而言，美国的优势学科为工学、理学、经济学、医学等，而工科几乎是最为优势的学科，艺术学、教育学、历史学的教育收益率则较为落后。

中美工学教育收益率在各学科门类中的排名之间的比较能较好地反映出我国工学收益率的水平。从上述分析可知，工学在美国的教育收益水平要大幅高于中国。将中美各学科门类教育收益率排名绘制成的图 5-6 更直观地表现出了中美工程教育收益水平的显著差距。

表 5-23 中美分学科高等教育收益率比较（总体）

类别	学科	中国 2003 收益率	排名	中国 2008 收益率	排名	美国 2006 收益率	排名	美国 2008 收益率	排名
总体	哲学	0.085	11	0.071	10	0.066	7	0.001	12
	经济学	0.138	4	0.118	7	0.099	4	0.189	1
	法学	0.137	5	0.172	2	0.099	4	0.090	8
	教育学	0.092	10	0.018	13	0.058	10	0.059	10
	文学	0.184	1	0.101	8	0.065	8	0.092	7
	历史学	0.085	11	0.071	10	0.063	9	0.090	8
	理学	0.155	3	0.180	1	0.120	3	0.132	4
	工学	0.106	7	0.147	6	0.148	1	0.136	2
	农学	0.059	13	0.039	12	0.055	11	0.134	3
	医学	0.103	8	0.088	9	0.138	2	0.095	6
	军事学	0.103	8	0.160	3	—	—	—	—
	管理学	0.119	6	0.148	5	0.099	4	0.110	5
	艺术学	0.165	2	0.150	4	-0.087	12	0.020	11
	综合	0.093	—	0.062	—	0.025	—	0.096	—

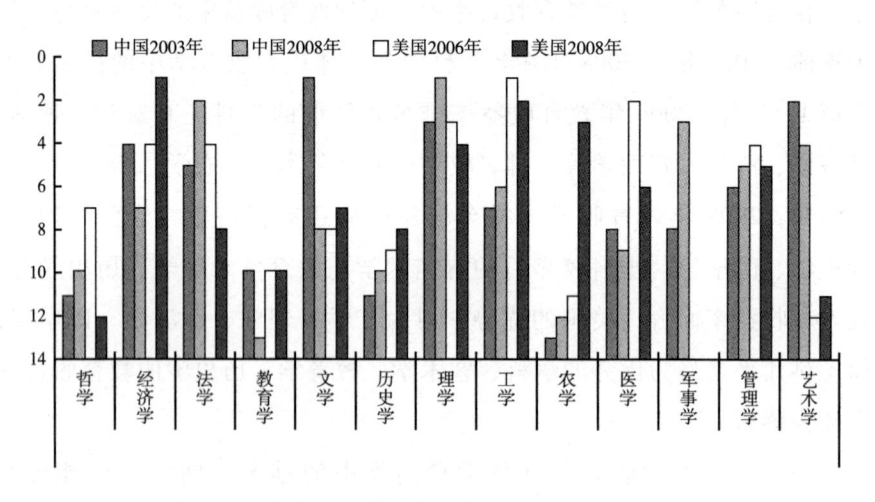

图 5-6 中美不同学科教育收益率排名对比（总体）

通过对图 5-6 的观察不难发现，中美之间教育收益差距较大的学科除工学外，还主要有农学与艺术学；我国农学收益率的排名也明显低于美国，艺术学收益率的排名则明显高于美国。相对于美国而言，我国法学的教育收益率排名也较靠前。哲学、教育学与历史学的教育收益率无论在我国还是在美国排名均比较靠后,处于中下甚至最低的水平。

二 中美工程教育男性收益比较

就工学男性教育收益率而言,我国的工学男性教育收益率在各学科门类男性教育收益率排名中处于中等或中等稍偏上的位置。2003年我国工学男性的教育收益率为11.4%,排名第6,低于理学、法学、艺术学、经济学与军事学;2008年我国工学男性的教育收益率为15.3%,排名第5,低于文学、法学、理学与管理学。在各学科门类的男性教育收益率中,理学与法学依然占据着优势地位。

美国的工学男性教育收益率在各学科门类男性教育收益率中仍处于最高或上游位置。2006年美国工学男性教育收益率为11.6%,排名第1,高于其他所有学科门类的收益率。2008年美国工学男性教育收益率为11.8%,排名第3,仅低于经济学与理学的教育收益率。在各学科门类中,工学、经济学、理学、管理学、医学男性拥有较高的教育收益率。详细数据如表5-24所示,图5-7也对中美分学科男性教育收益率排名情况做出了对比。

表5-24 中美分学科高等教育收益率比较(男性)

类别	学科	中国				美国			
		2003年		2008年		2006年		2008年	
		收益率	排名	收益率	排名	收益率	排名	收益率	排名
总体	哲学	0.081	7	0.097	9	0.060	7	-0.003	12
	经济学	0.128	4	0.139	7	0.071	6	0.261	1
	法学	0.155	2	0.173	2	0.109	2	0.078	7
	教育学	0.035	13	0.031	13	0.024	10	0.037	11
	文学	0.059	11	0.231	1	0.052	8	0.061	9
	历史学	0.081	7	0.097	9	0.038	9	0.059	10
	理学	0.172	1	0.173	2	0.077	5	0.128	2
	工学	0.114	6	0.153	5	0.116	1	0.118	3

续表

类别	学科	中国 2003 年 收益率	排名	中国 2008 年 收益率	排名	美国 2006 年 收益率	排名	美国 2008 年 收益率	排名
总体	农 学	0.061	10	0.058	12	0.00003	11	0.089	6
	医 学	0.041	12	0.069	11	0.103	3	0.090	5
	军事学	0.127	5	0.149	6	—	—	—	—
	管理学	0.080	9	0.173	2	0.089	4	0.118	3
	艺术学	0.138	3	0.131	8	-0.058	12	0.066	8
	综 合	0.087	—	0.049	—	-0.020	—	0.048	—

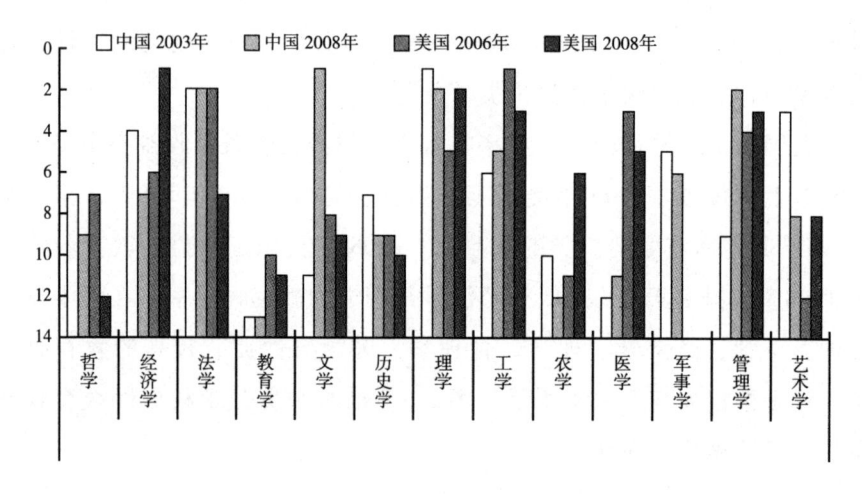

图 5-7 中美不同学科教育收益率排名对比（男性）

从图 5-7 可以直观看出我国工学男性教育收益率排名要显著低于美国。其他中美之间男性收益率存在明显差异的学科还有医学与艺术学等，我国医学男性的教育收益率要大幅低于美国，而艺术学男性的教育收益率则明显高于美国。哲学、教育学与历史学男性的教育收益率，无论在我国还是在美国的排名均比较靠后，同样处于中下甚至最低水平。

三 中美工程教育女性收益比较

我国工学女性的教育收益率在 2003~2008 年间得到了大幅地提升，

2003 年为 9.7%，在各学科门类中排名第 10，仅高于法学与农学；2008 年达到了 14.3%，在各学科门类中排名第 3，仅低于艺术学与理学。因此在 2003~2008 年间，我国工学女性教育收益率在各学科门类女性教育收益率中的排名由 2003 年的下游很快上升到 2008 年的中上游。

美国工学女性的教育收益率在各学科门类教育收益率中的排名于 2006 与 2008 年均处于中上游的位置。2006 年为 16.1%，在各学科门类中排名第 3，低于医学与理学。2008 年为 13.6%，在各学科门类中仍排名第 3，低于农学与经济学（见表 5-25）。

表 5-25 中美分学科高等教育收益率比较（女性）

类别	学科	中国 2003 年 收益率	排名	中国 2008 年 收益率	排名	美国 2006 年 收益率	排名	美国 2008 年 收益率	排名
总体	哲 学	0.099	8	0.056	8	0.018	11	-0.034	11
	经济学	0.156	4	0.090	6	0.118	5	0.141	2
	法 学	0.082	11	0.142	4	0.071	9	0.098	9
	教育学	0.121	6	0.006	12	0.083	7	0.075	10
	文 学	0.229	2	0.052	10	0.077	8	0.112	6
	历史学	0.099	8	0.056	8	0.067	10	0.113	5
	理 学	0.119	7	0.180	2	0.168	2	0.128	4
	工 学	0.097	10	0.143	3	0.161	3	0.136	3
	农 学	0.074	12	0.013	11	0.149	4	0.166	1
	医 学	0.145	5	0.088	7	0.175	1	0.112	6
	军事学	—	—	—	—	—	—	—	—
	管理学	0.177	3	0.126	5	0.109	6	0.105	8
	艺术学	0.230	1	0.194	1	-0.088	12	-0.103	12
	综 合	0.110	—	0.067	—	0.078	—	0.138	—

从图 5-8 可以直观看出，2003~2008 年间，我国工学女性教育收益率大幅提高，在 2008 年，我国工学女性教育收益率在各学科门类中的排名与美国持平。经济学、理学与医学女性毕业生在我国与美国均能获得较高的教育收益率。中美女性教育收益率之间差异较显著的学科主要有农学、管理学与艺术学，我国农学女性的教育收益率远低于美国，

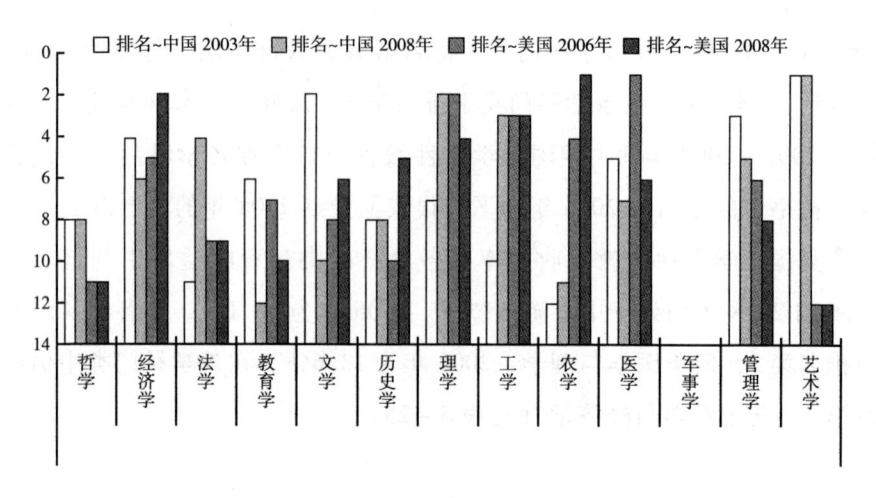

图 5-8　中美不同学科教育收益率排名对比（女性）

我国管理学女性的教育收益率要显著高于美国，艺术学女性的教育收益率则远高于美国。

第四节　本章小结

本章将工程教育收益率进行了中美间的国际比较，其中对美国工程教育收益率的估算采用 GSS2006 年与 GSS2008 数据。GSS2006 年数据的样本总量为 4510 个，其中男性样本 2003 个，女性样本 2507 个；GSS2008 年数据的样本量共计 3559 个，其中男性样本 1569 个，女性样本 1990 个。与对 CGSS2003 年与 CGSS2008 年数据的处理方式类似，对 GSS2006 年与 GSS2008 年数据中的"个人年总收入"数据也进行 EM 分析与补充。将 GSS2006 年与 GSS2008 年数据检查整理完毕并删去已退休人员样本后，再进一步将完成高中受教育程度及以上的子样本挑选出来进行合并形成混合截面数据，并将其命名为"GSS 合并样本"。

GSS 合并样本中含有 2006 年数据 3264 个，其中男性受访者 1439 个，女性受访者 1825 个；含有 2008 年数据 2563 个，其中男性受访者 1126 个，女性受访者 1437 个。随受教育程度提高，个人平均年总收入也表现出了严格递增趋势，2006 年受教育程度为高中、大专、大本与研究生受访者的平均年总收入分别为 32684 美元、36862 美元、52059 美元与 63713 美元；2008 年分别为 32882 美元、40243 美元、53164 美元与 70760 美元，同样反映出了教育对个人收入的巨大促进作用。就高等教育内部分学科门类来看，2006 年数据中工学毕业生的平均年总收入为 66026 美元，在各学科门类中排名第 1；其他学科中哲学、经济学、法学、教育学、文学、历史学、理学、农学、医学、管理学、艺术学与综合类专业毕业的受访者平均年总收入分别为 49762 美元、52625 美元、53590 美元、44661 美元、41278 美元、29792 美元、47157 美元、36250 美元、50650 美元、47374 美元、30205 美元与 38098 美元。2008 年数据中工学毕业生的平均年总收入为 65783 美元，在各学科门类中排名第 3；其他学科中哲学、经济学、法学、教育学、文学、历史学、理学、农学、医学、管理学、艺术学与综合类专业毕业的受访者平均年总收入分别为 62812 美元、78863 美元、55003 美元、47613 美元、50627 美元、43442 美元、66729 美元、59984 美元、50781 美元、56156 美元、41734 美元与 50156 美元。可以看出，美国工学毕业生的收入在各学科门类中颇具优势，显著高于中国工学毕业生收入在各学科门类中所处的位置。

运用模型 3.2 对 GSS 合并样本进行回归来估算引入职业因素控制变量后美国的工程教育收益率，是更为精确的工程教育收益率估算结果。2006 年美国高等教育工学总体、男性与女性的教育收益率分别为 14.8%、11.6% 与 16.1%，在各学科门类中的排名分别为第 1 名、第 1 名与第 3 名；2008 年美国高等教育工学总体、男性与女性的教育收益率分别为 13.6%、11.8% 与 13.6%，在各学科门类中的排名分别为第 2 名、第 3 名与第 3 名。针对工学内部来看，就绝对值而言，工学女性比男性拥有更高的教育收益率；就相对值而言，2006 年工学男性比女性拥有更高的教育收益水平，工学男性教育收益率的排名高于女性，2008 年二者的排名则持平。从引入职业因素控制变量前后模型对数据拟合度的差异可以看出，在美国，职业因素对教育收益也存在显著的影响，说明在美国的劳动力市场上也存在着明显的分割属性。就四个职业因素变量单独来看,"工作类型"与"在本单位工作年限"对高等教育收益的影响显著,雇主类型与单位性质对高等教育收益的影响则不显著。

  国家经济发展阶段不同,教育收益率数值会存在差异,因此,中美工程教育收益率之间的比较不应仅关注绝对值,更应关注工学教育收益率在各学科门类教育收益率排名中所处位置的差异。工学教育收益率在我国各学科门类教育收益率中处于中等位置,在美国各学科门类中则占据着优势地位。从中美间工学教育收益率在各学科门类中的排名可以看出,美国工学的教育收益水平要大幅高于中国。

第六章
中国工程教育收益对其需求状况的影响

第一节 工程教育需求状况

充足、优秀的生源是工程教育事业发展的基本保障。教育收益会影响教育选择,这也已得到许多实证研究的支持,而个人教育选择又直接影响着工程教育的生源状况。对我国工程教育需求状况的分析主要通过两个角度:历年工科招生数量变化情况与历年工科研究生招生分数线变化情况。

一 从招生数量看工程教育需求状况

工科招生人数占总招生人数的比重在一定程度上反映了受教育者对工程教育的需求。随着受教育者对经济、管理等热门学科需求程度的提高,作为教育提供者的高校,逐渐将教育资源向相应专业倾斜,同时降低了其他学科学生量所占比重。对1993~2008年全国普通高校工科类专业本科招生人数与全国研究生招生人数的统计分析结果详见表6-1。

由表6-1可知,在2001~2008年间,全国普通高校本科生招生总数与工学招生人数的绝对值都呈现了逐年增高的趋势,本科招生总数由2001年的1381835人提高到2008年的2970601人,工学招生数由2001年

表 6-1　1993~2008 年工学本科、研究生招生人数统计*

年份	本科 工学招生数	本科 招生总人数	本科 工学所占比例(%)	研究生 工学招生数	研究生 招生总人数	研究生 工学所占比例(%)
2001	498984	1381835	36.11	59614	156310	38.14
2002	543447	1587939	34.22	79486	202611	39.23
2003	595398	1825262	32.62	103212	268925	38.38
2004	669745	2099151	31.91	120750	326286	37.01
2005	739668	2363647	31.29	131345	364831	36.00
2006	798106	2530854	31.54	144841	397925	36.40
2007	890510	2820971	31.57	146318	418612	34.95
2008	943738	2970601	31.77	155484	446422	34.83

数据来源:《中国教育统计年鉴》。

的 498984 人提高到 2008 年的 943738 人。但是从相对数值来看，工学招生数占总招生数的比重呈现了明显的下降趋势（见图 6-1），由 2001 年的 36.11% 下降到 2008 年的 31.77%，降低了 4.34 个百分点。

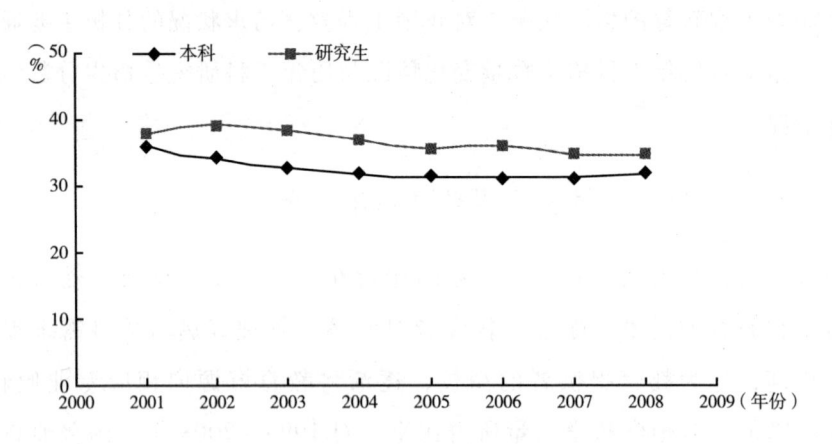

图 6-1　2001~2008 年工学招生所占比例

研究生招生情况与本科生类似。2001~2008 年间全国研究生招生总数与其中的工学招生人数绝对值也都呈现逐年增高的趋势，研究生招生总数由 2001 年的 156310 人提高到 2008 年的 446422 人，其中工学招生数由 2001 年的 59614 人提高到 2008 年的 155484 人。但是从相对数值来看，工学招生数所占招生总数的比例也总体上呈现明显的下降趋势，由2001年的38.14%下降到2008年的34.83%，降低了3.31个百分点。

二 从历年硕士研究生招生分数线看工程教育需求状况

通过总分线与单科线两个方面对我国历年工学硕士研究生招生分数线的变化情况做出解剖，据此分析受教育者对我国工程教育的需求情况。

（一）总分线比较

硕士研究生招生分数线在一定程度表征了该学科的"热度"与生源质量。通过对1996~2010年间学术型硕士研究生招生的国家线（总分线与单科线）进行详细的统计分析可以看出工程教育生源质量的变化趋势。1996~2010年间硕士研究生招生国家线的划分经历了几种不同的形式。1996~1999年，总分线划分为应届和非应届两档，单科线只有一档，但是同档中各学科门类分数线统一。如1996年各学科门类中应届生总分线均为335分，非应届生总分线均为225分，单科线均为55分。自2000年开始，各学科门类开始采取差异划线的形式，学科门类间分数线不再统一，同时针对体育学、中医学、艺术学、照顾专业①和享受少数民族政策的考生施行单独划线，分数线共计分为17档；在其中的2000~2003年，总分线仍然有应届与非应届之分，2004年之后即取消了这个差别。

为了保证数据的连贯性与可比性，将2000~2010年间应届与A类考生的分数线数据进行比较分析；在同一年度各学科门类分数线的横向比较上，将工学（不含照顾专业）和工学照顾专业的分数线同其他15档分数线进行对比。

将2000~2010年我国硕士研究生招生国家线的17档总分线进行排名并计算出百分比排名，结果如表6-2所示。

---

① 工学门类中的"照顾专业"为力学、冶金工程、矿业工程等专业，具体规定在不同年度有微调。

表 6-2 1996~2010 年硕士研究生招生各学科门类总分线统计（国家线）*

年份	经济学[02] 总分	排名	百分比排名(%)	法学[03] 总分	排名	百分比排名(%)	文学[05]（不含艺术学[0504]）总分	排名	百分比排名(%)	工学[08]（不含照顾专业）总分	排名	百分比排名(%)	管理学[12] 总分	排名	百分比排名(%)	工学照顾专业 总分	排名	百分比排名(%)
2001	335	2	16.70	340	1	0.00	—	—	—	305	13	100.00	335	2	16.70	—	—	—
2002	340	3	18.80	345	1	6.30	345	1	6.30	325	5	43.80	340	3	18.80	305	16	93.80
2003	305	4	31.30	325	1	6.30	325	1	6.30	275	13	81.30	315	3	12.50	260	16	93.80
2004	310	5	25.00	330	2	6.30	335	1	0.00	290	13	81.30	315	3	18.80	280	15	87.50
2005	335	3	18.80	340	2	6.30	350	1	0.00	290	13	75.00	335	3	18.80	280	14	93.80
2006	340	2	18.80	340	2	18.80	350	1	0.00	305	10	68.80	340	2	18.80	290	15	87.50
2007	325	4	25.00	335	2	6.30	350	1	0.00	290	12	75.00	330	3	12.50	280	16	93.80
2008	335	2	6.30	330	3	18.80	350	1	0.00	300	7	50.00	330	3	18.80	285	13	75.00
2009	315	3	25.00	315	3	25.00	340	1	0.00	275	13	81.30	315	3	25.00	260	15	93.80
2010	330	2	12.50	310	4	25.00	345	1	0.00	275	10	62.50	330	2	12.50	260	14	93.80

数据来源：根据百度文库"研究生历年国家线"整理并计算得出。网址：http://wenku.baidu.com/view/6cf787d63186bceb19e8bb37.html。

从表6-2结果可以看出,经济学、法学、文学和管理学在近10年来一直是考生报考的热门学科门类,它们各自总分线的百分比排名几乎历年来均处于前20%的高位,工学分数线则一直处于相对较低的位置。工学(不含照顾专业)的分数线排名除了在2002年达到第5名以外,其余年份则多处于第10~13名之间的位置。除了2002年达到43.8%的最高位外,工学(不含照顾专业)分数线的百分比排名在其余年份均处于50%以后的位置,并且其中有4个年份更是处于了80%以后(后20%)的低位。工学照顾专业的分数线则更低,历年百分比排名均处于75%之后,其中有7个年份还处在了90%以后(后10%)的极低位置。

从图6-2可以更直观地看出工学分数线与几类较高分数线之间的显著差距。在历年的硕士研究生招生中,经济学、法学、文学和管理学的总分线始终遥遥领先于工学总分线,持续地保持着它们的显著优势。

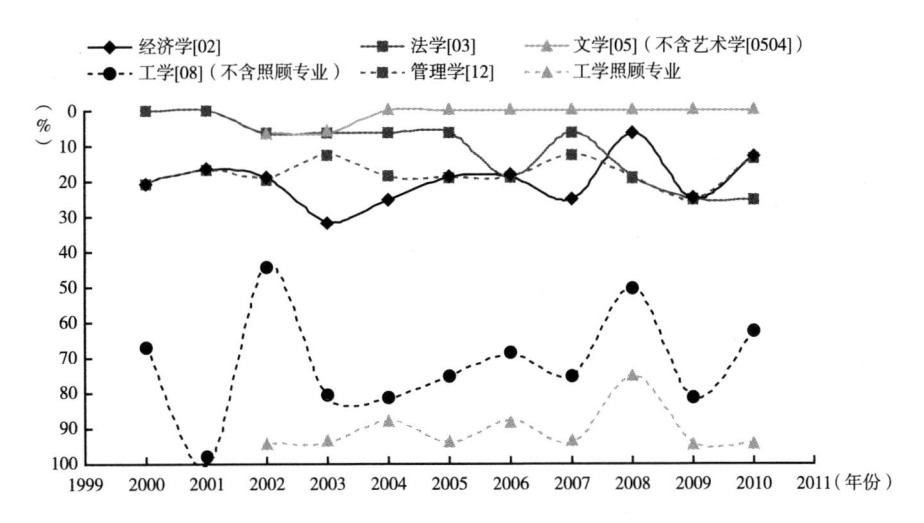

图6-2 2000~2010年硕士研究生招生总分线百分比排名

(二) 单科线比较

在单科线的比较分析上,由于"满分=150"的单科为各学校单独掌握的专业课,可比性不强,因此我们采用历年"满分=100"的单科分数线进行对比。将2000~2010年我国硕士研究生招生国家线的17档单科线进行排名并计算出百分比排名(见表6-3)可以形成与总分线类似的图景。

表6-3　1996~2010年硕士研究生招生各学科门类单科线统计（国家线）*

年份	经济学[02] 单科	经济学[02] 排名	经济学[02] 百分比排名(%)	法学[03] 单科	法学[03] 排名	法学[03] 百分比排名(%)	文学[05]（不含艺术学[0504]）单科	文学[05] 排名	文学[05] 百分比排名(%)	工学[08]（不含照顾专业）单科	工学[08] 排名	工学[08] 百分比排名(%)	管理学[12] 单科	管理学[12] 排名	管理学[12] 百分比排名(%)	工学照顾专业 单科	工学照顾专业 排名	工学照顾专业 百分比排名(%)
2001	55	2	16.70	58	1	0.00	—	—	—	40	13	100.00	55	2	16.70	—	—	—
2002	57	2	18.80	59	1	0.00	57	2	18.80	51	7	68.80	57	2	18.80	40	16	100.00
2003	53	3	12.50	54	2	6.30	56	1	0.00	41	12	81.30	52	4	18.80	35	16	93.80
2004	51	4	25.00	54	1	6.30	54	1	6.30	41	14	81.30	52	3	12.50	39	16	93.80
2005	53	3	25.00	55	1	6.30	55	1	6.30	44	13	75.00	53	3	25.00	36	16	93.80
2006	56	2	6.30	55	3	12.50	57	1	0.00	45	14	81.30	54	4	18.80	42	15	87.50
2007	53	3	18.80	53	3	18.80	55	1	0.00	41	13	81.30	54	2	6.30	38	16	93.80
2008	54	2	12.50	53	4	18.80	57	1	0.00	44	9	56.30	54	2	12.50	39	13	93.80
2009	47	3	18.80	46	5	25.00	51	1	0.00	37	12	87.50	47	3	18.80	37	12	87.50
2010	46	2	12.50	43	4	18.80	50	1	0.00	36	9	81.30	46	2	12.50	36	9	81.30

数据来源：根据百度文库"研究生历年国家线"整理、计算得出。网址：http://wenku.baidu.com/view/6cf787d63186bceb19e8bb37.html。

表6-3数据显示,历年来各学科门类的单科分数线中排名靠前的依然是经济学、法学、文学和管理学,这4个学科门类的单科线百分比排名均处于前35%的领先位置,工学分数线则依然处于较低的位置。工学(不含照顾专业)单科线百分比排名均处于50%以后(后50%),并有7个年份居于80%以后(后20%)的低位;工学照顾专业单科线百分比排名均处于80%以后(后20%),并有7个年份位居90%以后(后10%)的极低位置。

从图6-3可以直观地看出工学单科线与几类较高的单科线之间的差距。

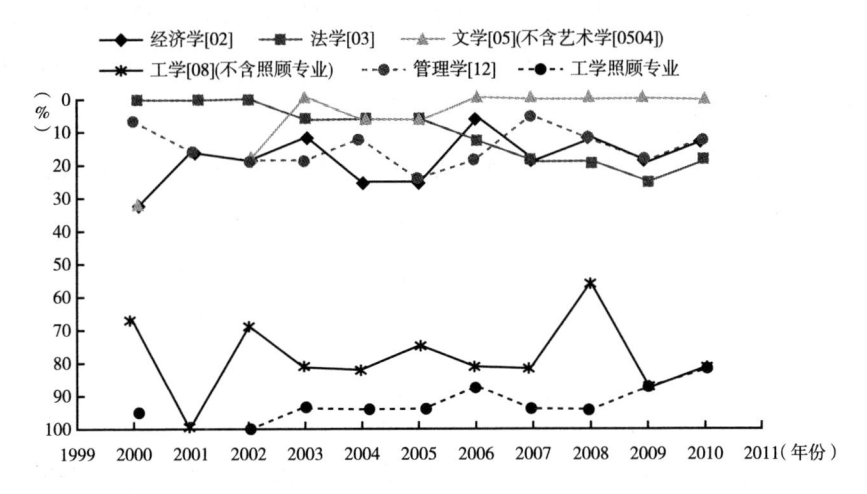

图6-3 2000~2010年硕士研究生招生单科线百分比排名

总之,从历年工学招生数量与硕士研究生招生分数线的变化趋势不难看出,近年来受教育者对我国工程教育的需求得到了降低。

第二节 工程教育收益对工程教育需求的影响

工程教育收益对工程教育需求的影响分析主要分为两个维度:一、对工程教育收益水平与工科招生数量的变化情况进行相关性检验,考察工程教育收益水平是否在一定程度上影响到了工科的生源数量;二、对工程教育收益水平与硕士研究生招生分数线的变化情况进行相关性检验，考察工程教育收益水平是否在一定程度上影响到了工科的生源质量。通过这两个维度的相关性分析，能较全面地了解我国工程教育收益水平对个人高等工程教育选择的影响情况。

首先，计算出各学科门类本科与研究生招生数量的相对变化及硕士研究生招生总分线与单科线的平均百分比排位。

以2001年各学科门类的本科生招生数量为基数，计算出2002~2008年间各学科门类本科生招生数量的相对变化，即各学科门类历年本科生招生数量相对于2001年招生数量的扩大倍数，并将其统计为表6-4。其中2001~2008年间工学本科招生数量相对扩大倍数分别为：1、1.089、1.193、1.342、1.482、1.599、1.785与1.891（详细计算结果如表6-4所示）。

以2001年各学科门类的研究生招生数量为基数，计算出2002~2008年间各学科门类研究生招生数量的相对变化。其中2001~2008年间工学研究生招生数量相对扩大倍数分别为：1、1.263、1.639、1.918、2.086、2.301、2.324与2.470（详细计算结果如表6-5所示）。

再进一步计算出2001~2008年间各学科门类历年硕士研究生招生总分线与单科线百分比排位的平均值，其中工学（不含照顾专业）总分线百分比排位平均值为16.98%，单科线百分比排位平均值为11.30%。哲学、经济学、法学、教育学（不含体育）、文学（不含艺术学）、历史学、理学、农学、医学（不含中医学）、军事学、管理学总分线百分比排位平均值分别为24.05%、73.33%、87.49%、59.43%、97.40%、36.30%、26.33%、2.51%、35.43%、13.85%、75.60%，单科线百分比排位平均值分别为24.55%、75.60%、87.49%、61.70%、93.50%、37.61%、33.65%、1.39%、35.93%、18.39%、76.74%（见表6-6、表6-7）。

表 6-4 不同学科门类历年本科招生数量相对变化（相对 2001 年扩大倍数）

年份	总计	哲学	经济学	法学	教育学	文学	历史学	理学	工学	农学	医学	管理学
2001	1	1	1	1	1	1	1	1	1	1	1	1
2002	1.149	1.063	1.248	1.144	1.212	1.238	0.998	1.159	1.089	1.010	1.085	1.225
2003	1.321	0.904	1.516	1.339	1.424	1.511	1.095	1.329	1.193	1.121	1.223	1.453
2004	1.519	1.059	1.746	1.496	1.622	1.841	1.159	1.497	1.342	1.195	1.346	1.748
2005	1.711	1.123	1.926	1.585	1.759	2.216	1.275	1.619	1.482	1.230	1.515	2.054
2006	1.832	1.349	2.019	1.603	1.850	2.392	1.305	1.689	1.599	1.274	1.592	2.275
2007	2.041	1.461	2.239	1.686	2.003	2.746	1.423	1.79	1.785	1.448	1.782	2.580
2008	2.150	1.526	2.428	1.675	2.117	2.896	1.499	1.884	1.891	1.436	1.797	2.738

表 6-5 不同学科门类历年研究生招生数量相对变化（相对 2001 年扩大倍数）

年份	总计	哲学	经济学	法学	教育学	文学	历史学	理学	工学	农学	医学	军事学	管理学
2001	1	1	1	1	1	1	1	1	1	1	1	1	1
2002	1.226	1.165	1.301	1.246	1.130	1.260	1.133	1.233	1.263	1.147	1.179	1.815	1.143
2003	1.628	1.535	1.703	1.671	1.693	1.770	1.452	1.596	1.639	1.704	1.577	1.908	1.526
2004	1.975	1.920	2.008	2.077	2.218	2.318	1.827	1.929	1.918	2.129	1.965	2.677	1.877
2005	2.208	2.183	2.198	2.239	2.727	2.709	2.097	2.123	2.086	2.438	2.282	3.369	2.171
2006	2.409	2.345	2.319	2.428	3.164	2.932	2.190	2.243	2.301	2.610	2.512	3.308	2.388
2007	2.534	2.691	2.381	2.837	3.301	3.344	2.131	2.414	2.324	2.766	2.629	3.754	2.456
2008	2.702	2.606	2.478	3.146	3.500	3.662	2.227	2.609	2.470	2.331	2.822	3.538	2.765

表6-6 2001~2008年不同学科门类硕士研究生招生总分线百分比排位

单位：%

年份	哲学	经济学	法学	教育学（不含体育学）	文学（不含艺术学）	历史学
2001	11.10	77.70	100.00	66.60	—	—
2002	18.10	72.70	90.90	36.30	90.90	36.30
2003	27.20	63.60	90.90	63.60	90.90	45.40
2004	18.10	63.60	90.90	72.70	100.00	54.50
2005	36.30	72.70	90.90	63.60	100.00	45.40
2006	18.10	72.70	72.70	63.60	100.00	54.50
2007	45.40	72.70	90.90	45.40	100.00	9.00
2008	18.10	90.90	72.70	63.60	100.00	9.00
总计	192.40	586.60	699.90	475.40	681.80	254.10
平均	24.05	73.33	87.49	59.43	97.40	36.30

年份	理学	工学（不含照顾专业）	农学	医学（不含中医学）	军事学	管理学
2001	11.10	0.00	11.10	11.10	11.10	77.70
2002	18.10	36.30	0.00	36.30	0.00	72.70
2003	36.30	9.00	9.00	54.50	0.00	81.80
2004	18.10	9.00	0.00	45.40	18.10	72.70
2005	27.20	18.10	0.00	45.40	0.00	72.70
2006	18.10	18.10	0.00	45.40	9.00	72.70
2007	45.40	9.00	0.00	27.20	36.30	81.80
2008	36.30	36.30	0.00	18.10	36.30	72.70
总计	210.60	135.80	20.10	283.40	110.80	604.80
平均	26.33	16.98	2.51	35.43	13.85	75.60

说明：表中仅对A类考生的分数线做了统计。

表6-7 2001~2008年不同学科门类硕士研究生招生单科线百分比排位

单位：%

年份	哲学	经济学	法学	教育学（不含体育学）	文学（不含艺术学）	历史学
2001	33.30	77.70	100.00	66.60	—	—
2002	18.10	72.70	100.00	54.50	72.70	54.50
2003	27.20	81.80	90.90	63.60	100.00	54.50
2004	18.10	63.60	90.90	63.60	90.90	54.50

续表

年份	哲学	经济学	法学	教育学（不含体育学）	文学（不含艺术学）	历史学
2005	27.20	63.60	90.90	63.60	90.90	45.40
2006	18.10	90.90	81.80	63.60	100.00	45.40
2007	36.30	72.70	72.70	63.60	100.00	9.00
2008	18.10	81.80	72.70	54.50	100.00	0.00
总计	196.40	604.80	699.90	493.60	654.50	263.30
平均	24.55	75.60	87.49	61.70	93.50	37.61

年份	理学	工学（不含照顾专业）	农学	医学（不含中医学）	军事学	管理学
2001	33.30	0.00	11.10	33.30	11.10	77.70
2002	18.10	18.10	0.00	18.10	0.00	72.70
2003	36.30	0.00	0.00	45.40	0.00	72.70
2004	36.30	9.00	0.00	36.30	18.10	81.80
2005	27.20	18.10	0.00	54.50	9.00	63.60
2006	18.10	9.00	0.00	45.40	18.10	72.70
2007	54.50	9.00	0.00	27.20	36.30	90.90
2008	45.40	27.20	0.00	27.20	54.50	81.80
总计	269.20	90.40	11.10	287.40	147.10	613.90
平均	33.65	11.30	1.39	35.93	18.39	76.74

说明：表中仅对 A 类考生的分数线做了统计。

一 各学科门类教育收益率与招生扩大倍数相关性分析

根据各学科门类2001～2008年间本科生与研究生招生数量的扩大倍数计算出招生扩大倍数变化的斜率，工学本科招生扩大倍数斜率为0.132，研究生招生扩大倍数斜率为0.211。哲学、经济学、法学、教育学、文学、历史学、理学、农学、医学、管理学本科招生扩大倍数斜率分别为0.084、0.198、0.099、0.157、0.284、0.076、0.126、0.068、0.123、0.258，研究生招生扩大倍数斜率分别为0.257、0.212、0.303、0.396、0.392、0.191、0.23、0.243、0.275、0.26。本科阶段无军事学学位，军事学研究生招生扩大倍数斜率为0.385（见表6-8）。

表 6-8　招生扩大倍数斜率与教育收益率统计

	招生扩大倍数斜率		教育收益率	
	本科	研究生	2003	2008
哲　学	0.084	0.257	0.085	0.071
经济学	0.198	0.212	0.138	0.118
法　学	0.099	0.303	0.137	0.172
教育学	0.157	0.396	0.092	0.018
文　学	0.284	0.392	0.184	0.101
历史学	0.076	0.191	0.085	0.071
理　学	0.126	0.23	0.155	0.18
工　学	0.132	0.211	0.106	0.147
农　学	0.068	0.243	0.059	0.039
医　学	0.123	0.275	0.103	0.088
军事学		0.385	0.103	0.16
管理学	0.258	0.26	0.119	0.148

（一）2003 年教育收益率与招生扩大倍数斜率相关性分析

第 4 章中估算出的我国分学科高等教育收益率均是将整个高等教育阶段作为统一整体而估算出的高等教育总体的收益率，由于样本规模的限制而并没有细分估算大专、大本和研究生各阶段分别的收益率。通过将 2003 年各学科门类教育收益率分别与本科招生扩大倍数斜率与研究生招生扩大倍数斜率进行相关性分析能在一定程度上看出各学科教育收益水平与其招生情况的关系。

1. 2003 年教育收益率与本科招生扩大倍数斜率相关性分析（见表 6-9）

表 6-9　本科招生扩大倍数斜率与 2003 年教育收益率

—	招生扩大倍数斜率（本科）	教育收益率（2003）
哲　学	0.084	0.085
经济学	0.198	0.138
法　学	0.099	0.137
教育学	0.157	0.092
文　学	0.284	0.184
历史学	0.076	0.085

续表

—	招生扩大倍数斜率（本科）	教育收益率（2003）
理　学	0.126	0.155
工　学	0.132	0.106
农　学	0.068	0.059
医　学	0.123	0.103
军事学		0.103
管理学	0.258	0.119

根据本科各学科招生扩大倍数斜率与2003年各学科教育收益率数值绘制散点图，可以初步观察二者的线性关系。

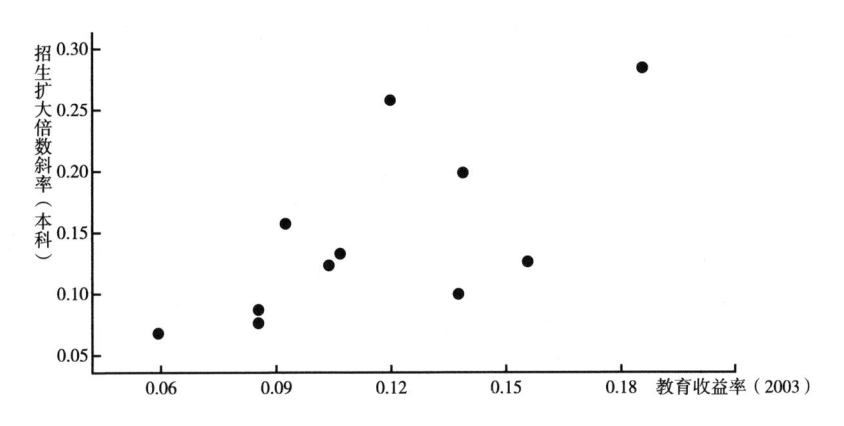

图6-4　2003年教育收益率与历年本科招生扩大倍数斜率散点图

图6-4的横轴为2003年各学科门类的教育收益率，纵轴为本科招生扩大倍数斜率。从散点的位置可以看出，二者之间存在着明显的线性趋势：随各学科2003年教育收益率的提高，本科招生扩大倍数斜率也呈现出增长的趋势。再进一步对二者进行相关性分析，分析结果如下。

2003年分学科教育收益率与其本科招生扩大倍数斜率的皮尔逊（Pearson）相关系数为0.679，且相关系数在0.05的显著性水平上表现显著。由此，可以断定2003年各学科教育收益率与其本科招生扩大倍数斜率之间存在显著的正相关关系，相关程度为中度相关（见表6-10）。

表 6-10　相关性*

—	—	SlopeEU 历年招生扩大倍数斜率-本科	ROI 教育收益率 2003 年
SlopeEU 历年招生扩大倍数斜率-本科	Pearson 相关性	1	.679*
	显著性(双侧)		.022
	N	11	11
ROI 教育收益率 2003 年	Pearson 相关性	.679*	1
	显著性(双侧)	.022	
	N	11	12

说明：*. 在 0.01 水平（双侧）上显著相关；

*. Correlation is significant at the 0.05 level (2-tailed)。

2. 2003 年教育收益率与研究生招生扩大倍数斜率相关性分析（见表 6-11）

表 6-11　研究生招生扩大倍数斜率与 2003 年教育收益率

—	招生扩大倍数斜率(研究生)	教育收益率(2003)
哲　学	0.257	0.085
经济学	0.212	0.138
法　学	0.303	0.137
教育学	0.396	0.092
文　学	0.392	0.184
历史学	0.191	0.085
理　学	0.23	0.155
工　学	0.211	0.106
农　学	0.243	0.059
医　学	0.275	0.103
军事学	0.385	0.103
管理学	0.26	0.119

根据 2003 年各学科门类的教育收益率与研究生招生扩大倍数斜率数值绘制散点图，如图 6-5 所示。

从图 6-5 中不易看出 2003 年各学科门类的教育收益率与研究生招生扩大倍数之间的线性关系，再初步对二者进行相关性检验看二者的相关程度：

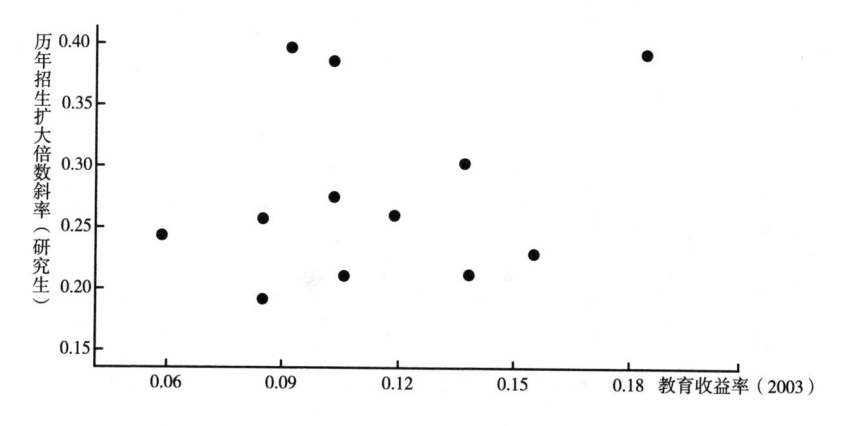

图 6-5 2003 年教育收益率与历年研究生招生扩大
倍数斜率散点图（去极值前）

表 6-12 相关性

—	—	SlopeEG 历年招生扩大倍数斜率 - 研究生	ROI 教育收益率 2003 年
SlopeEG 历年招生扩大倍数斜率 - 研究生	Pearson 相关性	1	.241
	显著性（双侧）		.450
	N	12	12
ROI 教育收益率 2003 年	Pearson 相关性	.241	1
	显著性（双侧）	.450	
	N	12	12

初步相关分析结果显示，二者的相关系数值为 0.215，且在 0.05 的显著性水平上表现不显著。

为避免个别极值对 2003 年教育收益率与研究生招生扩大倍数斜率之间的相关系数产生重大影响，因此尝试去除极值后再次看二者的线性相关关系。去除教育学、理学与军事学的数据后再次绘制的散点图 6-6 所示。

从图 6-5 可以看出，除教育学、理学与军事学外，其余学科门类 2003 年教育收益率与研究生招生扩大倍数之间呈现出了一定的线性关系：随 2003 年教育收益率的增加，其余各学科门类的研究生招生扩大倍数斜率也呈现出升高的趋势。再一次对这些学科门类的 2003 年教育

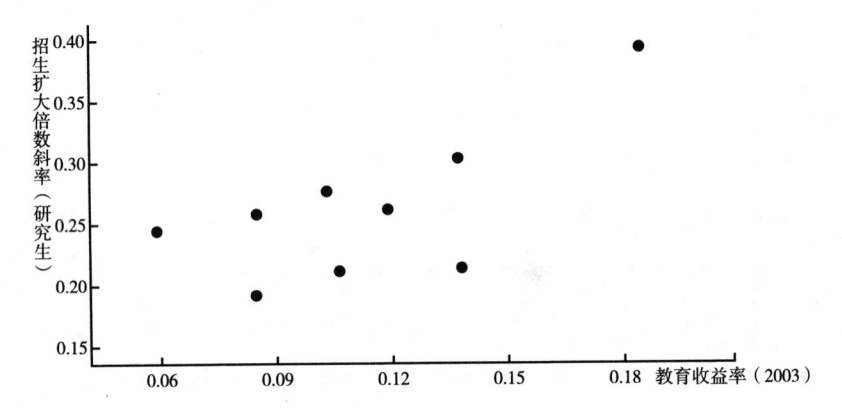

图 6-6 2003 年教育收益率与历年研究生招生扩大
倍数斜率散点图（去极值后）

收益率与研究生招生扩大倍数斜率数值进行相关性检验，得到的结果如表 6-13 所示。

表 6-13 相关性

—	—	SlopeEG 历年招生扩大倍数斜率 - 研究生	ROI 教育收益率 2003 年
SlopeEG 历年招生扩大倍数斜率 - 研究生	Pearson 相关性	1	.690*
	显著性（双侧）		.040
	N	12	9
ROI 教育收益率 2003 年	Pearson 相关性	.690*	1
	显著性（双侧）	.040	
	N	9	9

说明：*. 在 0.05 水平（双侧）上显著相关

可见，去除极值后，各学科门类 2003 年教育收益率与研究生招生扩大倍数斜率之间的相关系数提高到了 0.690，且在 0.05 的显著性水平上表现显著。因此，除教育学、理学与军事学外，总体来看其他学科门类 2003 年教育收益率与研究生招生扩大倍数之间呈现出了中度的线性正相关关系。

（二）2008 年教育收益率与招生扩大倍数斜率相关性分析

将 2008 年各学科门类教育收益率分别与本科招生扩大倍数斜率和

研究生招生扩大倍数斜率进行相关分析，以进一步验证工程教育收益对教育选择的影响。

1. 2008 年教育收益率与本科招生扩大倍数斜率相关性分析（见表 6-14）

表 6-14　本科招生扩大倍数斜率与 2008 年教育收益率

—	招生扩大倍数斜率（本科）	教育收益率（2008）
哲　学	0.084	0.071
经济学	0.198	0.118
法　学	0.099	0.172
教育学	0.157	0.018
文　学	0.284	0.101
历史学	0.076	0.071
理　学	0.126	0.18
工　学	0.132	0.147
农　学	0.068	0.039
医　学	0.123	0.088
军事学		
管理学	0.258	0.148

各学科门类 2008 年教育收益率与招生扩大倍数斜率的散点图如图 6-7 所示。

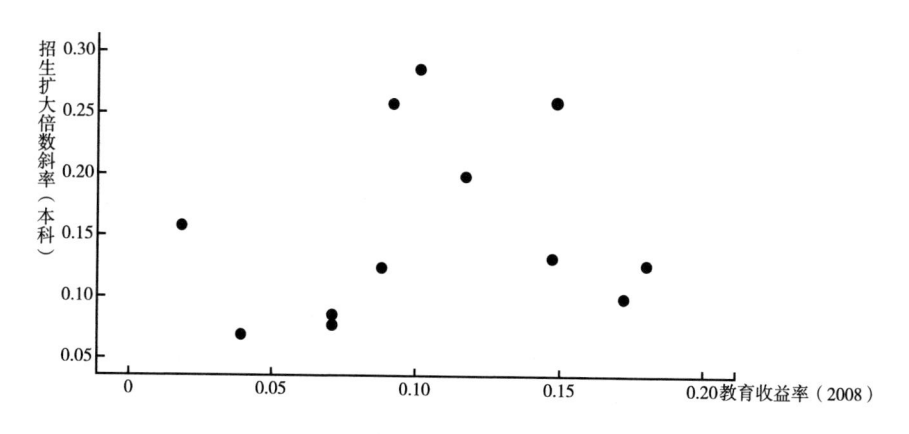

图 6-7　2008 年教育收益率与历年本科招生扩大倍数斜率散点图（去极值前）

图 6-7 的横轴为 2008 年各学科门类的教育收益率,纵轴为本科招生扩大倍数斜率。在散点图 45°线方向,线性关系明显,但是从整体布局来看,却难以看出线性关系。初步对各学科门类 2008 年教育收益率与本科招生扩大倍数斜率数值进行相关性分析,分析结果如表 6-15 所示。

表 6-15 相关性

		SlopeEU 历年招生扩大倍数斜率-本科	ROI 教育收益率 2008 年
SlopeEU 历年招生扩大倍数斜率-本科	Pearson 相关性	1	.227
	显著性(双侧)		.502
	N	11	11
ROI 教育收益率 2008 年	Pearson 相关性	.227	1
	显著性(双侧)	.502	
	N	11	12

初步相关性检验显示,2008 年教育收益率与本科招生扩大倍数斜率之间的相关系数为 0.306,相关程度为低度相关,且在 0.05 的显著性水平下不显著。

再去除个别极端值(法学、教育学与理学)后,重新绘制的散点图为图 6-8。

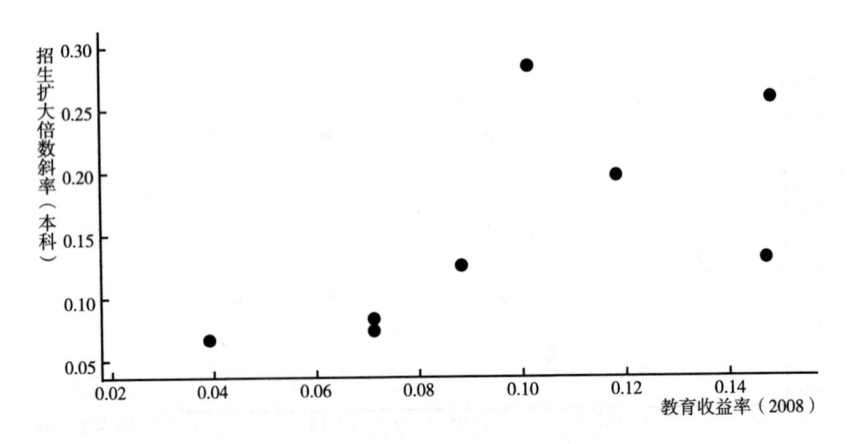

图 6-8　2008 年教育收益率与历年本科招生扩大
倍数斜率散点图 (去极值后)

从图 6-8 可以看出，去除极值后 2008 年教育收益率与本科招生扩大倍数斜率之间呈现出了一定的线性关系，再次对二者进行的相关性分析结果如表 6-16 所示。

表 6-16 相关性

—	—	SlopeEU 历年招生扩大倍数斜率-本科	ROI 教育收益率 2008 年
SlopeEU 历年招生扩大倍数斜率-本科	Pearson 相关性	1	.653
	显著性（双侧）		.079
	N	11	8
ROI 教育收益率 2008 年	Pearson 相关性	.653	1
	显著性（双侧）	.079	
	N	8	9

从表 6-16 中可以看出，去除法学、教育学与理学极值后，2008 年教育收益率与本科招生扩倍数斜率之间的相关系数为 0.653，且在 0.1 的显著性水平上表现显著。因此，除法学、教育学与理学外，总体来看其他学科门类 2008 年教育收益率与本科招生扩大倍数之间呈现出了显著的正相关关系，相关程度为中度正相关。

2. 2008 年教育收益率与研究生招生扩大倍数斜率相关性分析（见表 6-17）

表 6-17 研究生招生扩大倍数斜率与 2008 年教育收益率

—	招生扩大倍数斜率（研究生）	教育收益率（2008）
哲　学	0.257	0.071
经济学	0.212	0.118
法　学	0.303	0.172
教育学	0.396	0.018
文　学	0.392	0.101
历史学	0.191	0.071
理　学	0.23	0.18
工　学	0.211	0.147
农　学	0.243	0.039
医　学	0.275	0.088
军事学	0.385	0.16
管理学	0.26	0.148

同样，通过绘制 2008 年教育收益率与研究生招生扩大倍数斜率的散点图（见图 6 - 9）来观察二者之间是否存在线性相关关系。

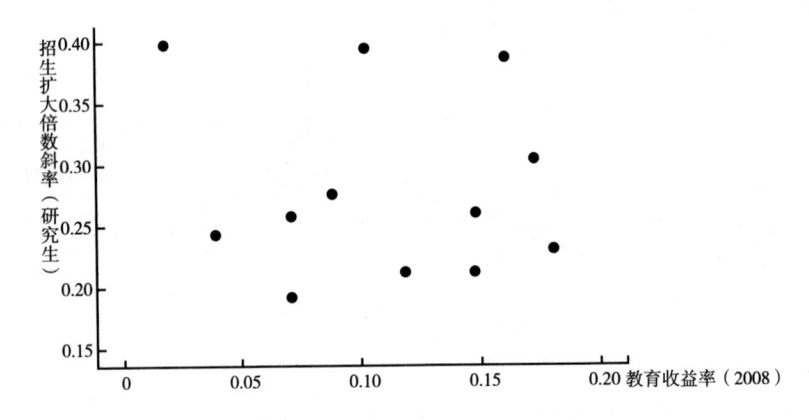

图 6 - 9　2008 年教育收益率与历年研究生招生扩大
倍数斜率散点图（去极值前）

横轴为 2008 年各学科门类的教育收益率，纵轴为研究生招生扩大倍数斜率。从图 6 - 9 中难以看出各散点走势的规律，再对二者进行初步的相关性分析，结果如表 6 - 18 所示。

表 6 - 18　相关性

		SlopeEG 历年招生扩大倍数斜率 - 研究生	ROI 教育收益率 2008 年
SlopeEG 历年招生扩大倍数斜率 - 研究生	Pearson 相关性	1	- .122
	显著性（双侧）		.706
	N	12	12
ROI 教育收益率 2008 年	Pearson 相关性	- .122	1
	显著性（双侧）	.706	
	N	12	12

表 6 - 18 相关性分析的结果显示，2008 年各学科门类教育收益率与研究生招生扩大倍数斜率之间的相关关系不显著。

去除教育学、文学与理学极端值后重新绘制散点图为图 6 - 10。

可以看出，去除教育学、文学与理学极端之后，其余学科门类的教

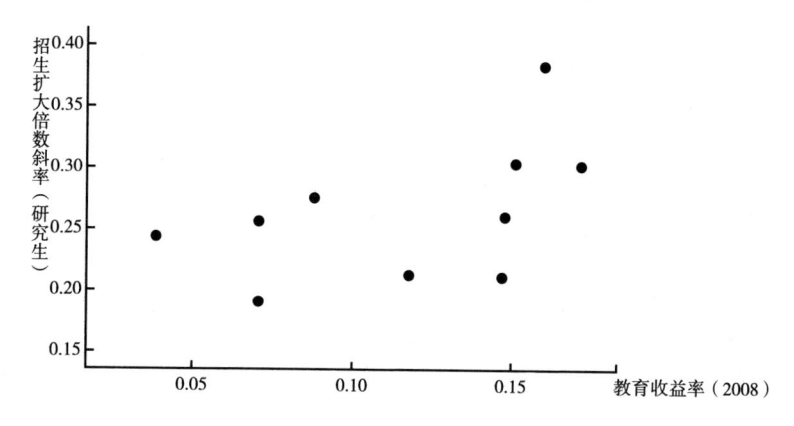

图 6-10　2008 年教育收益率与历年研究生招生扩大
倍数斜率散点图（去极值后）

育收益率与研究生招生扩大倍数斜率之间呈现出了一定的线性趋势，再对二者进行相关性分析结果如表 6-19 所示。

表 6-19　相关性

—	—	SlopeEG 历年招生扩大倍数斜率(研究生)	ROI 教育收益率 2008 年
SlopeEG 历年招生扩大倍数斜率-研究生	Pearson 相关性	1	.472
	显著性(双侧)		.200
	N	12	9
ROI 教育收益率 2008 年	Pearson 相关性	.472	1
	显著性(双侧)	.200	
	N	9	9

去除教育学、文学与理学极端值之后，2008 年各学科门类教育收益率与研究生招生扩大倍数斜率之间的相关系数为 0.472，说明除教育学与理学外，其他学科门类 2008 年教育收益率与研究生招生扩大倍数之间存在低度的正相关关系。

二　教育收益率与硕士研究生招生分数线百分比排位相关性分析

接下来进一步对 2003 年与 2008 年各学科门类教育收益率与硕士研

究生招生总分线和单科线百分比排位分别进行相关性分析,以考察教育收益对硕士研究生招生分数线的影响(见表6-20)。

表6-20 历年硕士研究生招生分数线平均百分比排位与教育收益率统计

	历年硕士研究生招生分数线平均百分比排位		教育收益率	
	总分线	单科线	2003	2008
哲 学	0.24	0.246	0.085	0.071
经济学	0.733	0.756	0.138	0.118
法 学	0.875	0.875	0.137	0.172
教育学	0.594	0.617	0.092	0.018
文 学	0.974	0.935	0.184	0.101
历史学	0.363	0.376	0.085	0.071
理 学	0.263	0.336	0.155	0.18
工 学	0.17	0.113	0.106	0.147
农 学	0.025	0.014	0.059	0.039
医 学	0.354	0.359	0.103	0.088
军事学	0.138	0.184	0.103	0.16
管理学	0.756	0.767	0.119	0.148

(一) 2003年教育收益率与硕士研究生招生分数线百分比排位相关性分析

分别对各学科门类2003年教育收益率与其硕士研究生招生的总分线和单科线平均百分比排位进行相关性分析。

1. 2003年教育收益率与硕士研究生招生总分线百分比排位相关性分析(见表6-21)

表6-21 总分线平均百分比排位与2003年教育收益率

	招生分数线平均百分比排位(总分线)	教育收益率(2003)
哲 学	0.24	0.085
经济学	0.733	0.138
法 学	0.875	0.137
教育学	0.594	0.092
文 学	0.974	0.184
历史学	0.363	0.085

续表

	招生分数线平均百分比排位(总分线)	教育收益率(2003)
理　学	0.263	0.155
工　学	0.17	0.106
农　学	0.025	0.059
医　学	0.354	0.103
军事学	0.138	0.103
管理学	0.756	0.119

初步绘制2003年教育收益率与总分线平均百分比排位看二者的线性关系，横轴为2003年各学科门类的教育收益率，纵轴为总分线平均百分比排位。从图6-11可以看出，二者呈现出明显的线性关系，随各学科门类2003年教育收益率的提高，其硕士研究生招生总分线平均百分比排位也呈现出上升趋势。

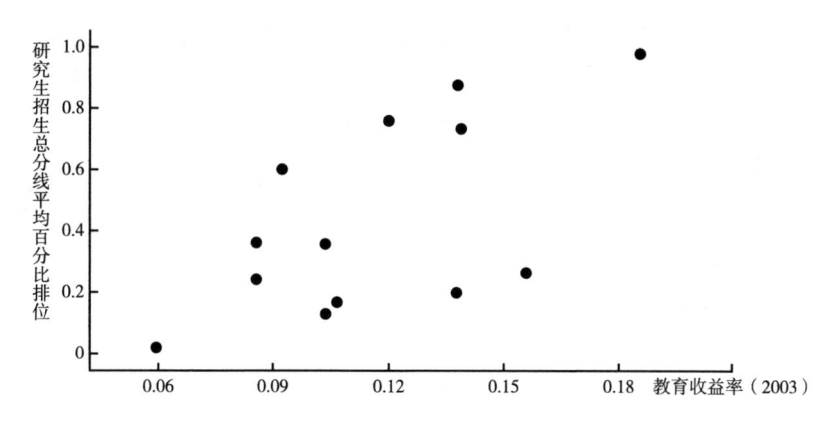

图6-11　2003年教育收益率与硕士研究生招生总分线平均百分比排位散点图

再将2003年各学科门类教育收益率与其硕士研究生招生总分线平均百分比排位的相关性进行分析，分析结果显示，2003各学科门类教育收益率与硕士研究生招生总分线平均百分比排位之间存在着显著的线性正相关关系，相关系数为0.686，相关程度为中度正相关（见表6-22）。可见，教育收益率对历年硕士研究生招生总分线存在着显著的影响。

表 6-22　相关性

	—	Szf 历年硕士研究生招生总分线平均百分比排位	ROI 教育收益率 2003 年
Szf 历年硕士研究生招生总分线平均百分比排位	Pearson 相关性	1	.686*
	显著性(双侧)		.014
	N	12	12
ROI 教育收益率 2003 年	Pearson 相关性	.686*	1
	显著性(双侧)	.014	
	N	12	12

说明：*. Correlation is significant at the 0.05 level (2-tailed).

2. 2003 教育收益率与硕士研究生招生单科线百分比排位相关性分析（见表 6-23）

表 6-23　单科线平均百分比排位与 2003 年教育收益率

—	招生分数线平均百分比排位(单科线)	教育收益率(2003)
哲　学	0.246	0.085
经济学	0.756	0.138
法　学	0.875	0.137
教育学	0.617	0.092
文　学	0.935	0.184
历史学	0.376	0.085
理　学	0.336	0.155
工　学	0.113	0.106
农　学	0.014	0.059
医　学	0.359	0.103
军事学	0.184	0.103
管理学	0.767	0.119

初步绘制 2003 年教育收益率与单科线平均百分比排位散点图，横轴为 2003 年各学科门类的教育收益率，纵轴为单科线平均百分比排位。从图 6-12 可以看出，随 2003 年各学科门类的教育收益率提高，其单科线平均百分比排位也呈现出了明显的上升趋势。

再将二者进行相关性分析的结果如下：

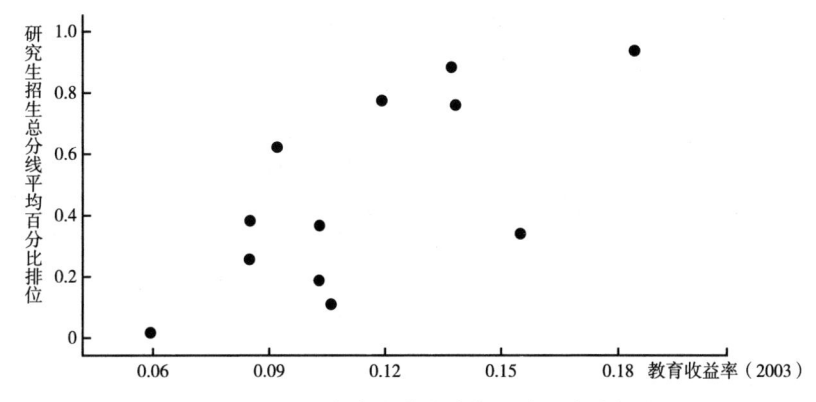

图 6-12 2003 年教育收益率与硕士研究生招生
单科线平均百分比排位散点图

表 6-24 相关性

—	—	Sdk 历年硕士研究生招生单科线平均百分比排位	ROI 教育收益率 2003 年
Sdk 历年硕士研究生招生单科线平均百分比排位	Pearson 相关性	1	.696*
	显著性（双侧）		.012
	N	12	12
ROI 教育收益率 2003 年	Pearson 相关性	.696*	1
	显著性（双侧）	.012	
	N	12	12

说明：*. 在 0.05 水平（双侧）上显著相关

从表 6-24 的统计结果可以看出，各学科门类 2003 年教育收益率与硕士研究生招生单科线平均百分比排位之间存在着显著的正相关关系，相关系数为 0.696，相关程度为中度相关，说明不同专业的教育收益率确实对硕士研究生招生单科线存在着影响。

（二）2008 年教育收益率与硕士研究生招生分数线百分比排位相关性分析

分别对各学科门类 2003 年教育收益率与其硕士研究生招生的总分线和单科线平均百分比排位进行相关性分析。

1. 2008 年教育收益率与硕士研究生招生总分线百分比排位相关性分析（见表 6-25）

表 6-25　总分线平均百分比排位与 2008 教育收益率

—	招生分数线平均百分比排位（总分线）	教育收益率(2008)
哲　学	0.24	0.071
经济学	0.733	0.118
法　学	0.875	0.172
教育学	0.594	0.018
文　学	0.974	0.101
历史学	0.363	0.071
理　学	0.263	0.18
工　学	0.17	0.147
农　学	0.025	0.039
医　学	0.354	0.088
军事学	0.138	0.16
管理学	0.756	0.148

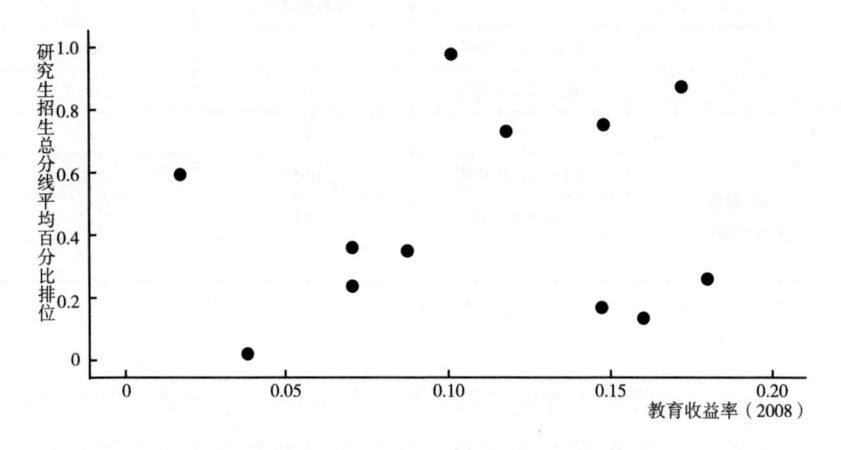

图 6-13　2008 年教育收益率与硕士研究生招生总分线
平均百分比排位三点图（去极值前）

图 6-13 中横轴为 2008 年各学科门类的教育收益率，纵轴为其总分线平均百分比排位。从二者的散点图可以看出，散点图的 45°线方向呈现出明显的线性关系。初步对二者进行相关性分析结果如下：

初步相关性分析结果显示，各学科 2008 年教育收益率与硕士研究生招生总分线平均百分比排位之间的相关性不显著（见表 6-26）。

表 6-26 相关性

—	—	Szf 历年硕士研究生招生总分线平均百分比排位	ROI 教育收益率 2008 年
Szf 历年硕士研究生招生总分线平均百分比排位	Pearson 相关性	1	.146
	显著性（双侧）		.650
	N	12	12
ROI 教育收益率 2008 年	Pearson 相关性	.146	1
	显著性（双侧）	.650	
	N	12	12

再进一步对二者采取去除极值处理后重新分析二者的相关性，去除极端值后（教育学、文学、理学、军事学）重新绘制散点图为图 6-14。

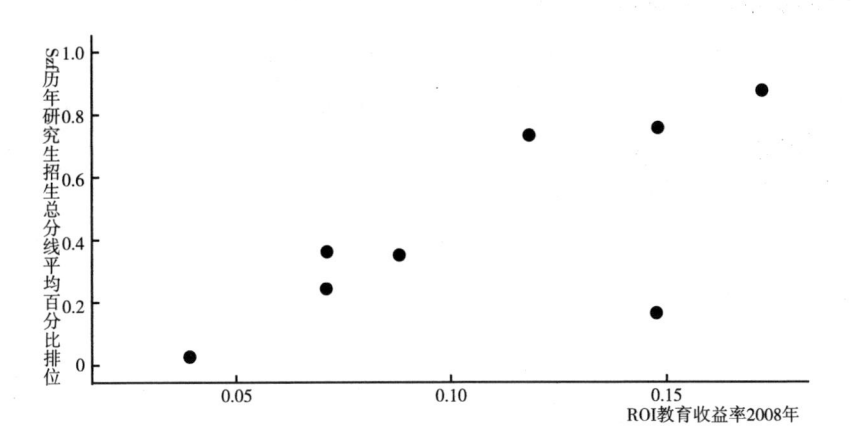

图 6-14 2008 年教育收益率与硕士研究生招生总分线平均百分比排位散点图（去极值后）

可见，去除教育学、理学与军事学极端值后，其他学科门类 2008 年教育收益率与研究生招生总分线之间呈现出了明显的线性趋势。继续进行相关性分析，结果如表 6-27 所示。

除教育学、文学、理学与军事学外，其他学科门类 2008 年教育收益率与硕士研究生招生总分线之间整体存在着显著的正相关关系，相关系数为 0.726，相关程度为中度正相关。

表 6-27　相关性

		Szf 历年硕士研究生招生总分线平均百分比排位	ROI 教育收益率 2008 年
Szf 历年硕士研究生招生总分线平均百分比排位	Pearson 相关性	1	.726*
	显著性(双侧)		.041
	N	12	8
ROI 教育收益率 2008 年	Pearson 相关性	.726*	1
	显著性(双侧)	.041	
	N	8	8

说明：*. 在 0.05 水平（双侧）上显著相关。

2. 2008 年教育收益率与硕士研究生招生单科线百分比排位相关性分析（见表 6-28）

表 6-28　单科线平均百分比排位与 2008 年教育收益率

—	招生分数线平均百分比排位（单科线）	教育收益率（2008）
哲　学	0.246	0.071
经济学	0.756	0.118
法　学	0.875	0.172
教育学	0.617	0.018
文　学	0.935	0.101
历史学	0.376	0.071
理　学	0.336	0.18
工　学	0.113	0.147
农　学	0.014	0.039
医　学	0.359	0.088
军事学	0.184	0.16
管理学	0.767	0.148

将 2008 年各学科门类教育收益率与硕士研究生招生单科线平均百分比排位绘制散点图为图 6-15。

图 6-15 中横轴为 2008 年各学科门类的教育收益率，纵轴为其单科线平均百分比排位。可以看出在 45°线方向，2008 年教育收益率与单科线百分比排位呈现出了线性趋势，但是从图的整体来看，二者的线性

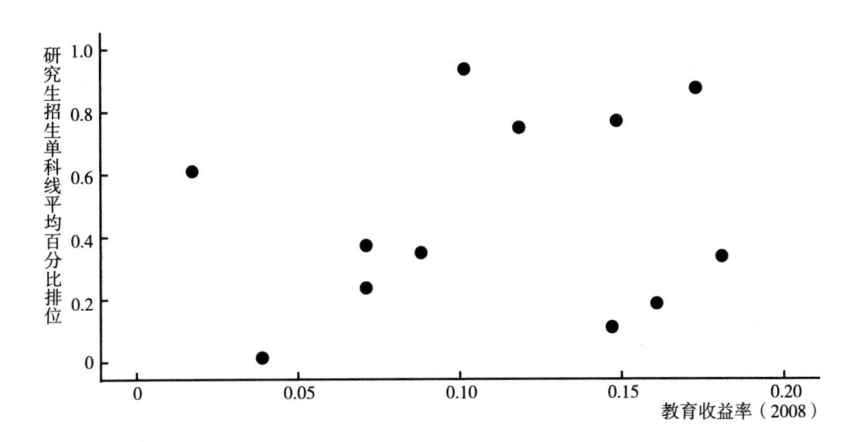

图 6-15 2008 年教育收益率与硕士研究生招生单科线
平均百分比排位散点图-去极值前

关系不明显。

初步对二者进行相关性分析，结果如表 6-29 所示。

表 6-29 相关性

		Sdk 历年硕士研究生招生单科线平均百分比排位	ROI 教育收益率 2008 年
Sdk 历年硕士研究生招生单科线平均百分比排位	Pearson 相关性	1	.171
	显著性(双侧)		.596
	N	12	12
ROI 教育收益率 2008 年	Pearson 相关性	.171	1
	显著性(双侧)	.596	
	N	12	12

相关性分析结果显示，二者不存在显著的相关关系。再对二者进行去除极值（教育学、文学、理学与军事学）处理后，重新绘制散点图并进行相关性分析，结果如图 6-16 与表 6-30 所示。

从图 6-16 与表 6-30 都可以看出，去除极端值后的 2008 年教育收益率与硕士研究生招生单科线平均百分比排位之间呈现出明显的线性关系，二者的相关系数为 0.681，且在 0.1 的显著性水平下表现显著。可见，教育收益确实对硕士研究生招生单科线存在显著的影响。

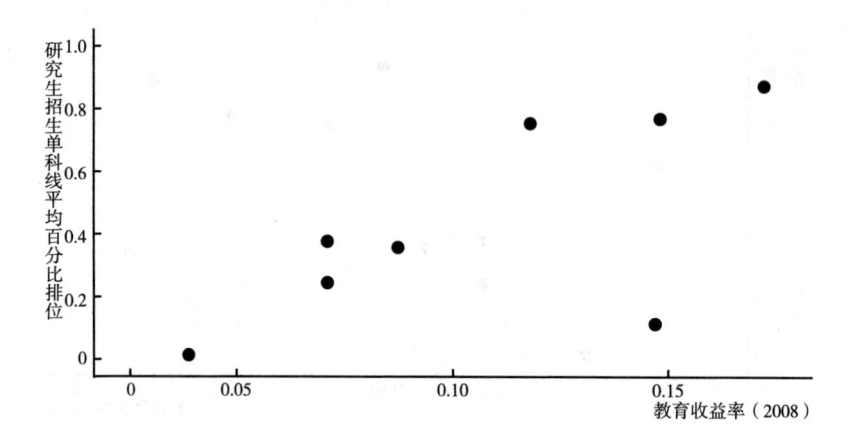

图 6-16 2008 年教育收益率与硕士研究生招生单科线
平均百分比排位散点图（去极值后）

表 6-30 相关性

		Sdk 历年研究生招生单科线平均百分比排位	ROI 教育收益率 2008 年
Sdk 历年研究生招生单科线平均百分比排位	Pearson 相关性	1	.681
	显著性（双侧）		.063
	N	12	8
ROI 教育收益率 2008 年	Pearson 相关性	.681	1
	显著性（双侧）	.063	
	N	8	8

第三节 相关分析总结

2003 年教育收益率与本科招生扩大倍数斜率之间存在显著的线性正相关关系，皮尔逊（Pearson）相关系数为 0.679；去除教育学、理学与军事学极端值后，2003 年教育收益率与研究生招生扩大倍数斜率之间也呈现出显著的正相关关系，相关系数为 0.690；去除法学、教育学与理学极端值后，2008 年教育收益率与本科招生扩倍数斜率之间呈现出显著的正相关关系，相关系数为 0.653；去除教育学、文学与理学极端值后，2008 年各学科门类教育收益率与研究生招生扩大倍数斜率之间呈现出低度的正相关关系，相关系数为 0.472。

2003 年各学科门类教育收益率与硕士研究生招生总分线平均百分比排位之间存在显著的线性正相关关系，相关系数为 0.686；2003 年教育收益率与硕士研究生招生单科线平均百分比排位之间也存在显著的正相关关系，相关系数为 0.696；去除教育学、文学、理学与军事学极值后，其他学科门类 2008 年教育收益率与硕士研究生招生总分线之间存在显著的正相关关系，相关系数为 0.726；去除教育学、文学、理学与军事学极值后，其他学科门类 2008 年教育收益率与硕士研究生招生单科线之间存在显著的正相关关系，相关系数为 0.681（见表 6-31）。

表 6-31 相关分析结果统计

—	招生扩大倍数斜率（本科）	招生扩大倍数斜率（研究生）	历年硕士研究生招生分数线平均百分比排位（总分线）	历年硕士研究生招生分数线平均百分比排位（单科线）
教育收益率（2003）	0.679	0.690★	0.686	0.696
教育收益率（2008）	0.653★	0.472★	0.726★	0.681★

说明：★表示该相关系数的计算经过了去极端值处理。

通过以上相关分析中对极端值的处理还可以看出，教育学与理学的收益率与其招生状况之间的相关性最不显著；经济学、法学与军事学的收益率与其招生状况之间也偶尔表现出不相关；包括工学在内其他学科门类的收益率与其招生状况之间在各项分析中均表现出相关。因此可以看出，包括工学在内，其他各学科门类的教育收益确实显著地影响了招生。

第四节 本章小结

教育收益会影响教育选择，进而会影响到工程教育的生源状况。本章主要对我国工程教育收益水平是否确实影响个人对工程教育的选择进行了验证。

主要从以下两个角度对我国工程教育的需求情况进行了分析：历年

工科招生数量变化情况与历年工科研究生招生分数线（硕士）变化情况。

工科招生人数占总招生人数的比重在一定程度上反映了受教育者对工程教育的需求。在 1993～2008 年间，全国普通高校本科生招生总数与工学招生人数的绝对值都呈现逐年增高的趋势，但是从相对数值来看，工学招生数占总招生数的比重呈现明显的下降趋势，由 1993 年的 43.55% 下降到 2008 年的 31.77%，降低了 11.78 个百分点。研究生招生情况与本科生类似，1993～2008 年间，全国硕士研究生招生总数与其中的工学招生人数绝对值也都呈现逐年增高的趋势，但是从相对数值来看，工学招生数所占招生总数的比例也总体上呈现明显的下降趋势，由 1993 年的 46.17% 下降到 2008 年的 34.83%，降低了 11.34 个百分点。

硕士研究生招生分数线在一定程度上表征了该学科的"热度"与生源质量。从历年硕士研究生招生总分线来看，2001～2010 年间，工学分数线百分比排名一直处于相对较低的位置，除了 2002 年达到 43.8% 的最高位外，工学（不含照顾专业）分数线的百分比排名在其余年份均处于 50% 以后的位置，并且其中有 4 个年份更是处于 80% 以后（后 20%）的低位；工学照顾专业的分数线则更低，历年百分比排名均处于 75% 之后，其中有 7 个年份还处在 90% 以后（后 10%）的极低位置。从历年硕士研究生招生单科线来看，2001～2010 年间，工学分数线百分比排名也一直处于相对较低的位置。工学（不含照顾专业）单科线百分比排名均处于 50% 以后（后 50%），并有 7 个年份居于 80% 以后（后 20%）的低位；工学照顾专业单科线百分比排名均处于 80% 以后（后 20%），并有 7 个年份位居 90% 以后（后 10%）的极低位置。

工程教育收益对工程教育需求影响的分析主要分为两个维度：一、对工程教育收益水平与工科招生数量的变化情况进行相关性检验，看工程教育收益水平是否在一定程度上影响到工科的生源数量；二、对工程教育收益水平与硕士研究生招生分数线的变化情况进行相关性检验，看工程教育收益水平是否在一定程度上影响到工科的生源质量。

相关分析结果显示，2003年与2008年各学科门类高等教育收益率分别与2001~2008年间本科招生扩大倍数斜率、研究生招生扩大倍数斜率、历年研究生招生总分线平均百分比排位、历年硕士研究生招生单科线平均百分比排位之间存在显著的正相关关系（相关系数结果详见表6-31）。可以看出，我国工程教育收益水平确实影响到个人对工程教育的需求。

第七章
中国工程教育非经济收益研究

第一节 样本描述与变量选择

教育除能带来经济收益外，还能带来非经济收益。教育的非经济收益主要包括个人通过接受教育所获得的健康状况、工作满意度、社会地位等的提高。为更全面认识我国的工程教育收益水平，本章将采用CGSS2008数据对我国工程教育的非经济收益进行分析。为了研究的需要，在正式分析前，我们先假定所有高中毕业生所获得的教育非经济收益都是相同的，即接受高等教育前所有受访者的教育非经济收益水平均在同一起跑线上。对教育非经济收益的衡量目前还没有较为成熟的定量方法，本研究采用因子分析方法中的探索性因子分析方法对我国工程教育的非经济收益进行分析，并将其与其他学科门类的非经济收益水平进行横向比较来获得其水平的高低。因子分析可以将许多相关或重叠的变量降维变成几个较少的综合变量或综合指标，便于研究者找到变量背后的内部结构和规律。由于研究聚焦于工学与其他学科门类非经济收益之间的横向比较，因此根据研究需要，从CGSS2008数据中仅抽取出受过高等教育的受访者子样本并对其进行分析。子样本的有效样本量为821个，其中所含工学样本184个，详细样本结构如表7－1所示。

表 7-1 我国工程教育非经济收益样本描述

序号	学科门类	样本量	序号	学科门类	样本量
1	哲学、历史学	15	9	农 学	17
2	经济学	186	10	医 学	63
3	法 学	47	11	军事学	10
4	教育学	32	12	管理学	90
5	文 学	21	13	艺术学(含体育)	18
7	理 学	50	14	其他及综合	88
8	工 学	184		合 计	821

CGSS2008年样本数据中的一些变量能够反映出教育的非经济收益，如受访者家庭成员的受教育程度、受访者对工作状况的评价、受访者的性格与生活态度、受访者的社会地位等。具体来看主要有：A14a（户口状况）、A19（身体健康状况）、A20（是否有自己的Email地址）、A22（认为自己属于哪一阶级）、A24（目前婚姻状况）、B11b（配偶或同居伴侣最高受教育程度）、B11d（配偶或同居伴侣的户口状况）、D2A（认为自己在社会中处于哪个等级）、D401（根据自己目前状况是否同意以下说法——一旦制定了计划我非常肯定可以完成）、D402（根据自己目前状况是否同意以下说法——总的来说我做事和大多数人一样好）、D403（根据自己目前状况是否同意以下说法——即使身体有点不舒服还是尽量把当天该做的事情做好）、D404（根据自己目前状况是否同意以下说法——即使面对不喜欢的事情还能达到自己最好的表现）、D405（根据自己目前状况是否同意以下说法——尽管工作要花上好几个月的时间才会慢慢看到成果，还是可以维持一贯的表现）、D406（根据自己目前状况是否同意以下说法——我常常为了得到别人的夸奖而把事情做好）、D407（根据自己目前状况是否同意以下说法——我和周围的人相处得很好）、D408（根据自己目前状况是否同意以下说法——常觉得很难去处理与别人的利益冲突）、D409（根据自己目前状况是否同意以下说法——觉得自己很少有可以引以为荣的事情）、D410（根据自己目前状况是否同意以下说法——

觉得自己常常可以掌控发生在自己身上的事情)、E11（今年春节期间各种方式相互拜年和交往的亲属人数）、E12（今年春节期间各种方式相互拜年和交往的亲密朋友人数）、E13（今年春节期间各种方式相互拜年和交往的其他人人数）、E13a（对工作各项条件的满意度——薪水）、E13b（对工作各项条件的满意度——福利待遇）、E13c（对工作各项条件的满意度——工作量）、E13d（对工作各项条件的满意度——公司劳动条件与设施）、E13e（对工作各项条件的满意度——与同事的关系）、E13f（对工作各项条件的满意度——与老板/上司的关系）、E13h（对工作各项条件的满意度——工作地点与住址的距离）与E13i（对工作各项条件的满意度——住房福利）与E13j（对工作各项条件的满意度——总的工作状况）。

因子分析方法适用于数值型或比率型的变量，而不适用于分类变量，但是可以将有序分类变量进行重新赋值而使其取值能一致反映出顺序的高低。对于无序分类变量则无法再进行转换，并且本研究也重于分析不同学科门类之间非经济回报的高低，因此无序分类变量也不符合研究需要，故对其暂不予以考虑。上述各教育非经济收益变量均可直接或被重新赋值后纳入因子分析。在进行因子分析前，首先将上述变量中的有序分类变量按照顺序方向进行重新赋值后，将其转化为方向相同的数值型变量，这里将其赋值为0~100的定距变量。如对"D401，根据自己目前状况是否同意以下说法——一旦制定了计划我非常肯定可以完成"等变量的各选项取值"非常同意、同意、不同意、非常不同意、无法选择"，根据态度的强弱分别赋值"100、75、25、0、50"；对"E13a，对工作各项条件的满意度——薪水"等变量的选项"非常满意、比较满意、一般、不太满意、很不满意"，根据态度强弱分别赋值"100、75、50、25、0"。对于选项"不好说"与"无法选择"的赋值由于无法获得受访者的真实想法而变得较为困难，为研究的顺利进行也暂将其赋值为中间值"50"。值得注意的是变量D406、D408与D409均为不利项目，不同态度强弱选项的赋值方向应与其他变量相反，即将

"非常同意、同意、不同意、非常不同意、无法选择"分别赋值"0、25、75、100、50"（具体变量赋值情况详见附录 E）。

第二节 因子分析

因子分析的基本思想是把联系比较紧密的变量归为同一个类别，不同类别的变量之间的相关性则较低。因子分析的基本原理是以相关性为基础，从协方差矩阵或相关矩阵入手，把大部分变异归结为少数几个公共因子所为，把剩余的变异成为特殊因子（杜强，2009）。公共因子能够反映原有变量的大部分信息，是对原始变量信息的综合反映。

首先，根据经验可以初步判断出上述各观测变量之间应该存在一定的相关性，如 E13a 与 E13b 之间、E13e 与 E13f 之间、A14a 与 B11d 之间等。进一步试将 A14a、A19、A20、A22、A24、B11b、B11d、D2A、D401、D402、D403、D404、D405、D406、D407、D408、D409、D410、E11、E12、E13、E13a、E13b、E13c、E13d、E13e、E13f、E13h、E13i、E13j 共计 30 个变量进行初步因子分析，看其是否适合进行探索性因子分析。从初始变量相关系数表中可以看出，相关性检验结果显示多个变量之间的确存在显著的相关关系，相关系数较大且对应的 Sig 值普遍低于 0.01，说明这些非经济收益变量适合做因子分析（相关系数表详见附录 F）。KMO 检验结果显示 KMO 统计量为 0.745，大于 0.7，表明有对上述变量进行因子分析的必要。巴特利特（Bartlett）球形检验统计量的 Sig 值小于 0.01，拒绝巴特利特球形检验的零假设，即认为各变量之间存在显著的相关性，也进一步表明适宜对上述变量进行因子分析（见表 7-2）。

表 7-2 KMO 和 Bartlett 的检验

取样足够度的 Kaiser - Meyer - Olkin 度量		.745
Bartlett 的球形度检验	近似卡方	3.573E3
	df	435
	Sig.	.000

在因子分析过程中对公共因子的提取采用主成分法，即假定各变量都是公共因子的线性组合，第一主成分能解释最大的方差，后续主成分可解释的方差程度逐渐降低，各主成分之间互不相关。主成分法是最为常用的因子提取方法，它的主要目的是使每一个成分能够代表最大的观察变异量，但通常只保留解释量较大的几个成分代表所有的量（邱皓政，2009）。分析过程中对样本缺失值的处理采用"Excludes cases listwise"方法，即当选入了多个变量进行分析时，只要其中的某个变量取缺失值，就在所有分析过程中将对应的记录删除。

初步因子分析结果显示，特征值大于1的公共因子共计10个，能够累计解释方差的60.9%。"公共因子方差"表格也给出了各初始变量的共同度，反映出公共因子能够解释各个变量方差的比例。变量A14a、A19、A20、A22、A24、B11b、B11d、D2A、D401、D402、D403、D404、D405、D406、D407、D408、D409、D410、E11、E12、E13、E13a、E13b、E13c、E13d、E13e、E13f、E13h、E13i、E13j的共同度取值分别为0.877、0.490、0.591、0.560、0.625、0.628、0.868、0.616、0.505、0.545、0.605、0.578、0.575、0.400、0.475、0.417、0.727、0.714、0.702、0.736、0.538、0.522、0.743、0.694、0.617、0.559、0.676、0.436、0.655、0.597，其中A19、D406、D407、D408、E13h的共同度取值较低，均在0.5以下，说明公共因子中存在着复杂结构，需要对其予以简化。

将共同度取值低于0.5的变量去除后再重新进行一次因子分析。第二次因子分析结果中的"公共因子方差"表格显示还存在变量A24、D401、D405、E13d的共同度取值低于0.5，因此需要对这几个变量剔除后再次进行因子分析。第三次因子分析结果显示还存在D404、E13h的共同度取值低于0.5，需要对变量进行进一步剔除后再次进行因子分析。

经过这样4次迭代过程之后，因子分析结果显示，各变量不再具有复杂结构，各初始变量的共同度取值大于0.5，说明公共因子对各变量的解释力达到了50%以上。其中A14a、A20、A22、B11b、B11d、

D2A、D402、D403、D408、D409、E12、E13、E13a、E13b、E13c、E13e、E13f、E13i、E13j 的共同度取值分别达到了 0.893、0.667、0.610、0.632、0.894、0.674、0.748、0.747、0.756、0.725、0.738、0.774、0.545、0.800、0.779、0.506、0.681、0.688、0.734。对于因素数目的决定采用 Kaiser 法则。Kaiser 建议以特征值大于 1 为标准，也就是共同因素的变异数至少要等于单一测量变量的标准化变异数（亦即 1.00）（邱皓政，2009）。因子分析结果显示，只有前 8 个公共因子的特征值大于 1，因此选用前 8 个公共因子进行后续分析。前 8 个公共因子的累计方差贡献率为 0.7153，说明前 8 个公共因子对变量总体的解释程度达到了 71.53%，能反映出原变量的大部分信息。图 7-1 为各公共因子的特征碎石图，前 8 个公共因子的变化非常明显，特征值也均大于 1；第 9 个公共因子及其以后的特征值均小于 1，变化趋势也趋于缓慢，表明无再值得抽离的特殊因素。这也表明应该选取前 8 个公共因子对原变量的信息进行描述。

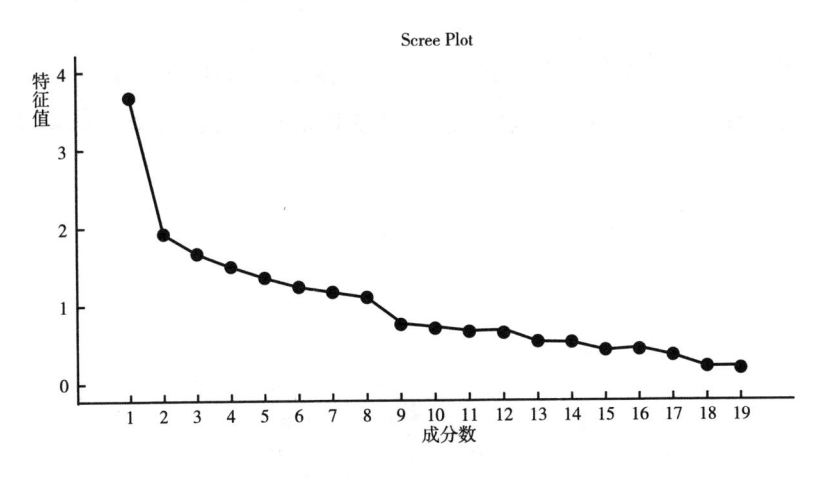

图 7-1 碎石图

旋转后的因子载荷矩阵清楚地反映出旋转后各个公共因子的载荷分配。因子载荷值即为各变量与各公共因子之间的相关系数，因此在该变量上载荷绝对值较大的公共因子也更能代表这个变量。根据旋转后的因子载荷矩阵整理出每个公共因子更能代表的变量如表 7-3 所示。

表7-3　各公共因子最能代表的变量统计

公共因子	变量	因子载荷
1	E13b 对福利待遇满意度	0.863
	E13a 对薪水满意度	0.846
	E13j 对总的工作状况各项条件满意度	0.731
	E13c 对工作量满意度	0.710
	E13i 对住房福利满意度	0.645
2	B11d 配偶或同居伴侣户口状况	0.94
	A14a 户口状况	0.938
3	E13e 对与同事的关系满意度	0.878
	E13f 与老板/上司的关系满意度	0.846
4	D403 即使身体有点不舒服还是尽量把当天该做的事情做好	0.852
	D402 总的来说我做事和大多数人一样好	0.851
5	D408 常觉得很难去处理与别人的利益冲突	0.863
	D409 觉得自己很少有可以引以为荣的事情	0.838
6	E13 今年春节期间各种方式相互拜年、交往的其他人人数	0.849
	E12 今年春节期间各种方式相互拜年、交往的亲密朋友人数	0.810
7	D2A 认为自己在社会中处于哪个等级	0.808
	A22 认为自己属于哪一个阶级	0.737
8	A20 是否有自己的 Email 地址	0.795
	B11b 配偶或同居伴侣最高受教育程度	0.755

图7-2为旋转后的因子载荷图，它是旋转后的因子载荷矩阵的图形形式呈现，各公共因子与各变量之间及其相互之间的关系清晰地展现出来。

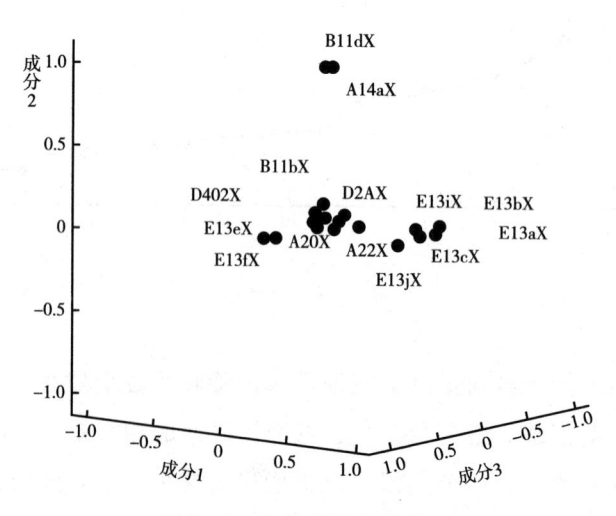

图7-2　旋转后因子载荷图

第三节　工程教育非经济总收益

8个公共因子的各自得分体现出每个受访者在8个因素方面分别获得的非经济收益水平。

如果将每个受访者在8个公共因子方面的各自得分进行加权求和可以得出该受访者所获得的教育非经济收益的综合得分。计算公式为：

$$ZF = \sum_{n=1}^{8} a_n F_n \qquad (7-1)$$

$a_n(n=1,\ldots,8)$ 分别为8个公共因子的权数。在这里权数采用8个公共因子各自的方差贡献率，分别为16.101%、9.422%、8.713%、7.846%、7.797%、7.512%、7.496%、6.643%。

再进一步根据各受访者的学科门类与其所获得的教育非经济收益总分可以计算出不同学科门类毕业生所获得的教育非经济收益总分平均值，通过各平均值之间的横向比较可以看出各学科门类总体教育非经济收益水平的相对高低。在这里各学科门类因子总分平均值仅能通过横向比较体现出其非经济收益水平的相对高低，并无"收益率"的含义。计算得出，工学毕业生的平均教育非经济总收益得分为0.0124，在各学科门类得分中排名第5，处于中等稍上水平，低于文学、军事学、管理学与艺术学。其他学科门类中哲学、经济学、法学、教育学、文学、历史学、理学、农学、医学、军事学、管理学、艺术学（含体育）的平均教育非经济总收益得分分别为 -0.0574、0.0049、0.0024、0.0383、0.1642、-0.0574、-0.0721、-0.0241、0.0042、0.0624、0.0514、0.0281、-0.0267，排名分别为第11、6、8、10、1、11、13、9、7、2、3、4名。表7-4对分学科门类公共因子综合得分及排名情况做了统计。

通过图7-3可以更方便地看出工学与其他学科门类相比教育非经济收益总体水平的相对位置。

表7-4 分学科门类公共因子综合得分

序号	学科门类	因子总得分	排名
1	哲学	-0.0574	11
2	经济学	0.0049	6
3	法学	0.0024	8
4	教育学	-0.0383	10
5	文学	0.1642	1
6	历史学	-0.0574	11
7	理学	-0.0721	13
8	工学	0.0124	5
9	农学	-0.0241	9
10	医学	0.0042	7
11	军事学	0.0624	2
12	管理学	0.0514	3
13	艺术学(含体育)	0.0281	4
14	其他及综合	-0.0267	

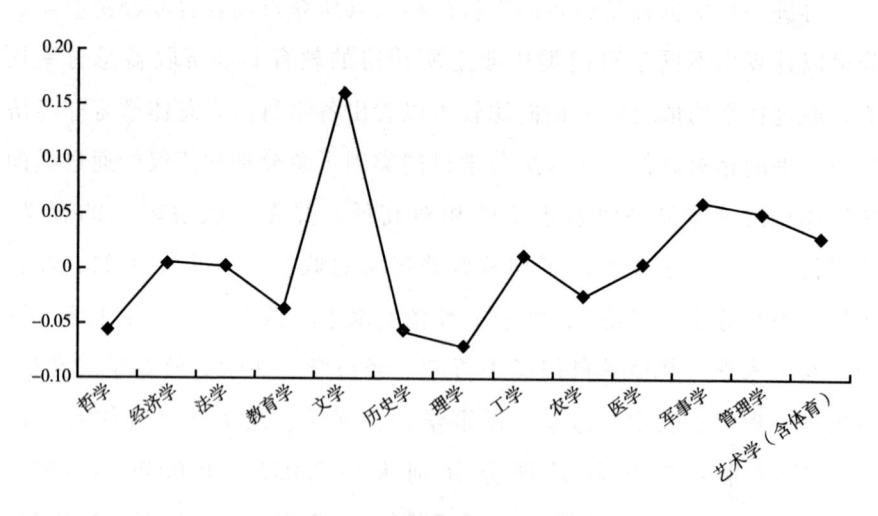

图7-3 分学科门类因素总得分

第四节 工程教育非经济分类收益

首先，根据各公共因子所含初始变量的内容对各公共因子做出解释。由于公共因子 1 中的初始变量 E13b、E13a、E13j、E13c、E13i 分别反映了受访者对薪酬、工作条件、工作量等方面的评价，因此可以将公共因子 1 解释为受访者的"工作待遇、条件与压力满意度因素"；公共因子 2 中变量 B11d 和 A14a 分别反映了受访者与其配偶的户口情况，因此将公共因子 2 解释为"家庭户口状况因素"；公共因子 3 中的变量 E13e 和 E13f 反映了受访者对在工作中与上级和同事关系的满意程度，因此将公共因子 3 解释为"工作中的人际关系满意度因素"；公共因子 4 中的变量 D403 和 D402 反映了受访者对自己做事行为的评价，因此将公共因子 4 解释为"行为自我认同因素"；公共因子 5 中的变量 D408 和 D409 分别为受访者自己对处理与别人冲突的难易程度与觉得有引以为荣事情的频繁程度方面的主观感受，据此可以看出受访者的自信程度，因此将公共因子 5 解释为"自信度因素"；公共因子 6 中的变量 E13 和 E12 为春节期间家庭来往的人数，体现出了家庭的社会交往与社会资源；家庭社会资源从生产的角度来看能为家庭带来财富、地位、健康等各方面收益，具有资本的功能，因此将公共因子 6 解释为"家庭社会资本"；公共因子 7 中的变量 D2A 和 A22 为受访者对自己在社会中所处地位的评价，因此将其解释为"社会地位自我认同因素"；公共因子 8 中的变量 A20 能反映出受访者的文化水平与知识的与时俱进性，B11 为受访者配偶的文化水平，因此将公共因子 8 解释为"家庭文化程度"。

8 个公共因子中的部分因子还可以根据解释含义的相近性进行进一步合并，如公共因子 1 和 3 均体现了受访者对工作各个方面的满意度，因此可以合并为"工作总体满意度"；公共因子 2、6 与 8 均反映了物质财富外的家庭资本，因此将其合并为"家庭非经济资本"；公共因子 4 和 5 均是受访者生活态度与生活乐观程度的体现，因此将其合并为"生活态度"。各公共因子的解释及合并过程详见表 7-5。

表 7-5　各公共因子解释及合并

公共因子	变量	因子解释	合并解释
1	E13b 对福利待遇满意度 E13a 对薪水满意度 E13j 对总的工作状况各项条件满意度 E13c 对工作量满意度 E13i 对住房福利满意度	工作待遇、条件与压力满意度	工作总体满意度
2	B11d 配偶或同居伴侣户口状况 A14a 本人户口状况	家庭户口状况	家庭非经济资本
3	E13e 对与同事的关系满意度 E13f 与老板/上司的关系满意度	工作中的人际关系满意度	工作总体满意度
4	D403 即使身体有点不舒服还是尽量把当天该做的事情做好 D402 总的来说我做事和大多数人一样好	行为自我认同	生活态度
5	D408 常觉得很难去处理与别人的利益冲突 D409 觉得自己很少有可以引以为荣的事情	自信度	生活态度
6	E13 今年春节期间各种方式相互拜年、交往的其他人人数 E12 今年春节期间各种方式相互拜年、交往的亲密朋友人数	家庭社会资本	家庭非经济资本
7	D2A 认为自己在社会中处于哪个等级 A22 认为自己属于哪一个阶级	社会地位自我认同	社会地位自我认同
8	A20 是否有自己的 Email 地址 B11b 配偶或同居伴侣最高受教育程度	家庭文化程度	家庭非经济资本

一　工学毕业生工作满意度分析

将受访者公共因子 1 与公共因子 3 的得分进行加权求和即可得到该受访者的工作满意度得分，权数依然采用各公共因子的方差贡献率，即 16.101% 与 8.713%。再根据各受访者的工作满意度得分可以进一步计算出各学科门类毕业生的平均工作满意度得分。我国工学毕业生的平均工作满意度得分为 0.0020 分，在 13 个学科门类中排名第 6，说明总体而言与其他学科相比，工学毕业生对其工作待遇、工作条件、工作压力、工作中的人际关系等方面的满意度一般，在各学科门类排名中居于中游位置。在各学科门类毕业生中，文学毕业生对各项工作条件的满意度最高，在各学科门类中排名第 1；其次是军事学、管理学、经济学与艺术学等。医学、教育学、哲学与历史学等学科的毕业生工作满意度较低，排名分别为第10、11、12与12名（见表7-6）。

表7-6 不同学科门类工作满意度得分统计

	序号	学科门类	平均得分	排名
工作满意度	1	哲学	-0.0643	12
	2	经济学	0.0125	4
	3	法学	-0.0040	7
	4	教育学	-0.0458	11
	5	文学	0.1318	1
	6	历史学	-0.0643	12
	7	理学	-0.0084	8
	8	工学	0.0020	6
	9	农学	-0.0317	9
	10	医学	-0.0317	10
	11	军事学	0.0996	2
	12	管理学	0.0324	3
	13	艺术学（含体育）	0.0081	5
	14	其他及综合	-0.0091	

图7-4对工学毕业生的工作满意度得分在各学科门类中的位置进行了展现。

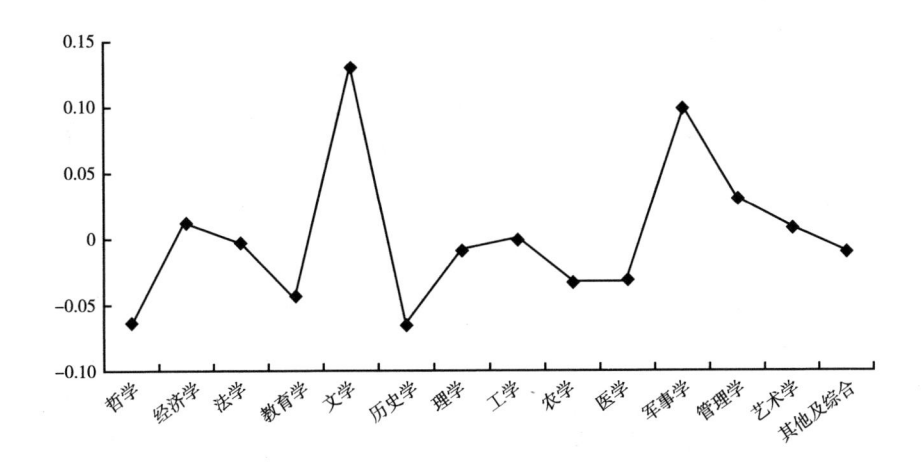

图7-4 不同学科门类工作满意度得分

就公共因子1与公共因子3的单独得分来看，工学毕业生对工作待遇、条件与压力的满意度评价在各学科门类中居于中上位置，排名第5；对工作人的人际关系满意度评价在各学科门类中居于下游位置，排名第10。说明在工作的各个方面中，工学毕业生对薪酬、工作条件、工作量等略为满意，对与老板和同事的关系不满意。在公共因子1得分中，比工学高的学科门类主要有文学、军事学、经济学与管理学，说明接受这几类学科教育有助于获得比工学高的工作待遇、条件与压力满意度；接受其他类别学科教育则将获得比工学低的工作待遇、条件与压力的满意度。在公共因子1得分中，比工学低的学科门类主要有教育学、哲学与历史学，其他学科门类的得分则均高于工科。这一方面说明工学毕业生对工作中人际关系的满意度评价较低，感觉工作总的人际关系不好相处，另一方面也反映出工程教育在促进学生工作中人际沟通方面的收益较低（见表7-7）。

表7-7 工学各公共因子具体得分排名——公共因子1与公共因子3

	类别	排名
工作总体满意度（工学）	工作待遇、工作条件与工作压力满意度	5
	工作中的人际关系满意度	10

二 工学毕业生家庭非经济资本分析

将受访者的公共因子2、6与8的得分进行加权求和即可得出各受访者的家庭非经济资本得分，权数分别为9.422%、7.512%与6.643%。再将不同学科门类受访者的得分进行平均，即可求出各学科门类毕业生得分的平均值。工学毕业生的平均家庭非经济资本得分为0.0138，在各学科门类中居于上游位置，排名第3，说明工程教育能为受教育者带来较为可观的家庭非经济资本收益。家庭非经济资本收益平均得分比工学高的学科门类为医学与军事学，排名分别为第1与第2，说明接受医学教育最有助于提高家庭非经济资本存量，接受军事学教育次之；另外，除工学外，接受教育学与艺术学专业教育对家庭非经济资本存量的提高也较为有利。接受理学、历史学与哲学教育对家庭非经济资本存量的提升较为不利，其家庭非经济资本得分在13个学科门类中均处于后3名位置（见表7-8）。

表7-8 分学科门类家庭非经济资本得分统计

	序号	学科门类	平均得分	排名
家庭非经济资本	1	哲　学	-0.0267	12
	2	经济学	-0.0044	10
	3	法　学	0.0083	6
	4	教育学	0.0119	4
	5	文　学	0.0028	9
	6	历史学	-0.0267	12
	7	理　学	-0.0241	11
	8	工　学	0.0138	3
	9	农　学	0.0061	7
	10	医　学	0.0262	1
	11	军事学	0.0184	2
	12	管理学	0.0047	8
	13	艺术学（含体育）	0.0087	5
	14	其他及综合	-0.0295	

从图7-5能够更直观地看出工学毕业生的家庭非经济资本水平在各学科门类中的位置。

就公共因子2、6和8的单独得分来看，可以了解工学毕业生具体的各类家庭非经济资本状况。工学毕业生的家庭户口状况在各学科门类中很具优势，排名第2，仅低于管理学，说明除管理学外，相比于其他学科而言，接受工学教育更有助于获得城市户口或直辖市户口等。工学毕业生的家庭社会资本水平很低，在各学科门类中排名第12位，仅高于艺术学，说明工学毕业生的社会资源普遍较少，交往的人群范围较窄，同时也反映出工学毕业生在交往能力方面不具优势，类似于工学毕业生对工作中人际关系满意度评价不高的分析结果。工学毕业

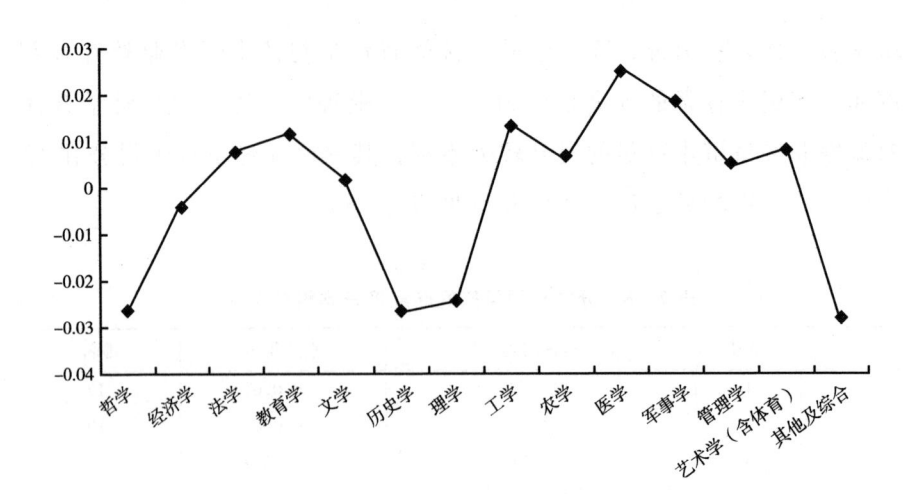

图 7-5 不同学科门类家庭非经济资本得分

生的家庭文化程度也比较高,在各学科门类中排名第 4,仅低于文学、艺术学与农学,这表明工学毕业生能掌握时代性较强的知识,拥有文化程度较高的配偶(见表 7-9)。

表 7-9 工学各公共因子具体得分排名——公共因子 2、6 和 8

	类别	排名
家庭非经济资本(工学)	家庭户口状况	2
	家庭社会资本	12
	家庭文化程度	4

在家庭户口状况方面得分最低的学科门类为农学与文学,在 13 个学科门类中分别排名第 12 和 13 位。在家庭社会资本方面排名较靠前的为军事学、农学与医学,说明接受这几类学科教育有助于受教育者社会资源的获得;艺术学的排名最低,说明艺术专业的毕业生社交范围最窄。文学专业的家庭文化程度得分最高,艺术学次之,反映出文学和艺术学的毕业生拥有 Email 的人群比例较大或配偶普遍拥有较高的学历;军事学的家庭文化程度得分最低,说明军事专业毕业生拥有 Email 的人群比例很低或配偶普遍拥有较低的学历。

三 工学毕业生生活态度分析

将受访者公共因子4和5的得分进行加权求和即可得出各受访者的生活态度得分，权数依然为各公共因子的方差贡献率，即7.846%与7.797%（见表7-10）。

表7-10 分学科门类生活态度得分统计

	序号	学科门类	平均得分	排名
生活态度	1	哲 学	0.0214	2
	2	经济学	-0.0020	9
	3	法 学	-0.0114	11
	4	教育学	0.0115	4
	5	文 学	0.0272	1
	6	历史学	0.0214	2
	7	理 学	-0.0304	12
	8	工 学	0.0029	7
	9	农 学	0.0088	5
	10	医 学	0.0015	8
	11	军事学	-0.0779	13
	12	管理学	0.0040	6
	13	艺术学（含体育）	-0.0107	10
	14	其他及综合	0.0125	

工学毕业生的生活态度平均得分为0.0029分，在各学科门类中排名第7，说明工学毕业生的生活态度积极性在各学科门类中居于中等水平。在13个学科门类中，文学毕业生的生活态度最为积极向上，得分最高，其次是哲学、历史学、教育学等。理学与军事学的生活态度得分最低，表明在各学科门类中理学与军事学毕业生生活态度最为消极。

图7-6能够更直观地看出工学毕业生的生活态度水平。

就公共因子4与公共因子5的单独得分来看，工学毕业生的行为自我认同度较低，在各学科门类中排名第9；自信度略高，在各学科门类中排名第5，说明工学毕业生相对于其他学科毕业生而言，在心理上有一定的优势，对自己的能力较为肯定（见表7-11）。

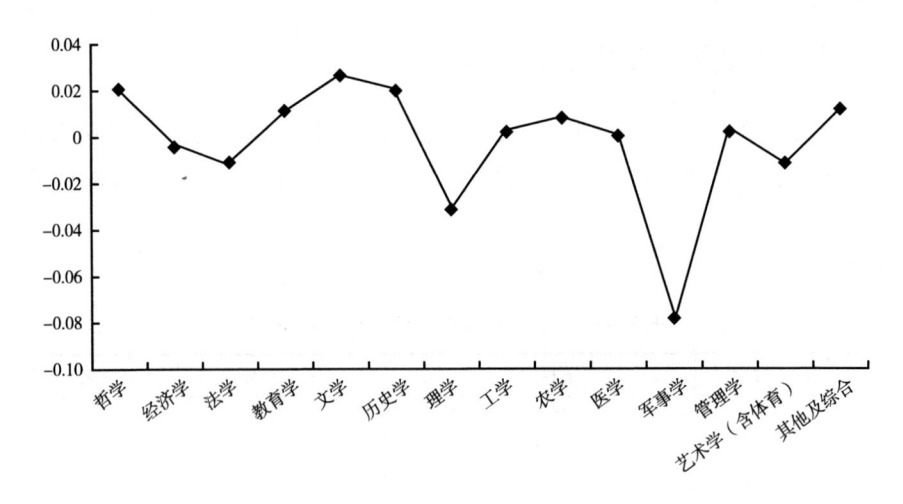

图 7-6　不同学科门类生活态度得分

表 7-11　工学各公共因子具体得分排名——公共因子 4 和公共因子 5

	类别	排名
生活态度（工学）	行为自我认同度	9
	自信度	5

在各学科门类中，哲学与历史学毕业生的行为自我认同度得分最高，对自己的做事态度与做事能力最为肯定，理学与文学毕业生次之。艺术学专业的毕业生最为自信，自信度得分在各学科门类中排名首位，自豪感最强；接下来排名依次是医学、经济学与教育学，这几类学科毕业生的自我肯定度也较高；农学、哲学与历史学毕业生的自信度较低，排名分别为第 11、12 与 12。

四　工学毕业生社会地位自我认同度分析

公共因子 7 的得分显示了受访者对自己社会地位的评价，但是为了与上述 3 个合并因素得分的数值口径统一，这里将公共因子 7 的得分再与其权数相乘，作为新的社会地位自我认同度得分。计算后得出新的工学毕业生的社会地位自我认同度平均得分为 -0.0064，在各学科门类中排名第 10，处于下游地位，表明工学毕业生普遍认为自己的社会地位较低。社会地位自我认定度得分最高的学科门类为军事学，接下来依次为艺术学、哲学、历史学、管理学等；得分较低的学科门类除工学外，还主要有农学、理学与教育学。可以看出工学毕业生对自己的社会地位自我认同度较低，对自己的社会地位不满意，工程教育在提升社会地位自我认同度方面的收益较低（见表7-12）。

表7-12 不同学科门类社会地位自我认同度得分统计

	序号	学科门类	平均得分	排名
社会地位自我认同度	1	哲学	0.0122	3
	2	经济学	-0.0012	9
	3	法学	0.0095	6
	4	教育学	-0.0159	13
	5	文学	0.0024	8
	6	历史学	0.0122	3
	7	理学	-0.0092	12
	8	工学	-0.0064	10
	9	农学	-0.0074	11
	10	医学	0.0082	7
	11	军事学	0.0223	1
	12	管理学	0.0103	5
	13	艺术学（含体育）	0.0219	2
	14	其他及综合	-0.0006	

图7-7更易直观地比较出工学毕业生社会地位自我认同度的相对高低。

下面的表7-13和表7-14与图7-8和图7-9以表格或图形的形式对我国工程教育分类别与分公共因子的非经济收益排名情况进行了总结，可以更直观地看出我国工程教育的具体收益水平。

表7-13 工学各方面非经济收益排名总结

序号	类别	工学排名	序号	类别	工学排名
1	工作满意度	6	3	生活态度	7
2	家庭非经济资本	3	4	社会地位自我认同度	10

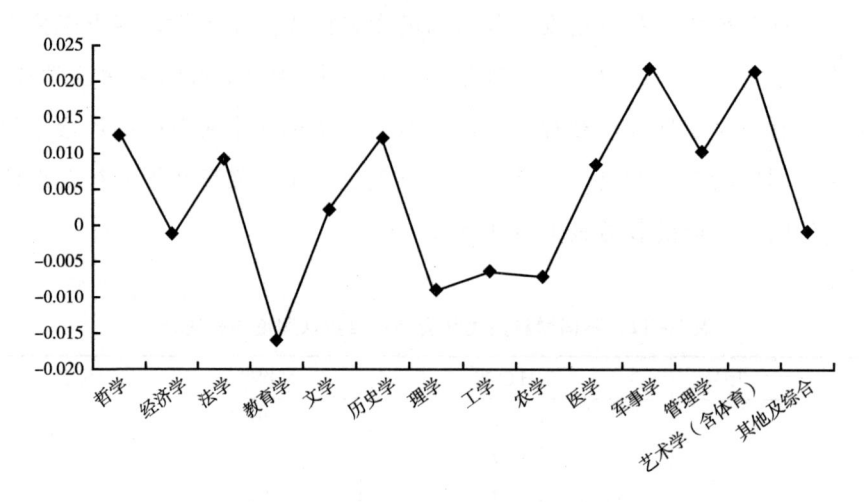

图 7-7 不同学科门类社会地位自我认同度得分

表 7-14 工学具体各因子非经济收益排名总结

序号	公共因子	工学排名	序号	公共因子	工学排名
1	工作待遇、条件与压力满意度	5	5	自信度	5
2	家庭户口状况	2	6	家庭社会资本	12
3	工作中的人际关系满意度	10	7	社会地位自我认同	10
4	行为自我认同	9	8	家庭文化程度	4

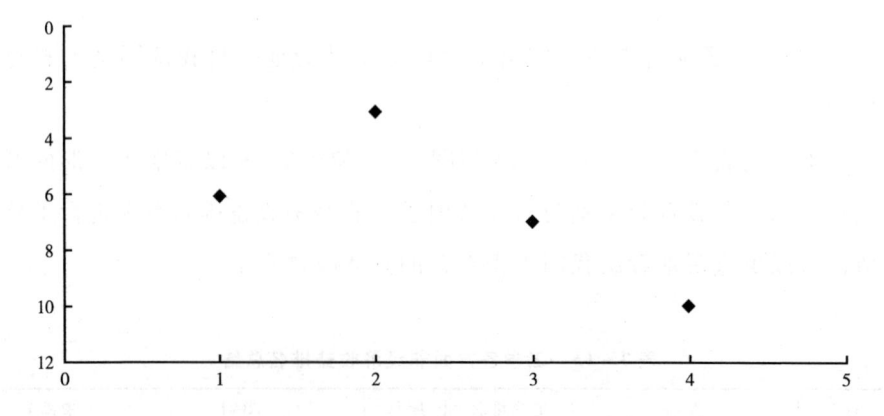

图 7-8 工学各方面非经济收益排名

图7-9 工学具体各因子非经济收益排名

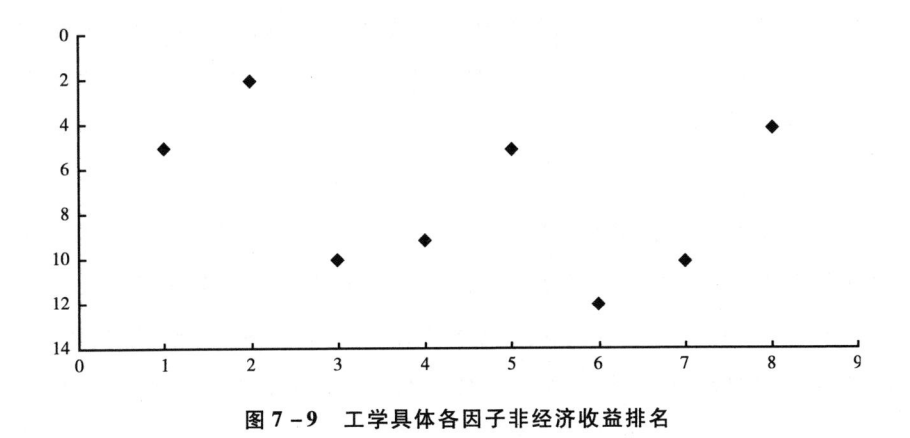

第五节 本章小结

本章运用因子分析中的探索性因子分析方法对我国工程教育的非经济收益水平进行了分析。根据变量的相关性，因子分析将反映教育非经济收益的众多初始变量进行了降维处理。经过4次迭代过程后，最终确定采用的公共因子变量个数为8个，依次为工作待遇、条件与压力满意度因素、家庭户口状况因素、工作中的人际关系满意度因素、行为自我认同因素、自信度因素、家庭社会资本因素、社会地位自我认同因素与家庭文化程度因素。

将8个公共因子的得分进行加权求和即可得出受访者所获得的教育非经济收益的综合得分。计算结果显示，工学毕业生的平均教育非经济总收益得分为0.0124，在各学科门类得分中排名第5，处于中等稍上位置，反映了我国工程教育总体的非经济收益水平。8个公共因子又可依照解释含义的相近程度归为4大类，分别是工作满意度、家庭非经济资本、生活态度与社会地位自我认同度。总体来看，与其他学科相比，工学毕业生的工作满意度一般，得分在13个学科门类中排名第6；工学毕业生的家庭非经济资本得分较高，在各学科门类中排名第3，仅次于医学与军事学；工学毕业生的生活态度得分在各学科门类中处于中等水平，排名第 7；工学毕业生社会地位自我认同度偏低，在 13 个学科门类中排名第 10。因此，我国工程教育在提升受教育者家庭非经济资本存量方面较有优势，对受教育者工作满意度与生活态度的促进水平一般，在提升社会地位自我认同度方面的收益较弱。

将 8 个公共因子分别来看，工学毕业生对工作待遇、条件与压力的满意度的评价略为偏上，排名第 5；对工作中的人际关系满意度评价较低，排名第 10；工学毕业生的家庭户口状况在各学科门类中很具优势，排名第 2，仅低于管理学；家庭社会资本水平很低，排名第 12，仅高于艺术学；家庭文化程度水平也比较高，在各学科门类中排名第 4。工学毕业生的行为自我认同度较低，排名第 9；自信度略高，排名第 5。工学毕业生的社会地位自我认同度较低，排名第 10，处于下游地位。

第八章
中国工程教育投资收益水平提高途径探讨

工程教育收益水平的提高非常重要。在当代各国的经济发展中，工程教育人力资本起到了重要的作用。人力资本是经济增长的源泉，已有许多研究证实，居民受教育程度与经济增长之间存在明显的正相关关系，人力资本存量高的地区拥有更高的经济增速与更持久的经济发展动力。美国、德国等西方发达国家，科学技术能持续保持国际顶尖水平均得益于工程教育的高度发展。同为发展中国家的印度，在过去的20多年中，软件业以平均每年30%的速度发展，也主要是工程教育人力资本的功劳（Bagde，2008）。

时代与国际环境对工程教育收益水平提出了更高的要求。我国工程教育的发展和成熟伴随着我国工业化与现代化的进程，为国家的社会主义现代化建设做出了突出的贡献。在科学、技术和工程越来越重要的全球化背景下，工程教育问题日益引起我国政府、企业界与教育界的关注。经济的全球化需要各方经济主体的积极参与，工程教育也不例外，国内工程师与海外同行在同一平台上竞争与合作的机会越来越多。

从教育收益整体来看，教育能为受教育者个人带来经济与非经济收益，并且由于教育本身所具有的外部性的存在，还可以带来社会收益。在我国，教育的个人收益存在实现程度低的现象，尤其是对于工程教育这类对国民经济发展至关重要但是个人收益却不具优势的学科而言更是如此。正如海克曼所说："在中国，这种外部性很可能很大。举例来说，受过良好教育的劳动力创造出新思想和知识，而个人有可能不能得到他们受教育所带来的全部收益，尤其是在目前，有技能的工人的工资被现行政策所抑制"（海克曼，2003）。单就我国的工程教育收益而言，我国的工程教育总体收益水平不具优势。就经济收益来看，与国内其他学科相比居于中等水平，与美国相比则明显偏低；就非经济收益来看，在13个学科门类中居于中等略微偏上的水平。工程教育收益水平的提高是我国工程教育人力资本，乃至我国人力资本总量提高的关键。人力资本若与高科技的物质资本结合将是极有价值的，两者相互补充（海克曼，2003），而人力资本中的工程教育人力资本又与高科技物质资本结合的最为紧密。工程教育收益水平的提高不但能激励个人进行工程教育投资，留住国内工科人才，还能吸引海外人才来参与我国的经济建设。工程教育收益水平的提高也能激发工程师的工作积极性，获得更高的工作成效等。因此，工程教育收益水平的提高在我国具有重要的意义。

第一节　中国工程教育收益水平不具优势的成因分析

一　"其他工科"类专业教育收益水平落后

通过我国工程教育收益率的估算结果可以看出，从我国工程教育收益内部来看，"生物工程"，"计算机应用、软件"与"其他工科"三类工程教育专业的收益水平之间存在明显的差距。"其他工科"类专业的收益水平相对较低。在我国的工程教育体系中，"其他工科"类专业是工程教育的主体，涵盖了工学门类中的大部分专业，因此着重推动"其他工科"类专业的发展应成为政府工作的主要方面。进一步分性别来看，男性的教育收益率一直处于下游位置，女性的教育收益率虽于

2003~2008年得到了显著提高,但仍有上升的空间。可见,"其他工科"类专业教育收益率的提高应同时关注男性与女性教育收益两个方面,且男性教育收益需要得到更多的重视。

就"生物工程"类专业来看,男性的教育收益率远低于女性,女性的教育收益率在各专业中居于上游位置,且于2008年位居第一;就"计算机应用、软件"类专业而言,男性的教育收益率要显著高于女性,二者的教育收益水平在各类专业中分别居于上游与中下游的位置,因此着重提高"生物工程"类专业男性的教育收益率与"计算机应用、软件"类专业女性的教育收益率应成为工作的重点。

二 生源质量与教育质量影响了中国的工程教育收益水平

从人力资本理论的角度看,生源质量与教育质量直接影响着人力资本的生产过程,是人力资本内在形成机制的重要因素,决定着人力资本存量的增加幅度。国外许多研究已经证实,生源质量与教育质量对教育收益的正向促进作用。数学成绩、个人资质等都会影响教育效果,优秀的生源具有更强的学习能力,如宋等(Song, Orazem and Wohlgemuth, 2008)等已研究发现,数学能力对教育收益具有明显的正向促进作用。布拉斯伯格运用1980年与1990年美国人口普查数据对移民的收入及其来源地国家教育质量间的关系进行了分析,发现不同的教育体系会影响教育收益,国家的教育系统特征与其培养出的劳动者的生产能力之间存在显著的关系。这说明教育质量确实能够提高受教育者的生产能力,甚至在受教育国之外的其他地方也同样能得到体现。其他相关研究还有托马斯(Thomas, 2000)、詹姆斯等(James, Alsalam and Conaty 1989)等。

生源质量与教育质量是否确实对我国的工程教育收益产生了影响呢?可以通过进一步扩展模型3.2来对我国的相关数据进行验证。通过在模型3.2中引入生源质量变量R与教育质量变量Q来建立"式8-1",并用"式8-1"对我国CGSS样本数据进行回归。通过该回归结果中"生源质量"与"教育质量"变量的系数,以及该回归结果与模型3.2回归结果之间的差异,可以看出生源质量与教育质量是否确实对我国教育收益存在影响。

$$\ln Y = a + \sigma_0 T_{08} + \sum_{k=1}^{14} b_k Sh_k + \sum_{k=1}^{14} \sigma_{1k} T_{08} Sh_k + cE + \sigma_2 T_{08} E + dE^2 + \sigma_3 T_{08} E^2$$
$$+ \sum_{j=1}^{m-1} \sum_{i=1}^{7} e_{ij} D_{ij} + \sum_{j=1}^{m-1} \sum_{i=1}^{n} \sigma_{4ij} T_{08} D_{ij} + fR + \sigma_5 T_{08} R + gQ + \sigma_6 T_{08} Q + \varepsilon \quad (8-1)$$

在式8-1中,R代表生源质量,$T_{08}R$为年份变量与生源质量变量的交叉变量;Q代表教育质量,$T_{08}Q$为年份变量与教育质量变量的交叉变量;其他变量所代表的含义同前。

理论上,对高等教育生源质量的最客观衡量方法为学生的入学分数,但CGSS数据中并不包含受访者的高考分数项,且由于不同受访者参加高考的年份不同,分数绝对值的纵向比较也不尽科学。基于数据情况,采用数据中对受访者"高中阶段就读学校等级"一项调查的取值来近似替代高等教育的生源质量较为恰当。R即为生源质量控制变量,当受访者就读高中为"省/直辖市重点中学"时,R取值为"1",否则取值为"0";参照组为"省/直辖市重点中学"以外的"其他中学"。

能够体现大学教育质量的指标很多,通常包括人才培养目标、学术环境、学术成就、师生比、课程设置、教学硬件设施等,但CGSS数据中并不包含上述指标数据。数据中受访者"大学阶段就读学校等级"能在一定程度上反映学校的教育质量,如教育部直属高校的教育质量通常高于地方所属高等院校,全日制高校的教育质量通常高于非全日制高校。Q即为高等教育质量控制变量,当受访者就读高校为"全日制高校"时,取值为"1",否则取值为"0";参照组即为"非全日制高校"。

采用最小二乘法,运用"式8-1"对CGSS合并样本进行回归。回归结果显示,相较于模型3.2而言,"式8-1"对数据的拟合度又得到了更进一步的提高,调整的R^2值由模型3.2的0.359提高到了0.361,说明生源质量与教育质量确实对我国教育收益存在显著影响。表8-1对引入生源质量与教育质量变量前后模型数据拟合度的变化进行了呈现。

表 8-1 引入生源质量与教育质量变量前后模型对数据拟合度对比

模型	调整的 R^2 值	标准估计的误差	F	Sig. f
模型 3.2	0.359	0.67825	24.612	0.000
式 8-1	0.361	0.67735	23.815	0.000

表 8-2 生源质量与教育质量变量系数值估算结果

变量	系数值	Sig.	变量	系数值	Sig.
R	0.121	0.093	$T_{08}R$	0.009	0.924
Q	0.109	0.02	$T_{08}Q$	-0.04	0.597

表 8-2 对生源质量与教育质量变量的系数估计值结果进行了统计。从表 8-2 可以看出，生源质量变量 R 的系数估计值为 0.121，且其 t 检验值在 0.1 水平上表现显著；教育质量变量 Q 的系数估计值为 0.109，且其 t 检验值在 0.05 水平上表现显著。这说明在其他变量条件均一定的情况下，高中阶段曾就读于"省/直辖市重点中学"受访者的个人收入比参照组（高中阶段就读于"省/直辖市重点中学"以外的"其他中学"）的个人收入高出 12.86%；大学阶段就读于"全日制高校"受访者的个人收入比参照组（大学阶段就读于"非全日制高校"）的个人收入高出 11.52%。这充分表明生源质量与教育质量均对我国高等教育收益及其工程教育收益存在重要的影响，优秀的生源质量与教学质量均有助于产生更高的教育收益。$T_{08}R$ 与 $T_{08}Q$ 交叉变量的系数估计值均表现不显著，说明在 2003~2008 年，生源质量与教育质量对教育收益的影响程度没发生显著变化。总之，通过运用"式 8-1"对我国的 CGSS 数据进行检验得出：生源质量与教育质量对我国的高等教育收益及其工程教育收益确实产生了显著的影响，且影响程度在 2003~2008 年无明显变化。

筛选理论认为教育的筛选功能优于生产功能而存在，先天资质是筛选理论对个人生产能力方面的强调，它与已完成的受教育水平共同造就了当前的生源质量，而当前生源质量又与后续的受教育水平共同影响着个人的生产力水平及工资收入。单从受教育水平来看，其取决于已接受教育的数量与质量。从以上生源质量与教育质量对我国的高等教育收益的显著影响也可以看出，在我国高等教育阶段，先天资质与既有学习基础会影响到受教育者后续的学习收获。教育也确实具有生产功能，能通过作用于人力资本的生产过程而切实提高个人的生产力水平；在教育生产过程中，除教育数量或教育年限外，教育质量也会对人力资本的形成产生影响。通过上述分析可以得出，教育可能确实存在信号功能，但不会贯穿于个人的一生，教育的生产功能能够对收入和教育之间的正向因果关系做出重要解释。这也与萨卡波罗洛斯（Psacharopoulos and Woodhall, 1985）与格鲁特（Groot et al., 1995）等对国外情况的研究结果不谋而合，为人力资本理论在中国的适用性提供了支持。

三 劳动力市场的严重分割属性妨碍了工程教育收益的实现

通过前文关于职业因素控制变量对高等教育收益的影响分析可以看出，职业因素控制变量对我国高等教育收益存在显著的影响，反映出我国劳动力市场上存在的严重分割属性。在7个职业因素控制变量中，目前工作类型、单位所有制性质、主管部门级别、技术职称、单位内管理级别与国家行政级别均对教育收益产生了重要影响，且总体来看，对男性的影响程度高于女性。劳动力市场的严重分割不利于工程科技人才的流动与工程教育收益的实现，进而会影响到工程教育收益水平与工程教育人力资本存量的提高。因此，灵活、自由的工科毕业生劳动力市场的建立对我国工程教育收益水平的提高非常重要。

第二节 提高中国工程教育收益水平的政策建议

综合以上分析可以看出，着重提高"其他工科"类专业教育收益水平、吸引优秀工科生源、提高工程教育质量、推动建立灵活自由的工科毕业生劳动力市场等是提高我国工程教育收益水平的关键所在，需要政府、高校、企业等各方主体的共同努力。

一 政府为工程教育发展创造空间

工程教育收益水平的提高有赖于政府在工程教育事业发展各方面给予的引导与支持。政府应积极发挥主导作用，着眼于未来经济与科技的发展方向，把握未来经济与科技增长点，运用历史的、系统的眼光为工程教育制定科学的战略规划，促进工程教育的良性发展，这是我国工程教育收益水平提高的基础。

（一）加大工程教育人力资本投资力度

政府应加大对工程教育人力资本的投资力度。学习可以引发进一步的学习（海克曼，2003），技能形成是一个动态过程，由若干相互影响和制约的重要因素构成；技能本身催生新的技能，初期投资直接带来后续的追加投资（海克曼，2003）。工程教育人力资本投资能为我们带来丰厚的回报。在当前世界经济背景与我国的经济发展阶段，加大对工程教育人力资本投资尤为重要。科学技术的飞速发展、信息的瞬息万变都对工程教育提出了越来越高的要求。人力资本能推动技术进步，我国物质资本投资所带来的新技术需要更多有技能的工人操纵（海克曼，2003）。如果工程科技人才的培养落后于科技发展的需求，则更会削弱科技发展的成果，因此加大对工程教育人力资本的投资非常重要。

当前我国工程教育的改革、工程教育质量的提高等都需要有充足的经费做保障。工程师实践能力与创新能力的培养需要产学研之间的合作，其中鼓励企业参与培养人才、建立实习基地等工作都需要经费支持；工程教育师资队伍的建设、国外优秀师资的引进等也离不开资金的投入。因此，政府应适当将公共支出向工程教育方面倾斜，将资金投放于工科学生的培养与教师的科研经费投入等方面，同时还可以帮助建立多种渠道，筹措资金支持工程教育发展。政府可以通过投资帮助学校与企业建立实习基地，通过给提供实习的企业予以资金补助、税收优惠等方式来促进产学研合作。在学生科研项目资助方面，政府也应加大资金投放的力度，这样有助于开阔学生的学术视野，培养学生的创新意识与创新能力。

(二) 对工程教育发展予以政策方面的支持

工程教育的招生、培养、就业等各个环节都势必会受到政府政策的影响。国家的教育与培训系统能够有效促进经济和社会的发展，而这也应成为政府工作的主要目标之一。另外，市场中存在的失灵现象也需要公共政策的介入，如企业的短期行为对工科生培养目标带来的不利影响等。

工程教育的发展对任何一个国家的发展都具有重大的意义。西方国家也都在对工程教育的发展做着政策方面的努力，且成效显著。如英国政府教育政策的推出显著提高了理工科与技术类毕业生的数量，1994~2004年，英国理工科毕业生人数增长了43%。我国政府也应该加强这方面的公共政策建设，并对我国工程教育改革与发展做出统一规划，如制定工程教育人力资本发展战略、制定工程师培养标准等。

政府在制定政策与工程教育战略规划时都要有战略性的眼光，准确把握经济社会的发展方向，避免企业短期行为的影响。工程教育改革要具有全球视野，工程科技人才的培养标准也要基于社会发展的需要，如重视创新能力、实践能力、人文素养的培养等。

目前我国正在准备申请加入《华盛顿协议》，以此推进我国工程教育全球化的进程。当前全球共有6个关于工程学历与专业能力的资格互认的国际协议，其中涵盖工程教育的互认协议有3个，分别是：《华盛顿协议》(The Washington Accord)、《悉尼协议》(The Sydney Accord)与《都柏林协议》(The Dublin Accord)。《华盛顿协议》是一项关于工程教育学士学位的国际互认协议，协议规定签约国所认证的工程教育培养方案在各签约国之间具有实质等效性，任何签约国认证的工程专业毕业生在其他签约国也同样得到承认。但是学历的互认不能溯及既往，只能从正式成为成员国后开始生效。加入《华盛顿协议》将对我国工程教育的改革方向起到重要的引导作用，并将促进我国工程科技人才国际竞争力的大幅提升。

2010年6月，国家推出了"卓越工程师教育培养计划"（以下简称"卓越计划"）。"卓越计划"是为贯彻落实党的十七大提出的走中国特色新型工业化道路、建设创新型国家、建设人力资源强国等战略部署，贯彻落实《国家中长期教育改革和发展规划纲要（2010~2020年）》实施的高等教育重大计划。"卓越计划"对高等教育面向社会需求培养人才，调整人才培养结构，提高人才培养质量，推动教育教学改革，增强毕业生就业能力具有十分重要的示范和引导作用。"卓越计划"的目标是：面向工业界、面向世界、面向未来，培养造就一大批创新能力强、适应经济社会发展需要的高质量各类型工程技术人才，为建设创新型国家、实现工业化和现代化、奠定坚实的人力资源基础，增强我国的核心竞争力和综合国力。以实施"卓越计划"为突破口，促进工程教育改革和创新，全面提高我国工程教育人才培养质量，努力建设具有世界先进水平的中国特色社会主义现代工程教育体系，促进我国从工程教育大国走向工程教育强国。"卓越计划"的实施范围包括本科、硕士和博士三个工程教育层次。"卓越计划"强调对工科学生实践能力和创新能力的培养与训练，强调跨专业、跨学科复合型人才的培养，"卓越计划"还注重对学生职业精神与职业道德的培养。为此"卓越计划"推出了一系列重要举措，如创立校企联合培养的新机制，高校与行业企业联合培养人才；改革工程教育的人才培养模式，校内重构课程体系与教学内容，强化工程实践、设计与创新能力，在企业则深入开展工程实践活动，参与企业技术创新和工程开发，培养学生的职业精神与职业道德。"卓越计划"强调工程教育师资队伍的建设，注重工科教师实践能力的提升，具体措施包括引进有丰富工程经历的教师、侧重评价教师的实践能力、鼓励没有工程经历的教师到企业去工作、建立工科专业教师资格认定制度等。"卓越计划"的推出体现了国家对优秀工程科技人才培养的重视，"卓越计划"的培养标准将为优秀工程师的培养指明目标与方向，入选"卓越计划"的高校的工程人才培养模式也将对其他高校的工程教育起到良好的示范作用。正像"卓越计划"目标所说的那样：

"卓越计划"作为我国工程教育改革的突破口，将引领我国的工程教育发展方向，培养出拥有创新意识、实践能力强、重职业道德的世界一流工程科技人才。

（三）完善工程教育外部质量保障体系

政府要完善工程教育的外部质量保障体系，这是提高我国工程教育质量的重要保证。高等教育质量保障体系主要可划分为内部质量保障体系和外部质量保障体系。内部质量保障体系是由高等教育机构自己组织的质量保障评估体系，外部质量保障体系是由政府或社会中介机构组织的质量评估体系（刘献君，2010）。政府部门应促进建立科学的工程教育评估体系，建立科学的工程教育评估标准，充分发挥评估的引导与监督功能，督促高校树立社会责任感与提高办学质量。政府、社会与高校各主体间应各自发挥自身优势，形成有效的合作伙伴关系。政府应将工作重点放在资源投入、规则制定、监管协调等方面，发挥宏观治理与协调作用；中介组织成为主要的评估实施主体；高校不再是被动的评估接受者，而是积极参与到评估的各项环节中。同时，高校也应加强内部质量保障体系建设，加强校内工程教育评估，定期实施学校内部的工程教育课程评价、科研评价等工作，把握自身的教育质量。

工程教育的发展有赖于社会的重视，政府应营造全民重视工程教育、崇尚科技文化的环境，为工程教育的发展培育健康的土壤。

二 提高中国工程教育生源状况

充足、优秀的生源是工程教育事业发展的基础。当前我国的工程教育生源状况存在数量与质量方面的隐忧，工程教育生源状况会直接影响到工程教育的收益水平。因此，我国工程教育生源状况的提高应得到充分的重视。

如何将优秀的生源吸引到工程教育中来，已成为国外一些工科类院校招生工作的重点。目前许多西方国家在技术、工业和数学等领域都面临着专业人才严重短缺的局面，都在积极寻求破解难题之途

(Wasburn，2007）。工程教育生源问题很早就引起了西方学者的关注。20 世纪 90 年代中期，美国经历了工程教育生源数量下降的情况。近 10 年来，瑞典一直面临着如何吸引学生选择工科的难题。对于西方发达国家普遍面临着工程师短缺的危机状况，有的学者把缓解工程师短缺的关注点更多地放在了提高工科学生的保持率方面，这方面的努力当然有助于问题的解决，但是要想从根本上解决问题，还需要配合扩大工科专业招生量等一系列措施。为了提高工程教育生源的数量与质量，一些学者深入分析了影响工程教育生源的各种因素，如在美国，性别是影响学生是否选择工科的最重要因素（Haifeng Wu，2009）；种族也是影响因素之一，有的学者建议通过提高社会资本投入来提高非洲裔学生选择工科的概率等；还有的国家和学校实施了专门的招生与教学计划来激发学生学习工科的兴趣，并且有的学者研究出了预测模型，如多元回归模型、决策树模型等来估计工科学生的数量变化趋势，预知工程教育的规模，提前引导工程教育的良性发展。高校实施的工科招生计划中较有影响力的有"无穷大计划"（Infinity Project）等。"无穷大计划"由美国的南卫理工会大学（SMU）工程教育学会于 1998 年开始实施，旨在提高工程教育生源的数量、质量和多样性。这是一个包含课程设计并将其具体实施的计划，例如为高中生介绍工程学的核心思想、原则等，激发他们学习工科的兴趣。其他类似项目还有圣何塞州立大学（SJSU）工程学院的 DEI（Diversity in Education Initiative）计划等。通过各界的一系列努力，近年来，美国的工科生源状况呈现了逐渐回暖的迹象。瑞典的于勒奥理工大学土木、采矿和环境工程系的教师们就已经开始致力于提高工科招生量的工作，他们在瑞典各地精心挑选了一些高中，到这些学校宣传作为一名专业工程师的伟大意义，介绍工科专业的相关知识等，大型教育展览团也参与其中。这些活动背后有完善的招生计划战略做支撑，因而使得这项工作取得了良好的效果。在于勒奥理工大学的其他工科专业面临生源危机且有些专业因此被取消的情况下，土木、采矿和环境工程系的招生数量一直保持稳定，甚至还有所增长。

培养优秀的工程师有赖于良好的生源质量。我国要在借鉴西方发达国家经验的同时，立足我国国情，积极实施有效的方案与教育计划，提高我国的工程教育生源状况，为我国的工程教育改革打好基础。政府和高校应该采取措施鼓励优秀的学生报考工科，如信贷优惠、提供奖助学金、项目支持等。高校将吸引优秀工科生源作为一项切实的工作来落实，招生由专人负责，每年制定详细的、切实可行的招生计划等。

三 提高中国工程教育质量

教育质量直接影响着教育收益水平。目前，我国的工程教育体系中还存在一系列问题，提高工程教育质量对工程教育收益的提高具有重要的意义。美国工程与技术认证委员会（ABET）对工程教育人才的培养提出了明确的标准，认为工科毕业生应具备 11 项能力。根据最新修订的"培养标准（2012～2013）"，这 11 项能力分别为：（1）应用数学、科学与工程知识的能力；（2）进行设计、实验分析与数据处理的能力；（3）在经济、环境、社会、政治、伦理、健康、安全、可制造性与可持续性等现实情况约束条件下设计一个系统、一个单元或一个过程来满足需要的能力；（4）在多学科背景团队中有效发挥作用的能力；（5）识别、阐明及解决工程问题的能力；（6）对职业与伦理责任的认知；（7）有效的人际沟通能力；（8）全面的教育背景，能认识到工程方案在全球、经济、环境与社会大环境下可能产生的影响；（9）认识到终身学习的必要性，且有从事终身学习的能力；（10）了解当今时代的诸多问题；（11）在工程实践中运用相关技术、技巧与现代工程工具的能力。[①]

结合我国经济发展中存在的问题来看，当前我国的经济增长过度依赖能源资源消耗，环境污染严重；经济结构不合理，农业基础薄弱，高技术产业和现代服务业发展滞后；自主创新能力较弱，企业核心竞争力不强，经济效益有待提高。因此，加强我国工程教育实践能力和创新能

---

① ABET 官网，http://www.abet.org/engineering-criteria-2012-2013/。

力方面的人才培养，已成为我国经济发展急需解决的问题。同时，为迎接经济全球化与工程教育全球化的挑战，考虑到当前我国工科人才培养中的薄弱环节，加强我国工程教育社会责任与沟通能力的培养也应成为我国工程教育质量提高的主要方面。

（一）加强实践能力培养

加强工程教育实践能力与创新能力的培养是我国工程教育改革的重要目标。《国家中长期科学和技术发展规划纲要（2006~2020年）》提出，到2020年，我国科学技术发展的总体目标为"自主创新能力显著增强，科技促进经济社会发展和保障国家安全的能力显著增强，为全面建设小康社会提供强有力的支撑；基础科学和前沿技术研究综合实力显著增强，取得一批在世界上具有重大影响的科学技术成果，进入创新型国家行列，为在21世纪中叶成为世界科技强国奠定基础"。该纲要还对工程教育的实践能力培养提出了"创新研究生培养机制，着力培养创新精神与实践能力"的要求，强调坚持产学研结合，鼓励和支持高等学校同企业、科研机构建立多渠道、多形式的紧密型合作关系，共同培养创新人才，联合开展创新活动。

目前，我国的工程教育缺乏实践，培养的人才不能满足社会发展的需求。实践问题不仅是表面上的方法问题，更深层次的应该是理念问题（朱高峰，2011）。在工程教育过程中应将理论与实践有效地结合起来，要将对学生实践能力的培养渗透到教学与实践的每一个环节。

目前，我国工程教育的课程体系已不能适应发展的要求，如教学体系长期按基础课、专业基础课、专业课的老三段来划分和安排，缺乏适应现代工程特点的变化。基础课，甚至相当部分专业基础课是按照科学教育的理念组织的，主要考虑学科体系的完整性，并不按照工程的需要加以重组。专业课也主要是讲技术、讲分析，以还原论为基础，缺乏工程的系统思维与综合思维，在学科定义、设计理念、理论与实践的关系方面，都有待根据工程的特点予以矫正，并提出相应的改进方案（朱高峰，2011）。因此，我国的工程教育课程体系需要依据环境变化进行改革，在课程设置中体现出对实践能力培养的重视。同时，各工程类院校也应根据自身的特点培养出若干个特色与优势学科。

加强工程教育师资力量的建设也成为必需。目前，我国的工科教师普遍存在实践经验不足的现象，教师多数都没有在企业全职工作过，虽然科研水平较高，但是实践经验不足；企业中实践经验丰富的员工又因缺乏科研能力及政策的支持而难以跨越职业鸿沟进入高校担任专职教师。工科教师队伍实践经验的提高是培养学生实践能力的前提。高校可以通过适当从国外引进杰出的工科教师、从企业聘请优秀工程师到学校担任兼职教师等方式加强师资队伍建设。

工程教育实践能力的培养离不开产学研结合。产学结合与校企合作是解决实践教育缺失的根本途径（朱高峰，2011）。学生到企业中才能真正地融入实践过程。目前我国还没有企业参与人才培养的大环境，企业不愿意承担起培养工程师的责任，只着眼于利益的追逐，而无长远发展的战略眼光。企业和学校之间的合作可培养工程教育实践能力培养，政府应采取资金投入、政策鼓励等措施推动这一合作的有效形成；行业学会应切实起到高校与企业之间沟通者的作用，帮助搭建起高校与企业合作培养工程师的平台；企业也要树立服务意识，承担起培养工程科技人才的责任。

（二）加强创新能力培养

创新能力被认为是人类独有的能力，创新意味着新颖和与众不同（Court，1998），创新能力是工程师应该具备的核心能力之一。

经济的持续发展离不开创新。科技创新对生产部门核心竞争力的提高起着关键的作用，尤其是在当前市场信息瞬息万变，新技术与新项目层出不穷的信息技术时代背景下，科技创新就显得尤为重要。我国的工程设计不能一味地跟随与模仿，更应注重原创性研究。工程教育应该重视创新人才的培养，提高工程师的研发能力。《国家中长期科学和技术发展规划纲要（2006~2020年）》也充分体现了国家对创新能力培养的重视。例如对人才队伍建设方面，强调"充分发挥教育在创新人才培养中的重要作用","加大吸引留学和海外高层次人才工作力度","构建有利于创新人才成长的文化环境";要求把提高自主创新能力摆在全部科技工作的突出位置,倡导自主创新,"我国要在激烈的国际竞争中掌握主动权,就必须提高自主创新能力,在若干重要领域掌握一批核心技术,拥有一批自主知识产权,造就一批具有国际竞争力的企业","必须把提高自主创新能力作为国家战略,贯彻到现代化建设的各个方面,贯彻到各个产业、行业和地区,大幅度提高国家竞争力"。

工程教育过程中应着重培养学生的创新意识与创新思维,激发学生的好奇心、挑战精神与对工学的热情。这也应体现在工程教育培养目标、课程设计等的每一个环节中。工科教师应能准确把握学科的发展方向,鼓励学生关注有价值的学术研究空白领域。工程师创新能力的培养需要学术界与工业界的深度结合,国家与企业也都应为此做出努力。跨学科的指导与合作对工程师的创新能力培养也非常重要。目前,在西方的工科类院校中,跨学科研究已经渗透到了各个领域,跨学科课程、跨学科指导等已经非常普遍。我国的工程教育也应进一步强调交叉学科的合作研究,发展跨学科专业、培养跨学科师资、开展跨学科课程等,增加工科之间、工科与其他学科之间的学术研讨和交流。

(三) 注重社会责任培养

目前,我国工程教育改革已沿着多条路径展开,在当代的工程教育改革中,责任意识已成为一个综合性的核心。承担培养"未来工程师"重任的工程教育应当充分考虑对学生的社会责任意识的培养,充分意识到未来的工程教育应当符合"大工程观"的理念,即以责任意识为导向实现操作、价值与审美的综合,实现思维整体性与实践可行性的统一,实现工程与科学、艺术、管理、经济、环境、文化的统一。因此,在工程教育实践中对工程师社会责任意识的培养应坚持以下原则:一是尊重人类与尊重自然的统一,教育未来工程师把人类的利益作为评价和选择工程活动的准则,任何工程活动都要尊重、维护人的健康和生命,当人类索取与自然界平衡发生冲突时,必须坚持取之有度与和谐共存的方针；二是个人主义与集体主义的统一，工程师应当因地制宜地估量各种具体情况，尽量兼顾双方，调节好二者之间的关系；三是满足现实需求与考虑长远发展的统一，首先从现实角度出发，工程建设首先要解决现实问题，从可持续发展的角度出发，工程建设还要把现实与未来结合起来考虑，不能置子孙后代的利益于不顾。

（四）注重沟通能力培养

沟通能力也应是工程师的必备能力之一。就书中对我国工程教育非经济收益研究的结果已经看出，我国工程师的沟通能力与人际交往能力并不理想。工科毕业生对工作中的人际关系满意度评价较低，在13个学科门类得分中排名第10位；工科毕业生的家庭社会资源较少，交往的人群范围较窄，得分在13个学科门类中排名第12位。工程科技项目的设计通常需要团队合作等，沟通能力与团队精神应是工程师需具有的必不可少的素质。ABET对工程教育人才培养提出的11条标准中的第7条即为"有效的人际沟通能力"。可见，加强我国工程教育中有关沟通能力的培养已经非常必要。

具体而言，我国在工程教育培养方案与课程设计方面，应着重对工科生的沟通能力进行培养，如通过设置人文素养方面的课程、提高研讨课所占的比例、规定学生在课堂上做报告、将成绩与课堂发言情况挂钩等方式。此外，还应鼓励工科学生参加学校社团活动，多参加社会实践等。

四 推动建立灵活自由的工科毕业生劳动力市场

个人通过接受教育所获得的收益需要在劳动力市场上得到实现。由于各种因素的制约，中国历来的工资政策是向有技能的劳动力提供低回报。无论是在20世纪80年代晚期、90年代中期，还是在今天，中国劳动力市场没有提供给工人较强的激励。如果我们比较教育投资真正带来的生产力和所支付的工资的话，中国劳动力市场并没有支付技能工人其所应有的价值（海克曼，2003）。工程教育收益在各学科门类收益中也仅处于中等位置，与美国相比存在明显的差距。我国工科毕业生的收入并不能反映其对经济的真实贡献。

目前，我国的劳动力市场还不成熟，劳动力市场内部存在着严重的分割现象，国家应推动建立灵活自由的工程科技人才劳动力市场。就业市场的完善能够促进教育收益的实现，而流通性不佳的劳动力市场将成为毕业生教育收益实现的障碍。灵活自由的工科毕业生劳动力市场的建立也有助于提高工科毕业生的就业匹配度。从人力资本角度来看，工程师属于专用性人力资本，适用领域及职位的针对性很强。如果就业职位与专业背景不匹配将会限制工程师技能的施展，造成教育浪费，妨碍工程教育人力资本的价值体现。因此，健全工程科技人才的劳动力市场对工程教育收益水平的提高意义重大。

第三节 本章小结

教育能为受教育者个人带来经济收益与非经济收益，我国目前存在教育的个人收益没有得到充分实现的现象，尤其是对于工程教育这类对国民经济发展至关重要，但是个人收益却不具优势的学科而言更是如此。人力资本若与高科技的物质资本结合将是极有价值的，而工程教育人力资本又与高科技物质资本结合的最为紧密，因此，工程教育人力资本水平的提高对我国人力资本总量的提升至关重要，工程教育收益水平的提高是我国工科人力资本水平提高的关键。

分析我国工程教育收益不具优势的原因，主要有："其他工科"类专业教育收益水平落后、生源质量与教育质量影响了工程教育收益、劳动力市场的严重分割属性不利于工程教育收益的实现等。

我国工程教育收益水平的提高需要政府、高校与社会等各方主体的共同努力。

第一，政府应为工程教育的发展创造空间，具体包括加大工程教育人力资本投资力度、对工程教育发展予以政策等方面的支持、完善工程教育外部质量保障体系等。当前我国工程教育的改革、工程教育质量的提高等都需要有充足的经费做保障，政府应加强工程教育改革方面的公共政策建设，并对我国工程的教育发展方向做出统一规划。政府还应促进建立科学的工程教育评估体系与鼓励高校内部的工程教育评估行为等。就工程教育内部而言，由于"其他工科"类专业的收益水平相对较低，因此，推动"其他工科"类专业的发展更应成为政府工作的主要方面。

第二，提高我国工程教育生源状况。充足、优秀的生源是工程教育事业发展的根本保障。个人资质会对教育收益产生影响，培养优秀的工程师有赖于良好的生源质量。我国应积极实施有效的招生方案与教育计划来提高我国的工程教育生源状况。

第三，提高我国工程教育质量。教育质量对教育收益水平有显著的影响，提高工程教育质量对工程教育收益的提高具有重要的意义。当前，我国工程教育质量提高的关键在于"加强实践能力培养"、"加强创新能力培养"、"注重社会责任培养"、"注重沟通能力培养"等。

第四，推动建立灵活自由的工科毕业生劳动力市场。职业因素对我国工科毕业生收入有显著的影响，体现出我国工科毕业生劳动力市场上存在的显著分割现象。劳动力市场的完善能够促进教育收益的实现，而流通性不佳的劳动力市场将成为工科毕业生教育收益实现的障碍。因此，国家应推动建立灵活自由的工程科技人才劳动力市场。

参考文献

1. 曹大宇:《阶层分化、社会地位与主观幸福感的实证考量》,《统计与决策》2009年第10期。
2. 陈洪捷:《博士质量概念、评价与趋势》,北京大学出版社,2010。
3. 陈晓宇、闵维方:《论中国高等教育的预期收益与劳动力市场化》,《教育研究》1999年第1期。
4. 陈晓宇、陈良焜、夏晨:《20世纪90年代中国城镇教育收益率的变化与启示》,《北京大学教育评论》2003年第1期。
5. 杜强:《SPSS统计分析从入门到精通》,人民邮电出版社,2009。
6. 范静波:《2003~2008年间中国教育收益变动趋势研究》,《统计信息与论坛》2011年第8期。
7. 傅征:《教育与人力资本分布状况对我国经济增长的影响》,《武汉大学学报:(哲学社会科学版)》2006年第11期。
8. 国务院学位委员会、教育部:《关于印发〈学位授予和人才培养学科目录(2011年)〉的通知》(学位 [2011] 11号),2011年3月8日。
9. 《国家中长期教育改革和发展规划纲要(2010~2020)》,http://www.gov.cn/jrzg/2010-07/29/content_1667143.htm。
10. 《国家中长期人才发展规划纲要(2010~2020年)》,http://

www.gov.cn/jrzg/2010 - 06/06/content_ 1621777.htm。

11. 靳希斌、郑晓鸿：《个人收益——高等教育成本补偿的理论基础》，《辽宁高等教育研究》1999 年第 5 期。

12. 赖德胜：《教育、劳动力市场与收入分配》，《经济研究》1998 年第 5 期。

13. 李锋亮、李曼丽：《对工程师教育收益率的实证研究》，《基于"卓越工程师计划"调查数据的分析高等工程教育研究》2010 年第 5 期。

14. 李锋亮、雷虹：《论教育的非货币化收益和溢出效应》，《清华大学教育研究》2007 年第 28（6）期。

15. 李锋亮、W. John Morgan、陈晓宇：《绝对教育年限与相对教育位置的收入效应——对教育生产功能和信号功能的检验》，《中国人口科学》2008 年第 1 期。

16. 李继峰：《论贫困家庭的高等教育投资和收益》，《高等教育研究》2005 年第 26（4）期。

17. 李曼丽：《工程师与工程教育新论》，商务印书馆，2010。

18. 李培根：《工程教育需要大工程观》，《高等工程教育研究》2011 年第 3 期。

19. 李实、丁赛：《中国城镇收益率的长期变动趋势》，《中国社会科学》2003 年第 6 期。

20. 李实、李文彬：《中国教育投资的个人收益率的估算》；赵人伟等：《中国居民收入分配研究》，中国社会科学出版社，1994。

21. 李茂国：《中国工程教育全球战略研究》，《高等工程教育研究》2008 年第 6 期。

22. 李晓纯：《教育、人力资本、经济增长——理论阐释和实证检验》，吉林大学博士学位论文，2009。

23. 刘大立、李锋亮：《国外成本收益研究与中国高等职业技术教育的发展》，《中国青年政治学院学报》2007 年第 2 期。

24. 刘献君:《发达国家博士生教育中的创新人才培养》,华中科技大学出版社,2010。
25. 刘泽云、萧今:《教育投资收益分析——基于多层模型方法的研究》,北京师范大学出版社,2009。
26. 娄世艳:《中国教育收益率及其影响因素研究》,南开大学博士学位论文,2009。
27. 马晓、徐浪:《我国高等教育投资社会收益率测算》,《财经科学》2001年第4期。
28. 马晓强:《教育投资收益——风险分析》,北京大学出版社,2008。
29. 麦可思研究院:《2011年中国大学生就业报告》,社会科学文献出版社,2011。
30. 孟大虎:《专用性人力资本研究:理论及中国经验》,北京师范大学出版社,2009。
31. 莫林·伍德霍:《教育计划中的成本—收益分析》,黄湘中译,《黑龙江高教研究》1987年第8期。
32. 潘教峰:《国际科技竞争力研究报告》,科学出版社,2010。
33. 邱皓政:《量化研究与统计分析:SPSS中文视窗版数据分析范例解析》,重庆大学出版社,2009。
34. 孙百才:《不同民族的教育收益:藏、回、汉的比较》,《民族教育研究》2009年第5期。
35. 王广慧、张世伟:《社会背景和家庭背景对个人教育收益的影响——基于隐变量模型的估计》,《当代教育与文化》2009年第3期。
36. 王加峰:《浅谈教育收益的特殊性和考核层次》,《上海高教研究》1984年第5期。
37. 王孙禺、范静波:《文凭信号、职业因素与家庭背景对教育收益的影响研究》,《华东师范大学学报》(哲学社会科学版)2011年第6期。
38. 王孙禺、刘季青:《从历史走向未来:新中国工程教育60年》,《高等工程教育研究》2010 年第 4 期。

39. 魏新：《"教育的个人收益递减问题"与劳动报酬制度的改革》，《黑龙江高教研究》1989 年第 5 期。

40. 邬大光、赵婷婷、李枭鹰等：《高等教育强国的内涵、本质与基本特征》，《中国高教研究》2010 年第 1 期。

41. 杨娟、孟大虎：《高等教育投资收益的风险和实证研究》，《中国教育经济学年会会议论文集》，2008。

42. 杨晓霞、吴开俊：《因教致贫：教育成本与收益的失衡》，《高教与经济》2009 年第 2 期。

43. 余寿文、王孙禺：《中国高等工程教育与工程师的培养》，《清华大学教育研究》2004 年第 25（3）期。

44. 岳昌君、邢惠清：《预期收益对不同级别教育需求的影响》，《教育理论与实践》2003 年第 9 期。

45. 张启富：《我国高职教育与个人投资收益（率）比较研究》，《浙江工商职业技术学院学报》2006 年第 7 期。

46. 张日新：《人力资本与中国高等教育体制改革研究》，中国经济出版社，2007。

47. 张世伟、吕世斌：《家庭教育背景对个人教育回报和收入的影响》，《人口学刊》2008 年第 3 期。

48. 张维、王孙禺、江丕权：《工程教育与工业竞争力》，清华大学出版社，2003。

49. 张晓霞：《浅论如何提高教育的社会收益率》，《教育理论与实践》1995 年第 3 期。

50. 张翼：《中国人社会地位的获得——阶级继承和代内流动》，《社会学研究》2004 年第 4 期。

51. 中国博士质量分析课题组：《中国博士质量报告》，北京大学出版社，2010。

52. 中国教育与人力资源问题报告课题组：《从人口大国迈向人力资源

强国》，高等教育出版社，2003。

53. 中国人民大学中国调查与数据中心、中国综合社会调查（CGSS）项目：《中国综合社会调查报告（2003~2008）》，中国社会出版社，2009。

54. 朱斌：《我国人力资本教育投资低收益率探析》，《经济工作导刊》2003年第1期。

55. 朱高峰：《工程教育中的几个理念问题》，《高等工程教育研究》2011年第1期。

56. 朱国宏：《中国教育投资的收益：内部收益率的衡量》，《复旦教育》1992年第21（3）期。

57. 西奥多·W.舒尔茨：《人力资本投资——教育和研究的作用》，商务印书馆，1990。

58. J.M.伍德里奇：《计量经济学导论：现代观点》，费建平等译，中国人民大学出版社，2003。

59. 布莱洛克：《社会统计学》，沈崇麟等译，重庆大学出版社，2010。

60. 多恩布什、费希尔、斯塔兹：《宏观经济学》中国人民大学出版社，2002。

61. 菲利普·阿吉翁、彼得·霍依特：《内生增长理论》，陶然等译，北京大学出版社，2004。

62. 胡森：《国际教育百科全书-4》，吴庆麟译，贵州教育出版社，1991。

63. 加里·贝克尔：《人力资本理论——关于教育的理论和实证分析》，1版，中信出版社，2007。

64. 曼昆：《经济学原理—宏观经济学分册》，梁晓民等译，5版，北京大学出版社，2009。

65. M.伍德霍尔：《人力资本概念》，载M.卡诺依《教育经济学国际百科全书》，闵维方等译，高等教育出版社，2000。

66. 詹姆士·丁·海克曼：《提升人力资本投资的政策》，曾湘泉等译，复旦大学出版社，2003。

67. Aarrestad, J., Returns to higher education on Norway. Swed. J. of Economics, 1972, 74 (2).

68. Adam, S., An inquiry into the nature and causes of the wealth of nations. Chicago, US: University Of Chicago Press, 1977.

69. Aghion, P., L. Boustan and C. Hoxby, et al., The Causal Impact of Education on Economic Growth: Evidence from U. S., 2009.

70. Aldrich, T. M., Rates of return on investment in technical education in the ante – bellum American economy. Austin, US: University of texas at Austin, 1969.

71. Alex van der Merwe, Does human capital theory account for individual higher education choice? International Business& Econimics Research Journal, 2010, 9 (6).

72. Anon. Engineers salaries continue to rise despite recession. Civil Engineering, 2009, (8): 28 – 29.

73. Anon Starting salaries increase for engineering grads. ASHRAE Journal, 2009 – 5: 7.

74. Anon. Survey find engineers salaries & satisfaction on the rise. Report on Salary Surveys, 2008 – 8.

75. Aromolaran, B. A., Estimates of Mincer returns to schooling in Nigeria. Oxford Development Studies, 2006, 34 (2).

76. Bagde, S., Human capital and economic development in India. 2008. 7.

77. Barro, J. R., Economic growth in a cross section of Countries. Quarterly Journal of Economics, 1991, 106 (2).

78. Barro, J. R., Sala – i – Martin X. Economic Growth. Cambridge, MA: MIT Press, 1995.

79. Barro, J. R., Human Capital and Growth in Cross – Country

Regressions. 1998.

80. Bell, M. C., Graduate education attainment and salary: an examination of institutional type, major choice, gender, race/ethnicity, parental education and work experience differences. Ohio University, 2010.

81. Benhabib, J., M. M. Spiegel, The role of human capital in economic development: evidence from aggregate cross – country data. Journal of Monetary Economics, 1994, 34.

82. Bils, M., Kelenow J P. Does schooling cause growth or the other way around? NBER Working Paper 6393, Cambridge, MA, 1996.

83. Black, A. D., S. Sanders and L. Taylor, The economic reward for studying economics. Economic Inquiry, 2003, 41 (3).

84. Blanchflower, G. D., Oswald J A. Money, sex and happiness: an empirical study. Scand. J. of Economics, 2004, 106 (3).

85. Boarini, R. and H. Strauss, The private internal rate of return to tertiary education: new estimates for 21 OECD countries. OECD Economics Department Working Papers. OECD Publishing, 2007.

86. Boateng, K., Ofori – Sarpong E. An analytical study of the labour market for and social development imperatives of south sfrica in the 21st Century. Pretoria: CHE, 2002.

87. Bourne, C. and A. Dass, Private and social rates of return to higher education in science and technology in a Caribbean economy. Education Economics, 2003 (1).

88. Court, W. A., Improving creativity in engineering design education. European Journal of Engineering Educaion, 1998, 23 (2).

89. Daniele, Checghi. The Economics of educaion – human capital, family background and inequality. Cambridge UK : Cambridge University Press, 2008: 196.

90. Daymont, N. T., Job preferences college major, and the gender gap in

earnings. 1984, 19 (3).

91. Dean – Ming, Wu. Education, earnings and rate of return: the case of Taiwan. Florida International University, 1999.

92. Defreitas, G., Segmented labor markets and education// Carnoy M. International Encyclopedia of Economics of Education. Cambridge UK: Cambridge University Press, 1995.

93. Groot, W. and J. Hartog, Screening models and Education// Carnoy M. International Encyclopedia of Economics of Education. Cambridge, UK: Cambridge University Press, 1995.

94. Gunes, S., An inquiry into the effects of personality variables on the Economic return to Education. Oklahoma State University, 2001.

95. Haifeng Wu Statistic analysis of under graduate enrollment data to predict engineering recruitment. Texas Tech University. 2009 (12).

96. Hartog, J., Oosterbeek H. Health, wealth and happiness: why pursue a higher education? Economics of Education Review, 1998, 17 (3).

97. Heckman, J., L. Lochner and P. Todd Fifty years of mincer earnings regression. National Bureau of Economic Research Working Paper, 2003 (9732).

98. Henderson, J. D., W. S. Polachek and Wang L. Heterogeneity in schooling rates of return. Economics of Education Review, 2011, 30 (6): 1202 – 1214.

99. Hinchliffe, K., Education and the Labour Market// Carnoy M. International Encyclopedia of Economics of Education. Cambridge, UK: Cambridge University Press, 1995.

100. Hymson, E. B., The return on physicians investment in the education: an analysis of the costs of medical education and the income derived from medical practice. US: University of California, 1972.

101. Jaeger, A. D. and E. P. Marianne, Degrees matter: new evidence on

sheepskin effects in the returns to education. The Review of Economics and Statistics, 1996, 78 (4).

102. James, E. , N. Alsalam and C. J. Conaty, et al. College quality and future earnings: where should you send your child to college? The American Economics Review. 1989, (5).

103. Junankar, P. N. and J. Liu Estimating the social rate of return to education for indigenous Australians Education Economics, 2003, 11 (2).

104. Kingdon, G. G. and N. Theopold, Do returns to education matter to schooling participation? evidence from India. Education Economics, 2008, 16 (4).

105. Kniesner J. T. , H. A. Padilla and W. S. Polachek The rate of return to schooling and the business cycle. The Journal of Human Resources, 1978, 13 (2).

106. Leigh, J. P. , Parents' schooling and the correlation between education and frailty. Economics of Education Review, 1998, 17 (3).

107. Lucas, R. E. , On the Mechanics of Economics Development. Journal of Monetary Ecnomics, 1988, 22 (1).

108. Machaelown, K. , Return to Education in Low Income Countries: Evidence for Africa.

109. Marshall, F. R. , Briggs V M. Labor Economics: Theory, Institutions, and Public Policy. 6th ed. Illinois, US: Irwin Publications, 1989.

110. McNab, R. , Labor market theories and education, In Psacharopoluos, J. , Economics of education: Research and studies, New York , US: Pergamon Press, 1987.

111. Middendorf, T. , Human capital and economic growth in OECD countries. Rheinisch – Westf? lisches Institut für Wirtschaftsforschung. 2005.

112. Mincer, J. , Investment in human capital and personal income

distribution. The Journal of Political Economy, 1958.

113. Mincer, J., On-the-job training: costs, returns, and some implications. Journal of Political Economy, 1962.

114. Moretti, E., Estimating the social return to higher education: evidence from longitudinal and repeated cross-sectional data, Journal of Econometrics, 2004, 121.

115. OECD (ed.). The Sources of economic growth in OECD countries. Paris, 2003.

116. Ojo, B., Global salary & opinion survey: Engineers take a bad year in stride. Electronic Engineering Times, 2009-11-30.

117. Perna, L. W., The benefits of higher education: Sex, racial/ethnic, and socioeconomic group difference. The Review of Higher Education, 2005, 29 (1).

118. Polachek, S. W., Earning over the lifecycle: The mincer earnings Function and its Applications. IZA Discussion Paper No. 3181, 2007-11.

119. Psacharopoulos, G., and M. Woodhall, Education for Development: An Analysis of Investment choices. World Bank, Oxford University Press, 1985.

120. Psacharopoulos, G., and J. B. G. Talak, Education and wage earnings. In M. C. Alkin (Editor-in-Chief), Encyclopedia of Education Research. New York: Macmillan Publishing Co., 1992.

121. Qlaniyan, D. A. and T. Human Okemakinde capital theory: implication for educational development. european journal of scientific research, 2008, 24 (2).

122. Romer, M. P., Human capital and growth: Theory and Evidence. NBER Working Paper 3137. NBER, Cambridge, MA, 1989.

123. Romer, M. P., Endogenous technological change. The Journal of Political Economics, 1989-12.

124. Rumberger, R. W., The job market foe college graduates, 1960 – 1990. The Journal of Higher Education, 1984, 55 (4).
125. Sakellariou, C., Rates of return to investments in formal and technical/vocational education in Singapore. Education Economics, 2003, 11 (1).
126. Sander, W., Cognitive ability, Schooling and the demand for alcohol by young adults. Education Economics, 1997, 7.
127. Sander, W., The effect of schooling and cognitive ability on smoking and marijuana use by young adults. Economic of Education Review, 1998, 17 (3).
128. Sanmartin, M., Linearity of the return to education and self selection. Applied Economics, 2001, 33.
129. Schiller, T., Human capital and higher education: How does our region fare? Business Review, 2008 (Q1).
130. Schultz, T. W., The economic value of education. New York, US: Columbia University Press, 1967.
131. Schultz, T. W., The Economic Value of Education. New York, US: Columbia University Press, 1963.
132. McGuinness, S., F. McGinnity and J. P. O'Connell, Changing returns to education during a boom? The case of Ireland. Labour 23 (Special Issue), 2009.
133. Shaughnessy, A., The PCD&M design engineer salary survey. Printed Circuit Design and Manufacture, 2004, 21 (11).
134. Shaughnessy, A., The 2005 designer and design engineer Salary Survey. Printed Circuit Design and Manufacture, 2005, 22 (11).
135. Silles, M., Sheepskin effects in the returns to educaiton. Applied Economics Letters, 2008 (15).
136. Sohn, K., Monetary and non – monetary returns to education in

Indonesia. 2011.

137. Song, M. , P. F. Orazem and D. Wohlgemuth The role of mathematical and verbal skills on the returns to graduate and professional education. Economics of Education Review, 2008, 27.

138. Thomas, S. L. , Deferred costs and economic returns to college major, quality, and performance. Research in Higher Education, 2000, 41 (3).

139. Thomas, S. L. , Deferred costs and economic returns to college major, quality, and performance. Research in Higher Education, 2000, 41 (3).

140. Vila, E. L. , The non - monetary benefits of education. European Journal of Education, 2000, 35 (1).

141. Vimla, L. P. , Return to basic science in undergraduate medical education: its effects on learning. Attitudes and Organization, 1980.

142. Wahrenburg, M. , Return on investment in higher education - evidence for different subjects, degrees, and gender in Germany. Goethe University Frankfurt, 2007.

143. Wasburn, M. , Can a media strategy be an effective recruitment and retention tool for women in engineering and technology? A pilot study. American Society for Engineering Education, 2007.

144. Wilson, K. , R. Wolfe and R. Haveman, The role of exceptations in adolescent schooling choices: Do youths respond to economics incentives? Economic Inquiry, 2005, 43 (3).

145. Woodhall, M. , Human capital concepts//Psacharopoluos J. Economics of education: Research and studies. New York, US: Pergamon Press, 1987.

146. Woodhall, M. , Human capital concepts//Psacharopoluos J. Economics of education: Research and studies. New York , US: Pergamon

Press, 1987.

147. Woodhall, M., Human capital concenpts//Carnoy M. International Encyclopedia of Economics of Education. Oxford, England: Pergamon Press, 1995.

148. Young, A., The Tyranny of Numbers: Confronting the statistical realities of the east asian growth experience. Quarterly Journal of Economics, 1995, (8).

149. http://www.chinanews.com.cn/edu/edu-qzcy/news/2010/03-17/2173199.shtml.

150. http://www.allbusiness.com/labor-employment/compensation-benefits-wages-salaries/16609011-1.html.

151. http://www1.aucegypt.edu/src/skillsdevelopment/pdfs/returns%20to%20education%20low%20income%20countries.pdf.

附 录

附录 A 变量解释表

变　　量	含　　义
Y	上年总收入
S	受教育总年限
E	工作年限
E2	工作年限平方
S1	平均受教育总年限——小学受教育程度
S2	平均受教育总年限——初中受教育程度
S3	平均受教育总年限——高中受教育程度
S4	平均受教育总年限——大学受教育程度
Szxlsx	高等教育阶段受教育年限——哲学、历史学
Sjjx	高等教育阶段受教育年限——经济学
Sfx	高等教育阶段受教育年限——法学
Sjyxltsqb	高等教育阶段受教育年限——教育学
Swx	高等教育阶段受教育年限——文学
Slx	高等教育阶段受教育年限——理学
Sgx	高等教育阶段受教育年限——工学
Snx	高等教育阶段受教育年限——农学
Syx	高等教育阶段受教育年限——医学
Sjsx	高等教育阶段受教育年限——军事学
Sglx	高等教育阶段受教育年限——管理学
Sysx	高等教育阶段受教育年限——艺术学
Sqtjzh	高等教育阶段受教育年限——综合
T08	年份变量——2008
T08Szxlsx	交叉变量——T08 与 Szxlsx
T08Sjjx	交叉变量——T08 与 Sjjx
T08Sfx	交叉变量——T08 与 Sfx
T08Sjyxltsqb	交叉变量——T08 与 Sjyxltsqb
T08Swx	交叉变量——T08 与 Swx

续表

变量	含义
T08Slx	交叉变量——T08 与 Slx
T08Sgx	交叉变量——T08 与 Sgx
T08Snx	交叉变量——T08 与 Snx
T08Syx	交叉变量——T08 与 Syx
T08Sjsx	交叉变量——T08 与 Sjsx
T08Sglx	交叉变量——T08 与 Sglx
T08Sysx	交叉变量——T08 与 Sysx
T08Sqtjzh	交叉变量——T08 与 Sqtjzh
T08E	交叉变量——T08 与 E
T08E2	交叉变量——T08 与 E2
Szxlsx2	高等教育阶段受教育年限——马列科社、文史哲（中国）
Sjjxczjr2	高等教育阶段受教育年限——财政金融（中国）
Sjjxjjl2	高等教育阶段受教育年限——经济类（中国）
Sfxfl2	高等教育阶段受教育年限——法律（中国）
Sfxrkshzzx2	高等教育阶段受教育年限——人口、社会、政治学（中国）
Sjyxltsqb2	高等教育阶段受教育年限——教育、心理、图书情报（中国）
Swx2	高等教育阶段受教育年限——外语（中国）
Slx2	高等教育阶段受教育年限——理科（中国）
Sgxswgx2	高等教育阶段受教育年限——生物工程（中国）
Sgxjsjyyrj2	高等教育阶段受教育年限——计算机应用软件（中国）
Sgxqtgk2	高等教育阶段受教育年限——其他工科（中国）
Snx2	高等教育阶段受教育年限——农林牧渔（中国）
Syx2	高等教育阶段受教育年限——医学、药学（中国）
Sjsx2	高等教育阶段受教育年限——军事（中国）
Sglx2	高等教育阶段受教育年限——管理科学（中国）
Styys2	高等教育阶段受教育年限——体育艺术（中国）
Sfwzy2	高等教育阶段受教育年限——服务专业（中国）
Sqt2	高等教育阶段受教育年限——其他（中国）
Szh2	高等教育阶段受教育年限——综合（中国）
T08Szxlsx2	交叉变量——T08 与 Szxlsx2
T08Sjjxczjr2	交叉变量——T08 与 Sjjxczjr2

变量	含义
T08Sjjxjjl2	交叉变量——T08 与 Sjjxjjl2
T08Sfxfl2	交叉变量——T08 与 Sfxfl2
T08Sfxrkshzzx2	交叉变量——T08 与 Sfxrkshzzx2
T08Sjyxltsqb2	交叉变量——T08 与 Sjyxltsqb2

续表

变　　量	含　　义
T08Swx2	交叉变量——T08 与 Swx2
T08Slx2	交叉变量——T08 与 Slx2
T08Sgxswgc2	交叉变量——T08 与 Sgxswgc2
T08Sgxjsjyyrj2	交叉变量——T08 与 Sgxjsjyyrj2
T08Sgxqtgk2	交叉变量——T08 与 Sgxqtgk2
T08Snx2	交叉变量——T08 与 Snx2
T08Syx2	交叉变量——T08 与 Syx2
T08Sjsx2	交叉变量——T08 与 Sjsx2
T08Sglx2	交叉变量——T08 与 Sglx2
T08Styys2	交叉变量——T08 与 Styys2
T08Sfwzy2	交叉变量——T08 与 Sfwzy2
T08Sqt2	交叉变量——T08 与 Sqt2
T08Szh2	交叉变量——T08 与 Szh2
D1	目前工作类型(中国)
D2	政治面貌(中国)
D3	单位所有制性质(中国)
D4	主管部门级别(中国)
D5	技术职称(中国)
D6	单位内管理级别(中国)
D7	国家行政级别(中国)
D1(美)	工作类型(美国)
D2(美)	雇佣类型(美国)
D3(美)	雇主是自己还是他人(美国)
D4(美)	单位性质(美国)

说明：各变量含义中未标明国别的变量为估算中国与美国教育收益率时均用到的变量，否则为仅用于估算该国教育收益率的变量。

附录 B　我国分学科高等教育收益率估算详细结果（部分变量系数值等）：模型 3.1

—	—	Std. Error	F	Sigf	常数项	T08
总体	0.258	0.72951	45.556	0.000	8.963	0.573
男性	0.252	0.72778	23.866	0.000	9.037	0.524
女性	0.262	0.72561	23.052	0.000	8.893	0.638
—	Szxlsx	Sjjx	Sfx	Sjyxltsqb	Swx	Slx
总体	0.129	0.211	0.208	0.138	0.214	0.194
男性	0.103	0.193	0.213	0.088	0.072	0.198
女性	0.160	0.233	0.164	0.172	0.283	0.172

续表

—	Sgx	Snx	Syx	Sjsx	Sglx	Sysx
总体	0.162	0.132	0.161	0.233	0.202	0.234
男性	0.157	0.100	0.097	0.208	0.142	0.189
女性	0.153	0.177	0.217		0.287	0.315
—	Sqtjzh	T08Szxlsx	T08Sjjx	T08Sfx	T08Sjyxltsqb	T08Swx
总体	0.166	-0.008	-0.056	0.004	-0.079	-0.090
男性	0.147	0.044	-0.022	0.007	-0.036	0.158
女性	0.182	-0.076	-0.098	0.022	-0.096	0.200
—	T08Slx	T08Sgx	T08Snx	T08Syx	T08Sjsx	T08Sglx
总体	0.013	0.031	-0.077	-0.041	-0.039	-0.004
男性	-0.023	0.028	-0.012	0.017	-0.015	0.063
女性	0.071	0.041	-0.175	-0.087	—	-0.102
—	T08Sysx	T08Sqtjzh	E	E2	T08E	T08E2
总体	-0.041	-0.056	-0.005	0.000	0.022	0.000
男性	-0.018	-0.056	0.000	0.000	0.022	0.000
女性	-0.089	-0.053	-0.010	0.000	0.019	0.000

附录 C 我国分学科高等教育收益率估算详细结果（部分变量系数值等）（模型 3.2）

—		Std. Error	F	Sigf	常数项	T08
总体	0.359	0.67825	24.612	0.000	8.685	0.845
男性	0.358	0.67454	13.578	0.000	8.611	0.948
女性	0.360	0.67558	12.579	0.000	8.727	0.828
—	Szxlsx	Sjjx	Sfx	Sjyxltsqb	Swx	Slx
总体	0.085	0.138	0.137	0.092	0.184	0.155
男性	0.081	0.128	0.155	0.035	0.059	0.172
女性	0.099	0.156	0.082	0.121	0.229	0.119
—	Sgx	Snx	Syx	Sjsx	Sglx	Sysx
总体	0.106	0.059	0.103	0.103	0.119	0.165
男性	0.114	0.061	0.041	0.127	0.080	0.138
女性	0.097	0.074	0.145	—	0.177	0.230
—	Sqtjzh	T08Szxlsx	T08Sjjx	T08Sfx	T08Sjyxltsqb	T08Swx
总体	0.093	-0.014	-0.02	0.035	-0.074	-0.083
男性	0.087	0.016	0.011	0.018	-0.004	0.172
女性	0.110	-0.043	-0.066	0.060	-0.115	-0.177

续表

—	T08Slx	T08Sgx	T08Snx	T08Syx	T08Sjsx	T08Sglx
总体	0.025	0.041	-0.020	-0.015	0.057	0.029
男性	0.001	0.039	-0.003	0.028	0.022	0.093
女性	0.061	0.046	-0.061	-0.057	—	-0.051
—	T08Sysx	T08Sqtjzh	E	E2	T08E	T08E2
总体	-0.015	-0.031	-0.029	0.001	0.038	-0.001
男性	-0.007	-0.038	-0.024	0.001	0.039	-0.001
女性	-0.036	-0.043	-0.037	0.001	0.037	-0.001

附录 D 我国分细分专业高等教育收益率估算详细结果
（部分变量系数值等）（模型 3.2）

—		Std. Error	F	Sigf	常数项
总体	0.359	0.67841	21.911	0.000	8.678
男性	0.359	0.67369	12.219	0.000	8.608
女性	0.364	0.67361	11.351	0.000	8.719
—	T08	Szxlsx2	Sjjxczjr2	Sjjxjjl2	Sfxfl2
总体	0.841	0.085	0.158	0.131	0.135
男性	0.951	0.080	0.208	0.101	0.156
女性	—	0.099	0.121	0.175	0.074
—	Sfxrkshzzx2	Sjyxltsqb2	Swx2	Slx2	Sgxswgx
总体	0.150	0.092	0.185	0.155	0.150
男性	0.146	0.034	0.059	0.172	0.123
女性	0.151	0.123	-0.230	0.119	0.177
—	Sgxjsjyyrj	Sgxqtgk	Snx	Syx	Sjsx
总体	0.146	0.090	0.059	0.103	0.103
男性	0.155	0.099	0.061	0.041	0.125
女性	0.131	0.076	0.076	0.146	—
—	Sglx	Styys2	Sfwzy2	Sqt2	Szh2
总体	0.115	0.165	0.209	0.088	0.099
男性	0.071	0.138	0.273	0.083	0.088
女性	0.181	0.232	0.130	0.093	0.122
—	T08Szxlsx2	T08Sjjxczjr2	T08Sjjxjjl2	T08Sfxfl2	T08Sfxrkshzzx2
总体	-0.015	-0.040	-0.013	0.041	0.008
男性	0.016	-0.019	0.001	0.033	-0.023
女性	-0.038	-0.065	-0.033	0.048	0.057

续表

	T08Sjyxltsqb2	T08Swx2	T08Slx2	T08gxswgc2	T08gxjsjyyrj2
总体	-0.076	-0.082	0.025	0.048	0.021
男性	-0.004	0.172	0.003	0.006	0.042
女性	-0.117	-0.175	0.058	0.054	-0.018
	T08Sgxqtgk2	T08Snx2	T08Syx2	T08Sjsx2	T08Sglx2
总体	0.028	-0.021	-0.015	0.055	0.021
男性	0.017	-0.003	0.028	0.020	0.092
女性	0.074	-0.061	-0.058	0.058	-0.073
	T08Styys2	T08Sfwzy2	T08Sqt2	T08Szh2	E
总体	-0.015	0.010	-0.018	-0.086	-0.028
男性	-0.008	-0.032	-0.044	-0.00092	-0.023
女性	-0.034	0.060	0.009	-0.516	-0.036
	E2	T08E	T08E2	—	—
总体	0.001	0.038	-0.001	—	—
男性	0.001	0.038	-0.001	—	—
女性	0.001	0.036	-0.001	—	—

附录 E 我国工程教育非经济收益分析变量重新赋值

变量		选项	原取值	重新附值
A14a	户口状况	直辖市城区户口	1	100
		省会城市城区户口	2	80
		地级市城区户口	3	60
		县级市城区户口	4	40
		集镇或自理口粮户口	5	20
		农村户口	6	0
		军籍	7	50
		其他	8	0
A19	身体健康状况	很不健康	1	0
		比较不健康	2	25
		一般	3	50
		比较健康	4	75
		很健康	5	100
A20	是否有自己的 Email 地址	是	1	100
		否	2	0

续表

A22	认为自己属于哪一阶级	下层阶级	1	0
		工人阶级	2	25
		中下阶级	3	25
		中间阶级	4	50
		中上阶级	5	75
		上层阶级	6	100
A24	目前婚姻状况	未婚	1	0
		同居	2	50
		初婚有配偶	3	100
		再婚有配偶	4	100
		分居未离婚	5	100
		离婚	6	0
		丧偶	7	100
B11b	配偶或同居伴侣最高受教育程度	没有受过任何教育	1	0
		私塾	2	10
		小学	3	20
		初中	4	30
		职业高中	5	40
		普通高中	6	50
		中专	7	40
		技校	8	40
		大学专科(成人)	9	60
		大学专科(正规)	10	70
		大学本科(成人)	11	80
		大学本科(正规)	12	90
		研究生及以上	13	100
		其他	14	0
B11d	配偶或同居伴侣的户口状况	直辖市城区户口	1	100
		省会城市城区户口	2	80
		地级市城区户口	3	60
		县级市城区户口	4	40
		集镇或自理口粮户口	5	20
		农村户口	6	0
		军籍	7	50
		其他	8	0

续表

D2A	认为自己在社会中处于哪个等级	顶层	1	100
		……	2	89
		……	3	78
		……	4	67
		……	5	56
		……	6	44
		……	7	33
		……	8	22
		……	9	11
		底层	10	0
D401, D402, D403, D404, D405, D407, D410	根据自己目前状况,是否同意以下说法(一旦制定了计划我非常肯定可以完成、总的来说我做事和大多数人一样好、即使身体有点不舒服还是尽量把当天该做的事情做好、即使面对不喜欢的事情还能达到自己最好的表现、尽管工作要花上好几个月的时间才会慢慢看到成果我还是可以维持一贯的表现、我和周围的人相处得很好、觉得自己常常可以掌控发生在自己身上的事情)	非常同意	1	100
		同意	2	75
		不同意	3	25
		非常不同意	4	0
		无法选择	5	50
D406, D408, D409	根据自己目前状况,是否同意以下说法(我常常为了得到别人的夸奖而把事情做好、常觉得很难去处理与别人的利益冲突、觉得自己很少有可以引以为荣的事情)	非常同意	1	0
		同意	2	25
		不同意	3	75
		非常不同意	4	100
		无法选择	5	50
E13a, E13b, E13c, E13d, E13e, E13f, E13h, E13i, E13j	对薪水、福利待遇、工作量、公司劳动条件与设施、与同事的关系、与老板/上司的关系、工作地点与住址的距离、住房福利、总的工作状况各项条件的满意度	非常满意	1	100
		比较满意	2	75
		一般	3	50
		不太满意	4	25
		很不满意	5	0
		不好说	6	50

附录 F 我国高等工程教育非经济收益因子分析相关系数表

	A14a	A22	B11d	D2A	D401	D402	D403	D404	D405	D408	D409
A14a	—	—	0.791	—	—	—	—	—	—	—	—
A22	—	—	—	0.327	—	—	—	—	—	—	—
B11d	0.791	—	—	—	—	—	—	—	—	—	—
D2A	—	0.327	—	—	—	—	—	—	—	—	—

续表

	A14a	A22	B11d	D2A	D401	D402	D403	D404	D405	D408	D409
D401	—	—	—	—			0.343	0.336	—	—	—
D402	—	—	—	—	—		0.486	—	—	—	—
D403	—	—	—	—	0.343	0.486	—	—	0.309	—	—
D404	—	—	—	—	0.336	—	—	—	0.363	—	—
D405	—	—	—	—	—	—	0.309	0.363	—	—	—
D408	—	—	—	—	—	—	—	—	—		0.480
D409	—	—	—	—	—	—	—	—	—	0.480	

	E13a	E13b	E13c	E13d	E13e	E13f	E13h	E13i	E13j	E11	E12
E13a		—	0.478	0.436	—	—	—	0.454	0.598	—	—
E13b	0.777	—	0.513	0.432	—	—	—	0.513	0.583	—	—
E13c	0.478	0.513		0.372	—	—	—	—	0.427	—	—
E13d	0.436	0.432	0.372	—	—	0.327	—	0.387	0.457	—	—
E13e	—	—	—	—			0.599	—	—	0.343	—	—
E13f	—	—	—	0.327	0.599	—	—	—	0.412	—	—
E13h	—	—	—	—	—	—		0.351	0.325	—	—
E13i	0.454	0.513	—	0.387	—	—	0.351		0.522	—	—
E13j	0.598	0.583	0.427	0.457	0.343	0.412	0.325	0.522	—	—	—
E11	—	—	—	—	—	—	—	—	—		0.318
E12	—	—	—	—	—	—	—	—	—	0.318	
E13	—	—	—	—	—	—	—	—	—		0.393

说明：表中仅列出了相关程度为低度及以上（R≥0.3）的结果。

图书在版编目(CIP)数据

高等工程教育人力资本投资收益研究/范静波,王孙禺著.--北京:社会科学文献出版社,2016.4
ISBN 978-7-5097-7873-9

Ⅰ.①高… Ⅱ.①范…②王… Ⅲ.①高等教育-工科(教育)-人力资本-人力投资-投资收益-对比研究-中国、美国 Ⅳ.①G649.2②G649.712

中国版本图书馆 CIP 数据核字(2015)第 173290 号

高等工程教育人力资本投资收益研究

著　　者 / 范静波　王孙禺

出 版 人 / 谢寿光
项目统筹 / 宋月华　范　迎
责任编辑 / 范　迎

出　　版 / 社会科学文献出版社·人文分社 (010) 59367215
　　　　　　地址:北京市北三环中路甲 29 号院华龙大厦　邮编:100029
　　　　　　网址:www.ssap.com.cn
发　　行 / 市场营销中心 (010) 59367081　59367018
印　　装 / 北京季蜂印刷有限公司

规　　格 / 开本:787mm×1092mm　1/16
　　　　　　印　张:15.25　字　数:218 千字
版　　次 / 2016 年 4 月第 1 版　2016 年 4 月第 1 次印刷
书　　号 / ISBN 978-7-5097-7873-9
定　　价 / 69.00 元

本书如有印装质量问题,请与读者服务中心 (010-59367028) 联系

△ 版权所有 翻印必究